应用文写作

主　编　田仁雄　廖映新　郑建军

延吉·延边大学出版社

图书在版编目（CIP）数据

应用文写作 / 田仁雄，廖映新，郑建军主编.

延吉：延边大学出版社，2024.6. —— ISBN 978－7－230－06777－5

Ⅰ. H152.3

中国国家版本馆 CIP 数据核字第 2024PD4906 号

应用文写作

主　　编：田仁雄　廖映新　郑建军

责任编辑：孟祥鹏

封面设计：万典文化

出版发行：延边大学出版社

社　　址：吉林省延吉市公园路 977 号　　　邮　　编：133002

网　　址：http://www.ydcbs.com　　　　E－mail：ydcbs@ydcbs.com

电　　话：0433－2732435　　　　　　　传　　真：0433－2732434

印　　刷：延边延大兴业数码印务有限责任公司

开　　本：787mm×1092mm　1/16

印　　张：15.5

字　　数：350 千字

版　　次：2025 年 1 月第 1 版

印　　次：2025 年 1 月第 1 次印刷

书　　号：ISBN 978－7－230－06777－5

定　　价：72.00 元

前言 PREFACE

叶圣陶先生曾经说过，大学毕业生不一定要能写小说、诗歌，但是一定要能写工作和生活中实用的文章，而且非写得既通顺又扎实不可。应用文是人们在日常工作、学习和生活中常用的信息交流工具，在行政管理和社会交往活动中扮演着重要角色。今天，应用文的使用日趋国际化、社会化和大众化。掌握应用文写作的基础知识和相关技能，全面提升自身的写作素养，不仅是时代发展的必然要求，更是个体发展的客观需求。

本书以《中华人民共和国国家通用语言文字法》《党政机关公文处理工作条例》《党政机关公文格式》（GB/T 9704—2012）、《标点符号用法》（GB/T 15834—2011）和《出版物上数字用法》（GB/T 15835—2011）等文件为依据，全面介绍了应用文的基础知识，可以为学生掌握写作知识、规范写作格式夯实基础。

本书有以下突出特点：

1. 体系新颖，重点突出

以"任务—理论—范文—应用"的思路进行编写；每节设置目标任务，同时引入常见问题引导学生进行探究性学习。

2. 理论够用，着重实用

本书本着"理论够用，着重实用"的原则，加大范文、实例及实训部分的比例。另外，本书的理论部分也注重实现基础理论系统性强、写作理论针对性强的目标，以求能系统地指导学生实践应用。

3. 难易适当，练习切合

本书是根据学生的实际情况编写的，难易适当，因此，它可以作为初学者的学习教材。另外，本书也为有一定基础的学生设置了探究学习的相关内容。教师可根据授课班级学生的实际情况安排练习题。

4. 精选例文，情景丰富

本书提供了丰富的企业职场情景和技能指导。通过阅读本书，学生可以达到专业知识、专业素养与职业技能、职业素养相互融通的目的。

编者在编写过程中参考了大量的相关著作及资料，在此向其作者表示感谢！

由于编者学识所限，书中难免存在不足之处，恳请广大读者批评指正，以便及时修正和完善。

编者

2023 年 4 月

目录 CONTENTS

第一章　应用文综述

 **学习目标**

✳ 知识目标

了解应用文的概念、分类、作用和特点。

了解应用文的发展阶段。

掌握应用文的写作原理。

✳ 能力目标

能够表述应用文的作用。

能够独自搜集相应的写作材料。

✳ 素质目标

培养学生的写作素养。

培养学生的自主学习意识。

思政目标

通过学习本章，学生可以认识到当代应用文的重要性，增强对汉字文化的自信心和自豪感。

第一节　应用文概论

课程导入

12月底，某局的局长计划召开部门负责人会议，回顾一年来的工作，为此责成在办公室工作一年多的小林着手起草准备上报的年度工作总结。

小林文笔不错，但是没有写过公文，她把这项任务当作展示自己才华的好机会。她认为，年度工作总结不仅要有说服力，还要用生动的语言吸引人。于是，她埋头构思，利用休息日拟定了写作大纲。在举例说明人和事的时候，她对某位领导的形象进行了着力描写："他身材魁伟，前额宽大，双鬓微霜……那炯炯有神的双眼，传递着泰山压顶腰不弯的坚毅品格……穿着那件好长时间没有洗过的褪色的工作服，一天到晚奔走在建设工地上。"为了突出领导的形象，她虚构了领导不徇私情的事迹，进行了动

作描写和心理刻画，还把领导狠抓工程管理而节约的 100 多万元改成了 1 000 多万元。她认为领导的形象一定会感动不少人。

几天后，小林信心满满地交稿了。在部门负责人会议上，局长顺便让大家传阅了这篇年度工作总结。看过的人不是摇头，就是撇嘴，有的没看完就放下了。局长对正在做会议记录的小林说："看得出，这几天你没怎么休息，下了很多功夫，文笔也不错，可是有的地方像是在写小说呀。"应用文写作不同于文学创作，既不能虚构，又不能夸张，要写实际情况。

那么，什么是应用文？应用文的写作要求是什么呢？

一、应用文的概念

写作是人们用语言符号把感受、认识主观世界和客观世界的思维结果有选择地记录、表述出来的精神性活动。

应用文写作是写作的一个重要分支，以应用文书（应用文）为学习和研究对象，以实用性为明确目的。应用文书是应用文写作的文字表现形态。

应用文是国家党政机关、企事业单位、社会团体或个人在工作、学习和生活中使用的，用以处理公私事务、传播信息、表述意愿而撰写的具有一定惯用体式的实用性文章。

课堂思考

请结合实例分析应用文和文学写作有哪些区别与联系。

二、应用文的发展阶段

应用文是社会发展的产物，人类最早的写作就是为了解决各种实际需求而开始的。

我国应用文写作有着悠久的历史。甲骨文所记载的卜辞就是出于实用的目的而撰写的，中国的第一部散文集《尚书》主要记载了夏、商、周时代的祝词、誓词、诰词、法令等。这些都可以说是最早的应用文体。

秦汉是我国封建时代行政公文文体分类、行文格式形成的重要时期。秦统一中国后，规定了国家机关的文书制度，公文文体分类和公文格式初步确立，有了上行文和下行文的区分。上行文有章、表、奏、议，是臣子给皇帝上书用的文书。这个时期上行文的作用是"章以谢恩，奏以按劾，表以陈情，议以执异"。下行文有制、诏、策、戒，是皇帝对臣子下的文书。

魏晋时期曹丕的《典论·论文》划分文章的原则是"奏议宜雅，书论宜理，铭诔尚实，诗赋欲丽"，并且将文章分为四类八种，其中实用文体占了大多数。

"应用文"这一名称是清代学者刘熙载提出的，他在《艺概·文概》中指出："辞命体，推之即可为一切应用之文。应用文有上行，有平行，有下行。重其辞乃所以重其实也。"

1912 年，中华民国成立，废除了旧有的行政行文制度。1927 年颁布的《公文程式条例》将行政公文规定为令、通告、呈、咨、公函等，同时规定用白话文写作公文。

中华人民共和国成立后，应用文有了长足的发展，逐步建立了现代应用文体制。1951 年，中央人民政府政务院颁布了《公文处理暂行办法》。该办法是新中国成立后第一个公文法规，对公文的种类、写作要求和处理等都做了全面的规定。2000 年 8 月，国务院发布了《国家行政机关公文处理办法》，该办法规定了 13 种行政机关公文文体。2012 年 4 月，中共中央办公厅和国务院办公厅发布了《党政机关公文处理工作条例》，该条例规定了 15 种党政机关公文文体。

三、应用文的分类

根据不同的分类标准，应用文有不同的分类。按照应用文的性质和内容，可分为以下几类：

（一）事务文书

事务文书是机关、团体、企事业单位为反映事实情况、解决问题、处理日常事务而普遍使用的文书，具有惯用格式和很强的实用性、事务性。从广义上来说，事务文书也是一种公务文书，目的是处理公务和传递信息。事务文书是相对于正式公文而言的。常见的事务文书包括计划、总结、申请书、启事、规章制度等。

（二）公务文书

公务文书，简称公文。人们通常所说的公务文书有广义和狭义两种理解。广义的公务文书是指法定机关、社会团体、企事业单位在公务活动中形成的、具有规范格式的文书材料，包括行政公文、事务文书、各类专用文书等。狭义的公务文书，专指行政机关的公文。行政机关的公文（包括电报，下同），是行政机关在行政管理过程中形成的具有法定效力和规范体式的文书，是依法行政和进行公务活动的重要工具。《党政机关公文处理工作条例》中列出的 15 种公文包括决议、决定、命令（令）、公报、公告、通告、意见、通知、通报、报告、请示、批复、议案、函、纪要。

（三）日常交际类文书

日常交际类文书是指机关、团体、企事业单位和个人在日常生活、工作与学习中所使用的，具有规范体式，能起传递信息、交流思想、沟通感情等作用的应用文书。常见的日常交际类文书包括邀请函、请柬、贺信、祝贺词、讣告、悼词、书信（感谢信、答谢词、慰问信）等。

（四）求职述职类文书

求职述职类文书是求职人或述职人向用人单位着重陈述自己学识、才干和经历的一类文书。常见的求职述职类文书包括求职信、求职简历、述职报告、竞聘报告等。

（五）经济类文书

经济类文书是指国家机关、企事业单位、社会团体或个人在各种活动中涉及经济内容的应用文章。常见的经济类文书包括可行性研究报告、招标书与投标书、经济合同、市场营销策划书、市场调查报告等。

（六）传播类文书

传播是指为扩大政府、单位、人物、商品或某一事件的影响，向公众进行有目的的宣传的各种方式和手段的总和。传播类文书就是这种有目的宣传的专用文体。传播类文书种类较多，如消息、新闻评论、广告、通讯、海报等。

（七）学术实践类文书

学术实践类文书是人们用于学术研究、学习汇报等方面的应用文。常见的学术实践类文书包括开题报告、学术论文（毕业设计）、实习报告、实验报告等。

（八）口语交流类文书

口语交流类文书是指在社会交往、各类活动或场景中根据不同情况采用口头语言这种表达方式所撰写的文字材料，如讲话稿、演讲稿、倡议书、职场口语表达（辩论、推销、谈判、求职、主持等）、解说词等。

四、应用文的特点

（一）实用性

文章起源于应用，最早的文章是为实用而写的。商周和秦汉时期文章的实用性非常明显。殷商时代的甲骨卜辞，以及商周时代的钟鼎、铭文，可以算是我国最早的应用文。这些刻在龟甲和钟鼎上的文字，是国家的治国之道、行政纲领、信仰教条及国家管理的大典。秦汉时期，除了诗和赋，还没有专门供欣赏的文学作品。秦汉时期人们的审美意识都反映在实用上，即有用就是美。所以说，文字与应用文写作是相伴而生的，应用文实用性的特点也随之显现。

文学作品以塑造艺术形象、反映社会生活为写作目的，应用文以解决人们生活和工作中的实际问题为写作目的。在应用文写作的过程中，首先要明确具体的写作目的，然后思考如何撰写才能实现这个写作目的。如果撰写工作计划，那么首先要明确工作目标和任务，再落实工作步骤和工作措施。会议通知是要告知与会者有关会议的议题、议程、时间、地点和会议要求等，以确保会议顺利召开。因此，应用文是为实用而写作，具有明确的写作目的。

（二）真实性

应用文的写作内容必须真实，不能弄虚作假。应用文反映的情况、问题及叙述的事实是客观存在的，发布、传达上级精神不能经过任何艺术加工，要求如实地反映客观现实，必须准确无误。如果撰写调查报告，就要深入实地展开调研，充分掌握第一手材料，如实反映情况。

应用文的真实性还表现在应用文的表述上，一般不使用比喻、夸张、衬托等修辞手法，即使是带有艺术性的广告，也不能不切实际地描述产品和服务的内容，即内容必须真实，完全排斥虚构。应用文的语言也要求平实、准确，不能产生歧义。

（三）规范性

应用文的内容结构和文面格式都有规律可循。应用文一般都有惯用格式，这是人们在长期的写作实践中形成的。如果写作书信，称呼要求顶格，最后用祝颂语，落款位置是正文右下方。《党政机关公文处理工作条例》已对公文格式做了明确规定，公文应具有规范格式，标题由发文机关名称、事由和文种组成。

应用文格式的规范性体现在文章结构上，要求条理清楚、段落之间具有明显的逻辑关系。例如，撰写工作计划，一般先写工作目的和意义，然后写具体的工作目标和任务，最后写明完成工作的措施和步骤。写作应用文时应根据其具体类型，遵守其惯用格式或法定规范格式。

（四）时效性

应用文写作必须注重时效性。只有讲究时效性，才能在传递信息、解决实际问题时取得好的效果。应用文往往是在特定的时间处理特定的问题，需尽快传递相关信息。例如，信息稿必须在完成的第一时间发布，以便及时交流工作情况。撰写市场调查报告的目的是为决策层提供决策依据。市场瞬息万变，所以必须及时、有效地将市场调查报告反馈给决策部门。

应用文的时效性主要表现在三个方面：快写、快发、快办。应用文的各类文种一般都有时间限制。有的应用文正是用发文日期来表示它的生效期限或正式执行日期的，有的应用文还明确规定了有效期限。

（五）简明性

应用文的内容要简洁，语言要明了，不能模棱两可、含糊其词。应用文的叙述应直陈其事，说明应要言不烦，议论应切中要害。例如，写作公文，语言要求简洁、庄重，如实传达发文机关的意图，使收文单位正确理解公文的内容，从而顺利地贯彻执行。写作经济文书，必须字斟句酌，标点符号也要准确无误。

应用文的简明性要求应用文写作在思维方法上更侧重逻辑思维。虽然在撰写应用文的过程中也需要运用形象思维，但大多数文体以具体的事件为中心，所以需要把观点陈述清楚，把前因后果交代清楚，把本质和现象分析清楚。

五、应用文的作用

（一）宣传教育作用

党政机关通过应用文，向有关单位和人民群众广泛宣传路线、方针、政策，指导并推动各项工作顺利开展，使人们按照客观规律办事。法规性公文则对人们的行为起着规范作用。

（二）联系交流作用

国家政府之间大都通过应用文进行沟通、交流，以达到互相了解、理解、信任，实现相互合作、共同发展的目的。在不同单位之间和部门之间，应用文是沟通上下的渠道、联系左右的桥梁，可以把上、下、左、右联系在一起，使之形成统一的整体，

从而推动各项工作有序进行。

（三）管理和指导作用

应用文是国家政府或执政党实施领导、管理、指导、指挥的有力工具，而且是国家政府或执政党方针、政策具体化的书面形式。公文中的下行文大都具有行政管理的作用。

（四）依据和凭证作用

应用文的依据和凭证作用主要表现在两个方面：一是上级机关在制定方针、政策时，需要依据下级机关上报的总结、报告、纪要、简报和调查报告等来做出决策；二是下级机关在开展工作、处理问题、解决矛盾时，上级机关发布的应用文就是其办事的重要依据，而且是解决矛盾、判断是非的凭证。

课堂思考

请结合实例谈谈人们都用应用文解决了哪些实际问题。

六、应用文的写作要求

撰写应用文，特别是公文，需要掌握一定的写作套路，这是很有必要的。掌握应用文的行文规范，可以在形式上提高语言表达的规范程度，减少写作中的一些硬伤。

一篇文章写得是否规范，从形式上一眼就能看出来。虽然形式不是第一位的，但学习应用文写作首先要注重形式规范。公文必须按照批准并发布的公文规范来制发，具体来说，行文格式就是要按照《党政机关公文格式》（GB/T 9704—2012）来处理，使用有明确规定的文种，遵循规定的格式和行文程序，不得擅改，这也体现了公文格式的规范性。

在掌握了行文规范后，就需要在表达内容上下功夫，全面提高自身的写作能力。一个人的写作能力，至少包括语言表达能力和认识能力。语言表达能力可以解决应用文写作的形式问题，而认识能力解决的是写作中的内容问题。编者在强调树立规范意识的同时，也注重培养读者的大局意识和思辨意识，这也是基于应用文写作的形式和内容来考虑的。

课堂思考

当代学生应该如何提升自己的写作能力？

第二节　应用文的写作原理（一）

课程导入

古代短篇小说《殡盗》只有25个字，请你把它改写成一篇现代文。

蔡裔有勇气，声若雷震。尝有二偷儿入室，裔拊床一呼，二盗俱陨。

——陶渊明《陨盗》

《陨盗》虽为文言文，但并不艰涩难懂。下面将其译成现代文：

蔡裔是一个很勇猛的人，他说话如打雷一样震耳欲聋。曾经有两个小偷进入他的房间内行窃，蔡裔拍床高声一喊，两个小偷都被震得肝胆俱裂而死。

我们一起来看看这篇被称为微型小说典范的作品有哪些可取之处，对我们学习应用文又有什么启示？

《陨盗》先概括人物性格，即"有勇气"；再写性格特征，即"声若雷震"，为下文制服盗贼做铺垫。最绝妙的是写出了人物的音容举止，一"拊"一"呼"，人物形象跃然纸上。面对入室的两个盗贼，蔡裔不像一般人那样大惊失色，只是"拊床一呼"便将盗贼制服。一个身材魁梧、疾恶如仇、悍勇超群的彪悍形象出现在读者眼前。

虽然《陨盗》仅25个字，但时间（由拍床可推知为深夜）、地点（室内）、人物（三个人）、事件发生的原因（二偷儿入室）、结果（二盗俱陨）等一应俱全。另外，开篇、结尾互为照应，小说浑然一体。

那么我们学习应用文需要注意哪些要素呢？撰写应用文可以运用哪些表达方式呢？

一、应用文的表达方式

应用文的语言表达必须体现出应用文文体的特点和风格。应用文语言具有明晰、准确、简朴、庄重、得体的特点。

古人将语言表达方式称为"笔法"，现代人将其称为表现手段。语言表达方式是运用语言陈述事实、阐述观点、总结经验、探索规律、表达情感的具体方法和手段。

应用文的表达方式主要有叙述、议论、说明、描写和抒情五种。叙述是反映对象运动变化过程的表达方式；议论表达的是作者的思想观点与理性认识，是对某一事物或问题发表见解，表明自己观点和态度的表达方式；说明表达的是某种知识，即对一个事物或事理的科学认知，把事物的形状、性质、特征、成因、关系、功用等进行清楚的解说；描写反映的是事物的外貌和形态，生动再现事物的状态；抒情表达的是作者的内心情感。应用文主要使用说明、叙述、议论这三种表达方式。下面主要介绍说明和叙述这两种表达方式。

（一）说明

1. 说明的定义

说明就是用简洁明了的文字，对事物或事理的各种属性，如形状、性质、特征、成因、结构和功能等，进行客观的解释和介绍。在应用文中，说明是主要的表达方式之一。在应用文中，说明常与叙述同时使用。

2. 说明的分类

（1）定义说明：对事物的本质属性做简要说明，重点是讲明事理及事物的本质。

例如，《电子出版物出版管理规定》第二条对电子出版物的定义做了说明："本规定所称电子出版物，是指以数字代码方式，将有知识性、思想性内容的信息编辑加工

后存储在固定物理形态的磁、光、电等介质上，通过电子阅读、显示、播放设备读取使用的大众传播媒体，包括只读光盘（CD-ROM、DVD-ROM 等）、一次写入光盘（CD-R、DVD-R 等）、可擦写光盘（CD-RW、DVD-RW 等）、软磁盘、硬磁盘、集成电路卡等，以及新闻出版总署认定的其他媒体形态。"

（2）分类说明：将事物按照一定的标准划分成不同的类别，并对各类别加以说明。

例如，《2019 年国家留学基金资助出国留学人员选派简章》就"申请条件"中的"基本条件"进行了说明。

这种说明方式既可以让读者了解某一事物的概貌特征，又可以使事物的各个部分得以清晰展示。在使用分类说明时，每次分类只能选用一个标准，不能采用多个标准。

（3）举例说明：列举具体的例子来说明事物的特征，从而把比较抽象、复杂的事物和事理解说得更加具体而明晰。举例说明通常有典型举例和列举性举例两种，前者能使被说明事物更具体、清楚，后者能使被说明事物的范围更清楚。

例如，在建筑技术上，有很多创造，在起重吊装方面更有意想不到的办法。如福建漳州的江东桥……

举例说明要求所选例子真实、具体，有代表性，否则就不能达到变抽象为具体、变复杂为简明的目的。

（4）数字说明：用确凿的数据来说明事物和事理。

例如，一张单层 DVD 光碟的面积为 96 cm^2，数据存储量约是 4.3 GB，约合 4 617 089 843 字节，所以每平方厘米存储的数据量约是 48 094 686 字节。

用数字来说明事物，能更科学、精确、简洁地勾勒出事物的客观面貌，给读者留下十分具体的印象。

（5）比较说明：将相似或不同的事物进行类比、对比，从而说明事物的特征。

例如，"生命在于运动"，这是生物界的一个普遍规律。人的机体，用则灵，不用则衰。脑子用得勤的人肯定聪明。因为勤于用脑的人的脑血管经常处于舒展状态，脑神经细胞会得到很好的保养，所以大脑更加发达。相反，那些懒于用脑思考的人，由于大脑受到的信息刺激较少，甚至没有，因此大脑很可能会早衰。这跟一架机器一样，放在那里不用就要生锈，经常运转就很润滑。

在应用文中，比较说明常常与数字说明同时使用。通过数字对比反映量的变化，将客观事物的变化特征给予鲜明的展示。

在使用比较说明时，应考虑比较的事物之间要有可比性，比较的标准应一致。

在应用文中，除上述几种说明方法，还可以使用图表说明、引用说明，在特殊情况下还可以使用比喻说明、描写说明等。

3. 应用文中说明的特点

应用文中说明的特点主要包括以下几点：

（1）应用文行文时往往结合使用说明与议论、叙述，只使用说明这一种表达方式的情况较少。即使是以说明为主的一些文种，也经常使用议论、叙述等表达方式。各种表达方式结合使用，可以使表达更清楚、有力。

（2）多种说明方式常常同时使用。例如，将数字说明和比较说明结合运用，可以从定量、定性两个方面把工作、生产、经济活动情况的历史、现状和发展变化解说得更具体、确切，从而增强人们对事物认识的直感。

（3）应用文在使用说明时，更讲究说明的客观性、内容的科学性和语言的准确性。

（二）叙述

1. 叙述的定义

叙述就是有次序地将人物的经历、言行和事件的发生、发展变化的过程叙说出来的表达方式。完整的叙述一般有六个要素，即时间、地点、人物、事件、原因、结果。

叙述是一种基本表达方式，在写作中的使用频率很高。无论是文学作品还是非文学作品都会频繁地使用叙述这种表达方式。叙述主要用于交代背景，介绍文章涉及的人、事、单位的概况，记叙事件的发生、发展、结局，以及为议论文提供事实依据等。

2. 叙述的人称

人称是指作者叙述的观察点、立足点，主要有以下三种：

（1）第一人称叙述（我，我们），能给读者真实、亲切的感受，是主观性叙述。

（2）第二人称叙述（你，你们），有直接对话的亲临感，可以让读者感到像面对面进行交流。

（3）第三人称叙述（他，他们），可不受时空和是否亲身经历的限制，因而叙述面较广，用法较自由，属于客观性叙述。

在应用文中，三种人称大都各自单独使用。例如，撰写总结、制订计划必须采用第一人称，撰写调查报告主要使用第三人称。在有些文体中，有时会同时使用三种人称，如涉及第三方的来函、去函、情况通报，会出现"我们""你们""他们"。

3. 叙述的方法

（1）顺叙。顺叙是按照人物经历或事件发生、发展的自然时序进行的叙述。

（2）倒叙。倒叙是把事件的结局或事件中最突出的片段提到前面来叙述，再以顺叙的方式进行的叙述。

（3）插叙。插叙是在叙述主要事件的过程中，因为需要，暂时中断叙述主线，插入与中心事件有关的内容的叙述。插叙可以对人、事、物进行说明、补充和解释。

课堂思考

应用文为什么很少用描写和抒情这两种表达方式？请结合实例进行说明。

二、应用文的主题

主题又称主旨，是写作主体在说明问题、发表主张或反映生活现象时，通过文章

内容所表达的中心思想或基本观点。主题是文章的统帅和灵魂，决定着文章的质量、价值和作用。

应用文的主题有自己的个性特点。这里所说的个性特点，是相对于文学写作中的主题而言的。应用文的主题和文学作品的主题虽然都是通过文章表达"中心思想和基本观点"的，但在表达方式、写作活动中写作主体所处的角色角度及具体展现主题时所使用的表现手法都有所不同。

（一）应用文主题的来源

在应用文写作中，主题的产生和确立与写作目的直接相关，这与其他类文体主题的产生和确立不尽相同。

应用文的主题主要来源于三个方面：

（1）社会生活的客观需要。

（2）本单位、本部门或个人处理公、私事务的需要。

（3）党和政府的方针政策与有关决策意图。

由此可见，应用文的写作多数属于奉命性质。多数应用文的写作目的也直接揭示了主题。

（二）应用文主题的要求

1. 正确

主题正确是应用文写作的最基本要求，也是最终的要求。所谓正确，就是要以先进的思想为指导，所写内容符合党和国家的路线、方针、政策、法律、法规，符合客观实际，反映事物的真实面貌和本质规律，对工作起积极指导作用，经得起实践检验。一篇应用文稿，首要的问题是主旨正确，这决定着文稿的质量和价值。

2. 集中

集中是指应用文的主题要单一。一篇应用文只能有一个基本思想，重点要突出，把文章的基本观点集中、突出地表现出来。如果应用文所传达的信息呈现多向性，语言材料就会夹杂不清，读者也就无法准确把握主题。那些内容比较复杂、篇幅比较长的应用文，主题也要集中，文章的观点虽然可能不止一个，但必须围绕一个共同的中心。

3. 深刻

深刻是指确立的主题要能够反映生活的本质和规律，不要停留在表面现象上，要从事实中归纳观点，提炼思想，要能够揭示事物所隐含的最有价值的思想意义，提出推动社会发展的有益见解。此类应用文的主题要深刻，能够反映出某些带有规律性的问题，帮助人们加深对某一客观事物的深刻认识。

4. 鲜明

鲜明是指应用文表达的观点要清晰明确，直截了当。肯定什么，反对什么，态度要鲜明，使读者易于理解。这就要求应用文写作对事物有明确的表达，不能有歧义。

✎ 课堂思考

主题和标题的区别与联系是什么？

三、应用文的材料

应用文的材料，是指为了写作应用文而选取的，用于提炼、确立、表现写作主旨的事实和观念。应用文的材料可以分为两类：一是作者在写作前搜集、积累的各种事实、数据、意见、观点、经验、问题，以及上级有关指示精神等；二是经过选择，写进文稿中的表现主旨的所有材料。

（一）材料的作用

1. 材料是写作活动的前提

材料是构成文章内容的物质基础，是写作活动的前提。

2. 材料是形成主旨的基础

材料和主旨同属于文章内容，但主旨从材料中形成，材料是引发感受、提炼观点、形成主旨的基础。主旨是对全部材料思想意蕴的高度概括。

3. 材料是说明主旨的支柱

材料不仅是形成主旨的基础，还是说明主旨的支柱。没有材料的支撑，主旨根本无法确立。没有恰当的、能够说明问题的材料作为支撑，主旨即使树起来了也立不牢。

（二）选择材料的标准

（1）确凿，即真实、准确，是指写进应用文中的材料必须既真又准，确凿无误。

（2）切题，是指写进应用文中的材料必须有针对性，能紧扣写作主旨，有实用性，能直接显示或具体说明观点。

（3）典型，是指写进应用文中的材料不仅可以深刻地揭示事物的本质，还具有代表性与说服力。

（4）新颖，是指写进应用文中的材料必须有强烈的时代感，能够表现客观事物的发展趋势，反映客观事物的最新面貌，以及现实生活中人们最关心的那些新人、新事、新思想、新成果和新问题。

（三）材料处理的常用方法

1. 类化法

类化法就是按照材料的共同属性和特征，将纷繁的材料进行梳理和归并，使之显示出"类"的特点。类化法的关键在于确定一个能反映事物本质特征的、与分类目的相适应的、始终不变的标准，没有标准的分类是没有多少意义的。在应用文写作中，采用这种方法可以找出各"类"之间的内在联系，从而逐渐提炼出有价值的小观点甚至全篇的主旨。这种类化后的材料因为具有重要的类别特征所以极具使用

价值。

2. 筛选法

筛选法强调对材料的选用不能停留在一般的认识上，必须要像掘土找矿、沙里淘金那样，反复进行鉴别、筛选，力求从纷繁的材料中找到那个最切合主旨的切合点。

3. 浓缩法

浓缩法是指把有价值但又非常详尽纷繁的材料加以压缩，使之更紧凑简要、突出精华的处理材料的方法。采用这种方法处理材料需要运用留主干、抓要点、除细节、科学抽象等方法，以提炼出对表现事实或说明观点最有价值的内容。

4. 截取法

截取法是指选用一个完整事件的片段或一个完整事物中的部分来表现观点的删繁就简的处理材料的方法。采用这种方法，不求事件的连贯、事物的完整，只求能言简意赅地说明问题和阐明观点。

采用截取法要注意以下几点：

（1）要服从应用文写作主旨的需要，从写作目的和材料本身的实际（如在文稿中的地位与作用、本身的构成与被读者接受的程度等方面）综合考虑。

（2）不能断章取义、扭曲原意。

（3）要注意上下文衔接过渡的自然顺畅及表述角度的前后一致。

（四）合理安排材料

合理安排材料，是指在应用文写作中要根据表现主旨的需要，按照一定的思路合乎逻辑地、和谐地组织材料，使材料与观点形成一个有机的整体。

应用文写作安排材料的方法主要有以下几种：

1. 先亮观点，后举材料

这是先用层、段、条概括出观点，然后列举理论材料或事实材料来陈述观点的方法。采用这种方法安排材料的优点是观点鲜明，引人注目。

2. 先举材料，后亮观点

这是先列举事实、数字或说明根据，然后推导出结论、归纳出观点的方法。这种方法的优点是由事到理，说服力强。叙事性应用文或文中叙事性较强的片段写作，常用此法。

3. 边举材料，边亮观点

这是一边举材料，一边亮观点的夹叙夹议的写作方法。这种方法的优点是既摆事实又讲道理，行文层层深入，使人便于理解。应用文中叙事说理较强的部分常用此法写作。

课堂思考

如何获得我们想要的材料？我们需要的文献该去哪里检索？

口语和书面语的区别

口语和书面语是两种不同形式的语言变体。口语是语言存在的最基本形式。从语言的起源和发展来看，口语是第一位的；书面语源于口语，是第二位的。

口语也叫作口头语，是口头交际使用的语言。一般来说，口语比书面语灵活简短。在理解时，口语对语境的依赖性比较强。另外，口语不如书面语严谨。

书面语也叫作笔语、文字语，是书面交际使用的语言，是文字产生后逐渐形成的。一般来说，书面语比口语精确和规范。

第三节　应用文的写作原理（二）

课程导入

在学习和工作中，有这样一种现象：有些人的语言表达能力很强，特别是书面语的表达能力很强，但写不好应用文。例如，有报道称，有些国内名校新闻专业的实习生和毕业生写作功底越来越差，采写的新闻稿件经常逻辑不清晰、层次不分明；有些中文系的毕业生，书面语表达尚可，但写出来的材料没有广度和深度。原因何在？

一、应用文的结构

（一）应用文的结构要求

1. 要反映客观事物的本质联系和规律

客观事物本身有它的存在形式、特点和运动规律。文章表现的对象是客观事物，所以，其结构形式应取决于内容，体现客观事物内在的本质联系。应用文写作也是如此。

2. 要服从表现主旨的需要

文章的结构安排，就是要把内容材料组合成一个统一的有机整体来表现主旨。因此，内容材料的详略和先后、层次段落的划分等，都必须紧紧围绕主旨，让主旨贯穿全篇。

3. 要做到层次清楚、思路清晰

层次的划分和段落的安排应展示出作者的思路与文章的结构。在应用文写作中，要特别注意根据主旨的需要安排好层次和段落，以清晰地展示作者的思路。

4. 要适应不同文种的体式特点

应用文的各种文种都有相对稳定的结构体式和严格的规范。应用文的结构安排需要适应体式的规范要求。

（二）应用文的结构类型

应用文的结构类型，是指应用文的结构在外部形态上所表现出的形式。

1. 篇段合一式

篇段合一式是指正文全文内容包容在一个完整的自然段内，即一个段落就是一篇完整的文章。这种形式常用于内容单一的应用文，否则难以把写作的目的、事项、结语这三个层次融合到一段。

2. 两段式

内容简单、篇幅简短的应用文常用两段式。两段式一般用于以下几种情况：

（1）把篇段合一式中的结语部分单独列为一段，成为两段式。也就是说，写作目的和行文事项为一段，希望、要求等结尾语句为一段。

（2）把三段式中的结语部分省略，写作目的、行文事项各为一段。

（3）在转发性、发布性文书中，将转发、发布对象、态度，即批准、同意转发、发布有关文件的名称列为一段，把转发、发布的执行意见、要求列为一段。

（4）在答复性文书（如复函、批复等）中，将表示收到对方文件写为一段，且多为独句段，将答复事项及结尾列为一段。

（5）没有开头、结语部分，而将主体内容列为两段。

3. 三段式

三段式是短篇应用文一种比较规范的形式。正文把写作目的、事项、结语分为三个层次。

4. 多段式

多段式用于内容稍多、篇幅稍长的应用文，总共有四个或四个以上自然段。多段式的结构一般如下：开头概述情况、说明缘由或依据，结尾单独成段或省略结尾段，主体部分内容稍多，分别写为若干段，各部分都不分条列项。需要注意的是，文章各部分的逻辑关系应给人以清晰、简明的印象。内容多、篇幅长的应用文，一般不宜采用多段式，宜采用分部式或总分条文式。

5. 条文式

法规、规章和职能部门的一些行业文书经常采用条文式。全文从头到尾都用条文组织内容，显得眉目清楚，排列有序。应用文中的条文式结构一般可采用以下两种：

（1）章断条连式：适用于内容多、篇幅长的法规和规章。这种结构以章为序划分有关法规、规章的层次，各章下的"条"不依章断开另起开头，而是连续编号。这便于执行承办时援引有关条文。章下可分条，极少数还在章下分节，节下再分条。章、节、条均用小写汉字数目表示，如第一章、第一节、第一条。条下有的分款，款不带序数，一个自然段就是一款。条下有的列项，项冠以带括号的汉字数码，如（一）、（二）等。项下可分目，目冠以阿拉伯数字，如1、2等。

（2）条文并列式：适用于内容不太多、篇幅不太长的法规、规章和其他应用文。条下的款或项、目独立成段，段间内容具有相关性。

6. 总分条文式

总分条文式是应用文书用得较多的一种形式，如公文、规章、合同等常采用这种结构。文章开头部分（即引言部分）先总说：或概述情况，或说明写作目的、依据、原因，或阐明主旨，或摆出结论。后文则分条文分述有关内容，每条或说明事物的一个方面，或围绕主旨阐述一个问题，或分析事情的一个原因，或提出一项要求、措施、办法等。条文的层级结构序数与条文式的写法一样。有的在分条之后还有一个总说的结尾，形成"总说—分说—总说"的结构。安排条文的要求，与条文并列式结构一样。

7. 分部式

分部式通常把文章分成几个大部分，每个部分就是一个层次。为了做到眉目清楚，每个部分可用小标题或者序号列出，但多用序号加小标题的形式。小标题可作为层旨句概括该部分中心，也可提示该部分的内容范围。这种结构形式容量较大，头绪分明，适用于内容较多、篇幅较长的应用文。工作总结、理论文章、调研文章等常用这种结构。它常体现为应用文基本结构形式纵式结构中的递进式结构，写作时一定要注意前后各个部分由浅入深或者由实到虚、由表及里的逻辑顺序，以及各个部分之间的逻辑联系。

8. 贯通式

贯通式通常围绕中心，按时间顺序、事物发展顺序或者事理深化、认识顺序，抓住主要线索，逐层分析、叙述说明，比较完整地说明一个事项、一项工作、一个道理。它不分条文，不用小标题，前后贯通，按自然段安排层次，以自然段组成全篇。这种结构适用于内容比较单一的叙述性或者以说理性为主的应用文。

9. 表格式

表格式是应用文特有的一种结构形态。不少经济管理的职能部门（如工商行政管理部门、税务部门、专利管理部门等）和企业（如银行、保险公司及厂矿等）制发的各种专门文件大都采用表格式。表格式的应用文通常有以下两种形式：

（1）由职能机关或企事业管理部门事先印制好有关文件表格式规范文本，将有关内容分项列出，设计好项目和应填写内容，并编制成表格文书，各项之后留下足够的空白，让使用单位和人员按规定填写。有的规范文本甚至连文书处理过程中的有关程序和审批签名盖章都已印制好。表格文书一般要注明表格的填写要求和注意事项。有些行业的专用文本（如税务征管文书、财务会计文书等）都采用这种形式。有时这种文书还填写一式若干份，以备存查、验收。这种形式的文书方便填写、处理和保管，是一种值得推荐的形式。随着计算机等办公自动化设备的应用，表格式应用文会越来越多。

（2）单位临时撰制的表格式文书。这是有关职能管理部门或者企事业单位，为反映某一地区、行业或者企事业的某些情况，根据写作目的，将有关统计数据编制成表格。这样显得简明、直观，比只用文字叙述说明效果更好。一般要对统计数据加以适当的说明，对其中主要的、突出的数据，以及变化明显的数据加以必要的分析，使表格式文书的效果更好。有时，一份文书还会从不同角度编制多个统计表格，从而使反映的情况、说明的问题更加全面、客观。

10. 不成文式

不成文式是应用文所特有的一种外部形态，特别是告启类文书常用此形式。它不像一般文章那样有完整的结构内容，开头、结尾、层次、段落、过渡和照应都不一定齐备或有明显标识。不成文式应用文的外部形态不同于传统的文章样式,语言表达方式也有其特殊性,通常运用图文相间的形式或者图表形式。典型的不成文式多是一些广告、海报等告启类文书,有的图文相映,很有吸引力。同表格式文书一样,它看似不成文,没有传统文章的形式,但表达效果常常比成文还好。

运用不成文式需要注意以下两点:

(1)告启事项要周全,要传递完整、有用的信息。

(2)采用灵活多样的形式,重点明确,不要因图害意,让图画冲淡、掩盖了主要内容。

以你写过的一篇记叙文为例,谈谈你是如何安排结构的?

二、应用文的语言

应用文属于实用语言的范畴,其共同的语言要求有以下几点:

(一)准确

准确是指应用文的语言要恰如其分地表达应用文的内容,使人一看就知道文章的主要内容和观点。应用文语言准确首先要求实事求是,所涉及的人与事,一定要真实存在,情节、细节、数字都不能虚构。在文字表述上,要做到准确、鲜明,简练畅达,直白而不含蓄,不能有歧义。另外,还需要注意细节问题,如标点符号错误或错别字也会影响应用文语言的准确性。有时候一点之差、一字之差,就会引起法律纠纷。

《中华人民共和国宪法》第四十五条规定:国家和社会保障残废军人的生活,抚恤烈士家属,优待军人家属。该条用"保障""抚恤""优待"准确地表明了国家和社会对三种人的不同的政策。

1898年,德国强迫清政府签订了丧权辱国的《胶澳租界条约》。在条约中,清政府将胶州湾租借给德国(租期99年),同时允许德国在山东境内修筑胶济铁路。条约中有一款是这样规定的:德国享有铁路线左右30里内的开矿权。清政府的原意是指"铁路沿线左右加在一起总计为30里",但因文字表达失准,该款又可以理解和解释为"沿线左右各30里",表述存在歧义,致使德国百般狡赖、不依不饶。最后清政府被迫屈从,让德国攫取了比原来多出一倍的开采权。

(二)简练

简练即语言简洁、精练,用尽可能少的文字,浓缩大量的信息,尽量将可有可无的字、词、句、段和空话、套话删除,做到言简意赅。

例如:"×月×日寄来的函件已经收到了,知道了你们要求的事情,我们已经派出人员进行调查,等到把事情调查清楚,我们就立即把结果告诉你们。"

该句可改为:"贵单位《×××函》收悉,我们已派员调查,查清后即告知结果。"

但也要注意，简练要以不妨碍内容的表达为前提，绝不能为简练而生造词语、随意缩略、滥用文字，不能让人不明白或产生歧义。

（三）平实

平实就是平易、朴实。应用文的价值在于实用。首先，语言应平实，反对假、大、空、浮。应尽量不用或少用修饰语，争取做到用语朴素、实在。其次，就笔法而言，应尽量做到平直，叙述问题采用直陈的方式，不要在语言上哗众取宠。

"某天深夜，乌云密布，雷声隆隆，大雨倾盆而下，刹那间，美丽富饶的鱼米之乡被一片汪洋吞没。接连几天如注的暴雨，淹没了田野，冲毁了村庄和工厂，交通、电力、通信一度中断。这百年不遇的特大洪涝灾害，给我乡造成了不可估量的损失……"这段话就违反了应用文语言的写作要求，带有浓厚的文学色彩，不够平易、朴实。

（四）庄重

应用文实用性强，语言必须庄重、得体，多使用书面语，不用或少用口语、俗语，措辞时要严格掌握用词尺度和界限。

某县民政局在公文中称当事人残疾人卢某"耍赖"，用了"一个有嘴无脸的人""像泡了8年的酸菜——酸过了味"等不严肃甚至侮辱性的语言，引起卢某的强烈不满，卢某向法院起诉。最终法院判定该民政局构成名誉侵权，赔偿受害人精神损失费2万元。

（五）规范

应用文要注意语言的规范性，即标准性、规定性和统一性。例如，行政公文要按国家规定的统一标准写作，如格式、用纸、撰拟程序、立卷存档，乃至数字、简称、修改符号、计量单位等的使用，都应符合国家统一规定的标准。

应用文中数字的使用需要体例统一，如"农历初一至初7放假""该公司年销售额达到195.6万元，比去年增长百分之十三"都是不规范的。表示公历纪年、计量、编号、时刻均使用阿拉伯数字，而星期、农历月日则用汉字数字。

要培养应用文的语言表达能力，除了多听、多看、多记之外，还要多写、多练，从写作训练中把握应用文的文体风格，掌握应用文的习惯用语。

课堂思考

应用文语言的使用要求"平实"（即朴实无华）和"规范"（要求用专用词语、书面语）矛盾吗？

本章训练

一、填空题

1. 应用文是_____、_____、社会团体或个人在工作、_____中使用的，用以处理公私事务、_____、表述意愿而撰写的具有一定惯用体式的实用性文章。

2. 应用文的表达方式主要有_____、议论、_____、_____和抒情五种。

3. 材料和主旨同属于文章内容，但主旨从材料中形成，材料是引发_____、提炼_____、形成_____的基础。主旨是对全部材料思想意蕴的_____。

4. 应用文结构的要求包括以下几点：要反映客观事物的本质_____；要服从表现主旨的_____；要做到_____、思路清晰；要适应不同文种的_____。

二、判断题

1. 写作是人们用文字把感受、认识主观世界和客观世界的思维结果有选择地记录、表述出来的精神性活动。（   ）

2. 中国的第一部散文集《尚书》主要记载了夏、商、周时期的祝词、誓词、诰词、法令等文书。（   ）

3. 应用文主要使用说明、叙述、议论这三种表达方式。（   ）

4. 应用文的结构类型包括篇段合一式、两段式、三段式、多段式、条文式、总分总条文式、分部式、贯通式、表格式、不成文式。（   ）

三、简答题

1. 按应用文的性质和内容来划分，可分为哪几类？

2. 应用文相对于其他文种有哪些特点？

3. 应用文最基本的作用主要有哪些？

4. 材料处理的常用方法有什么？

第二章 事务文书

 **学习目标**

✽ 知识目标

掌握相应的事务文书的写作方法。

明确事务文书的写作要点。

✽ 能力目标

能够独立完成事务文书写作。

能够清晰、准确地表达事务文书的内容。

能够准确地选择事务文书种类。

✽ 素质目标

提高事务表达能力和事务写作能力。

思政目标

养成严谨的行事态度和逻辑思维，培养制度思维。

第一节 计划

课程导入

在学校担任学生会副主席的王贺接到上级布置的一项任务：为了迎接即将到来的元旦佳节，校领导决定安排一场元旦文艺演出，考虑到演出场地、运维人员、演出人员等问题，需要提前制订元旦文艺演出实施计划。王贺作为学生会主席候选人，积极承担起这项责任。王贺应该如何制订计划？如何拟订计划书？

一、计划的概念

计划是党政机关、企事业单位、社会团体和个人，为实现某项目标或完成某项任务，对未来一定时间内的工作事先做的打算和安排。它包括制订计划的目的、依据，计划的内容，以及完成计划的步骤、时间、措施等。

计划的应用范围十分广泛，是计划类文书的统称。因为计划所涉及的内容和期限

不同，所以计划类文书还有下列几种不同的名称：

（1）规划。规划是具有全局性的、跨越年度较长、内容较概括并具有巨大兴革内容的计划，如"××市城市发展规划"。

（2）纲要。纲要是为实现一定的战略任务，指导带有全局性的、跨越年度较长的某项事业的改革和发展的纲领性计划，如《中国儿童发展纲要》。

（3）方案。方案是对专项工作做出全面部署与安排、政策原则性较强、内容较完整的计划，如"房地产市场秩序专项整治工作方案"。

（4）安排。安排是对未来短期内工作进行具体布置的计划，如"××市2024年高考招生录取日程安排"。

（5）打算。打算是对短期内工作提出的要点式的计划，如"下周教学工作打算"。

（6）设想。设想是初步的草案性的计划，如"下一阶段工作设想"。

（7）要点。要点是列出未来工作主要目标的简要计划，如"第四季度学校保卫工作要点"。

二、计划的特点

（一）预见性

计划是为完成未来的某项工作而制订的，制订者必须对未来工作中可能出现的问题有充分的预估，并提出相应的、切实可行的措施，保证计划的顺利实现。

（二）指导性

计划是以人们对客观规律的认识为基础的，是实践的反映，反过来又指导人们的实践，因而具有很强的导向作用。

（三）约束性

计划的制订体现着上级的意图和要求。计划一旦通过并下达，就要遵照执行。因此，计划对工作不但具有指导作用，还具有约束作用。即使是个人制订的工作、学习计划，对个人也应该具有约束作用。

（四）可行性

可行性是指计划中确定的目标要行得通。一个有实用价值的计划应该是实施者能够通过一定的努力完成和实现的。

（五）灵活性

俗话说："计划赶不上变化。"在现实工作中还存在一些我们无法预料的情况，并且制订计划时所做的预想还带有一定的主观性。制订计划要留有余地，充分考虑可能的种种因素，以免出现意外情况时手足无措。

三、计划的分类

计划类文书有很多种，可以按照不同的标准进行划分。根据期限、内容侧重、具体作用的不同，可将计划类文书分为以下三大类：

（一）规划类

规划类实现目标的期限较长，往往是五年、十年、二十年，甚至更长；内容侧重于工作的指导方针、努力方向，工作的实施步骤和重要措施等；作用主要是对全局工作做战略性、方向性的规定，用于指导局部的、短期的各项工作。规划类的文种名称常用"规划""纲要"等。

（二）计划类

计划类实现目标的期限较规划类短，以年度计划和一年以内的短期计划为主。计划类的文种名称一般都叫计划，有时前面加上一些限制语，如工作计划、学习计划、年度计划、活动计划等。计划的内容比规划更具体，规定的措施操作性强。计划的作用是指导具体工作，以便按步骤、按时间、按要求完成工作任务。

（三）安排类

安排类是指较短时间内对工作的具体安排，一般是在执行计划的过程中对某个阶段的工作做更具体的布置，如要开什么会，购置什么器材，准备什么材料，以及人员如何配备等。安排类的内容具体、细致，执行和检查比较方便，一般由某项工作的执行部门制订，目的是按部就班地开展工作，避免出现忙乱、遗漏。安排类的文种名称常用"方案""安排""打算""要点"等。

课堂思考

"课程导入"中的王贺要制订的计划属于哪一类？

四、计划的格式和写作方法

计划一般由标题、正文和落款三个部分组成。

（一）标题

计划的标题一般包括单位名称、适用期限、计划内容和文种。有时计划的标题也可以省略某些要素，如个人计划通常只写计划内容和文种。

（二）正文

计划的正文一般分为前言、主体和结尾三个部分。

1. 前言

前言主要说明制订计划的依据、目的或对基本情况进行概述，即说明为什么要制订这个计划。前言部分的末尾常用"现制订计划如下"或"为此，特制订20××年××工作计划如下"等句子过渡到主体部分。前言的文字要简明扼要。

2. 主体

主体主要说明目标和任务、措施和方法、步骤、期限和时间安排，以及要求等内容，也就是具体回答"做什么""怎么做""分几步做""做到什么程度""何时完成"

等问题。目标和任务是计划的核心，一般先写总目标，再写具体任务和指标。措施和方法是指落实目标和任务的具体做法，包括思想工作、人员调配、工作机构、方式手段、人力/物力/财力安排、后勤保障等。步骤、期限和时间安排是实现目标和任务的重要保证，科学的时间安排可使执行者既产生紧迫感，又能有条不紊地开展工作，如期完成预定任务。这个部分要考虑全面、周到。为了使条理清晰，通常采用分条列项的方法。

3. 结尾

结尾主要用于补充说明注意事项，或提出希望和号召等。结尾要写得简短有力，切忌过长。有些计划在主体部分写完后，也可自然结束全文，不写结尾部分。

（三）落款

落款主要注明计划的制订者和制订时间。机关单位的计划，如果在标题中已包含这两部分内容，那么可省略落款。

课堂思考

想一想，在撰写计划时应该注意什么？

五、计划的写作要求

（一）分析情况要认真细致

在制订计划前一定要摸清三个方面的情况：一是大环境的形势及要求，包括全国、本地区、本系统的发展形势及对本单位提出的要求；二是主观条件，即自身人力、物力、财力情况及可挖掘的潜力；三是客观条件，即上级和其他部门可能给予的帮助等。只有分析清楚这三方面的情况，在制订计划时才可能避免盲目性。

（二）确定目标要实事求是

计划必须有一个目标，这个目标既不可太高又不可太低，并且经过努力是可以实现的。这就要求在确定目标时一定要实事求是，不可不顾条件乱攀比，既要尽主观努力，又要适当留有余地。

（三）措施步骤要切实可行

采取什么措施，按照怎样的步骤开展工作，是实现目标的保证，所以一定要根据条件做周密的设计。各项措施的操作性要强，切忌空泛；实施步骤要合理，不要时松时紧。

（四）条目要分明，语言要简洁

撰写的计划要求简明、扼要、具体、明确。既不要议论，又不要叙述过程，把目的、要求简要地写出来就行。计划的用词造句必须准确，不能含糊其词。

例文欣赏

2019 年上学期秋游活动方案

为了增强当代大学生的集体主义精神和团队协作能力，也为了在大一新生之间搭建起沟通的桥梁，提升班级凝聚力，丰富同学们的课余生活，在这个秋高气爽的季节，财经管理一班决定组织全班同学开展秋游活动，具体方案如下：

一、活动主题："秋游行·同学情"

二、活动时间：10 月 10 日 9：00—17：00

三、活动地点：××××

四、活动形式：烧烤、表演、游戏等多种形式相结合。

五、参与人员：2019 级财经管理一班全体同学。

六、组织方式：班级集体活动，以宿舍为单位划分活动小组，由宿舍长担任组长。

七、活动流程

1. 前期准备。

（1）提前联系好烧烤地点并准备好用具，提前一天到市场预订烧烤食材，并在出发当天的清晨去取回食材。（由后勤组负责）

（2）出发的预定时间为 9：00，请同学们在 8：45 之前到校门口集合。

（3）由各组组长带领同学们安全有序地前往目的地，到达目的地后由班长负责点名。

2. 活动安排。

（1）自由参观。到达目的地之后自由活动 1 小时，自由参观景点，后勤组布置场地。

（2）烧烤环节。大约 11：30 开始烧烤活动。

（3）游戏环节。烧烤中场可以适时组织一些互动的小游戏，如真心话大冒险、成语接龙、你画我猜等。（由主持人负责）

（4）清理现场。15：30 左右组织同学们清理现场，16：00 准时清点人数，之后返校。

八、经费预算

见附件 1。

九、注意事项

（1）排队行走安全：一切行动听从指挥，紧跟队伍，不掉队，不喧哗，不拥挤，不吃东西。

（2）不去小溪边玩耍，不攀爬岩石、树木，不钻草丛、树丛，不触摸电线。

（3）在来回路途中要注意交通文明，不乱穿马路，走人行道和斑马线。

（4）在游玩过程中要注意卫生文明，不乱丢废弃物，离开时要搞好卫生。

（5）在游玩过程中要注意行为文明，不追跑打闹，不损坏公共财物。

（6）不得随意离队，有事离开要向班干部请假并结伴而行。

十、工作人员

负责人：×××

主持人：×××、×××

后勤组：班委会全体成员

附件1：班级秋游活动经费预算

附件2：工作人员名单及联系方式

财经管理一班班委会

2019 年 9 月 25 日

知识拓展

如何写好计划

撰写计划需要遵循如下原则：

（1）对上负责的原则。要坚决贯彻执行党和国家的有关方针、政策及上级的指示精神，反对本位主义。

（2）切实可行的原则。要从实际情况出发定目标、定任务、定标准，既不要因循守旧，又不要盲目冒进。即使是做规划和设想，也应当保证目标明确、措施可行。

（3）集思广益的原则。要深入调查研究，广泛听取群众意见，博采众长，反对主观主义。

（4）突出重点的原则。要分清轻重缓急，突出重点，以点带面，不能"眉毛胡子一把抓"。

（5）防患未然的原则。要预先想到计划实施中可能发生的偏差和可能出现的问题，有必要的防范措施或补救办法。

写好一份学习计划一般要考虑以下几个方面：

（1）计划要尽量全面，一定要对自己的学习、生活做出全面的安排。除了学习时间，还应包括为集体服务时间、锻炼时间、休息时间及娱乐活动时间等。

（2）从实际出发来制订计划，要考虑自己的知识水平和现有能力，抓住重点，有针对性地查漏补缺。

（3）安排好常规学习时间和自由学习时间。

（4）协调好长计划和短安排。

（5）计划要留有余地。

（6）提高时间的利用率。

（7）可以采用条文和表格相结合的方式。

第二节　总　结

课程导入

王贺负责筹划的元旦文艺演出圆满结束，各方领导及各院系老师、同学给予了高度好评。但是在王贺看来，这场演出还是有些许不足，与当初计划的演出略有差别，于是他便想要写一份"元旦文艺演出总结"，上交给校领导，希望领导给予一些建议和意见。那么总结都需要叙述哪些方面的内容呢？快来给王贺支招吧！

一、总结的概念

总结是人们对前一时期的生产、工作、学习或思想情况进行全面系统的回顾、检查、评价，汇总经验、教训、成绩、缺点和存在的问题，写成的书面材料。

二、总结的特点

1. 客观性

总结是用实事求是的态度对已完成或正在完成的工作进行评价，是对自身实践活动的再认识，既不能夸大，也不能缩小。

2. 理论性

总结是对工作实践的本质概括，是对工作中的成绩、失误进行研究分析，汇总经验、教训，上升到理论高度，提炼出规律性的东西。

3. 概括性

总结要忠于客观现实，但不是记流水账，而是要把实践中的典型经验提炼并概括出来，把问题找出来。

4. 借鉴性

总结不是简单地反映成绩和失误，而是要把握事物的规律性，从而提高对今后工作的预见性，为以后的工作提供借鉴。

课堂思考

> 王贺的总结包括上面介绍的这些特点吗？

三、总结的作用

（1）可以全面、系统地了解和评价以往工作的情况。例如，工作做得如何，是否完成了计划，工作中有何优点和不足，都可以通过总结来了解、把握。

（2）可以总结经验教训，不断提高工作质量和效率。通过总结，人们能从成功的工作中获得经验，从失误的工作中得到教训，从而提高工作效率。

（3）可以实现认识的飞跃。通过总结，可以从过去工作实践中不系统的、零碎的感性认识中，归纳出有规律的东西，实现从感性认识到理性认识的飞跃。

（4）可以及时推广先进经验，供其他单位参考、借鉴，推动全局工作的顺利开展。

四、总结的分类

（1）按范围分，有单位总结、个人总结等。

（2）按性质分，有工作总结、教学总结、学习总结、科研总结、思想总结、项目

总结等。

（3）按时间分，有月度总结、季度总结、年度总结、跨年度总结等。

（4）按内容分，有全面总结（综合总结）、专题总结等。

课堂思考

> 王贺的总结属于哪一类呢？

五、总结的格式和写作方法

总结一般包括标题、正文。

1. 标题

总结的标题有如下两种写法：

（1）要素式标题：①由单位名称、时限、总结内容和文种四个要素组成，如《×× 大学 ×× 学院 ×××× 年度教学工作总结》。②如果是用于单位内部的一般性总结，则可省略单位名称，如《×××× 年度教学工作总结》。③只包括两个要素，即只写内容和文种。根据实际需要，还可以省略前面三个要素，只用"总结"作为标题（不建议使用单一文种的标题）。

（2）一般文章式标题：①单标题，用概括总结中心意思的短语作为标题，如自来水公司用《让全市人民喝上放心水》作为总结的标题；②双标题，正标题为全文中心，副标题为要素式，副标题的最后一个词表示文种。

2. 正文

总结的正文由开头、主体、结尾组成。

（1）开头：也称前言或导语，一般用简洁的语言概括基本情况，并进行总体性的评价。

（2）主体：由工作的主要做法及成效、基本经验与体会、今后打算三个部分组成。最难写的是基本经验与体会部分。这是因为既要从做法中概括出理性认识，又不能过于空洞和抽象；既不能脱离做法写经验或体会，又要避免做法与经验或体会混为一谈。

（3）结尾：结尾是正文的收束，在总结经验教训的基础上，提出今后的方向、任务和措施，表明决心、展望前景。这段内容要与开头相呼应，篇幅不应过长。有些总结在主体部分已将这些内容表达过了，就不必再写结尾。结语部分主要写明打算，也只需要写很短的一段话。写得长了，反而会冲淡主题。正文写完以后，应该在正文的右下方（指横行文字）写上总结单位的名称和总结的年、月、日。

总结的结构有纵式、横式、纵横式。

（1）纵式结构：按照事物或实践活动的过程安排内容。写作时把总结所包括的时间划分为几个阶段，按时间顺序分别叙述每个阶段的成绩、做法、经验、体会。这种写法主要以工作回顾为主，顺便谈及经验教训。这种结构的总结基本上是按工作展开的程序和步骤，分段说明每个步骤和阶段的工作情况，夹叙夹议地引出相应的经验教训。

（2）横式结构：按事实性质和规律的不同，分门别类地依次展开内容，使各层之间呈现相互并列的态势。这种写法的优点是各层的内容鲜明集中。

（3）纵横式结构：在安排内容时，既要考虑时间的先后顺序，体现事物的发展过程，又要注意内容的逻辑联系，从多个方面总结经验教训。这种结构大多先采用纵式结构，写事物发展各个阶段的情况或问题，然后用横式结构总结经验教训。纵横式结构一般先归纳和提炼出几条经验教训，分别展开论述，把工作过程、工作办法、取得的成效等穿插其中，使经验教训看起来更加充实。但是这样写，整个工作回顾会被拆开，分别为阐明观点服务，会显得零散。为了弥补这一不足，可以在基本情况中适当加以详述，使人们对工作概貌有一个总体性的了解。

📖 例文欣赏

【例文一】××海关××××年工作总结

××××年，在海关总署的正确领导下，××海关始终坚持海关工作16字方针和队伍建设12字要求，深入学习领会××大精神，坚持科学治关理念，全面落实关长会议作出的各项部署，保持队伍稳定发展，圆满完成了各项工作任务。

一、抓住重点和关键，在继承中求发展，在发展中谋突破

新一届党组真抓实干，发挥班子的核心作用和带头作用，在继承中求发展，在发展中谋突破，带领队伍向建设和谐海关的目标不断迈进。

一是队伍凝聚力和战斗力增强。（略）

二是依法行政水平进一步提高。（略）

三是服务对外开放更加主动。（略）

四是改革创新意识不断强化。（略）

五是节约型海关建设取得明显成效。（略）

二、履行职能，全面完成各项业务工作

全年各项业务快速增长，业务工作量创新高。

（一）综合治税取得实效。抓规范管理，促报关质量提高；抓监控分析，促税收征管到位；抓高效服务，促关区税源增长，将"综合治税、以质为主、量质并重"的税收征管理念落到实处。（举例略）

（二）通关监管效能提升。（举例略）

（三）加工贸易和保税监管不断完善。（举例略）

（四）风险管理和稽查工作扎实开展。（举例略）

（五）统计预警监测作用继续发挥。（举例略）

（六）法治建设稳步推进。（举例略）

（七）打击走私不断深入。（举例略）

三、狠抓主线，队伍建设上新台阶

（一）加强班子团结，强化民主决策。（举例略）

（二）深入开展"大讨论、提建议"活动并取得丰硕成果。（举例略）

（三）"岗位练兵"圆满达标。（举例略）

（四）规范公务员津补贴工作顺利完成。（举例略）

（五）关务公开工作成绩突出。（举例略）

（六）党风廉政建设全面推进。（举例略）

四、主动融入地方经济发展，支持××对外开放

（一）明确重点，创新思路。（略）

（二）整合措施，统一对外。（略）

（三）强化落实，务求实效。（略）

五、深入学习贯彻××大精神，站在新的起点和高度科学谋划明年工作

回顾一年工作，我们深刻体会到：我关工作取得一定成绩，总署党组的坚强领导是关键，保持正确的政治方向是根本，严格执行国家方针政策是保证，凝聚队伍形成共识是基础，坚持改革创新是动力。实践证明，坚持科学治关理念、构建和谐海关是新时期海关发展的正确选择，坚持这个方向，海关工作就能沿着正确的航向驶向坦途。

总结全年工作，取得的成绩是可喜的，但也要看到其中的不足。例如：以准军事化纪律部队建设为统筹抓好外树形象巩固成效、规范内务管理、培养习惯养成方面稍有不足，以大练兵为主要内容和形式的内强素质活动虽然取得一定效果，但与沿海海关相比有一定差距；抓基础立标准促规范工作虽有推进，但效果还不理想，执法的随意性、工作效率不高的现象还常有显现，一些指标在全国海关监控中排名还比较靠后；抓落实还不够；工作发展不平衡，部门之间、单位之间工作上存在差距，忙闲不均的现象依然存在。

××××年，我关将全面贯彻党的××大和中央经济工作会议精神，深入贯彻习近平新时代中国特色社会主义思想，牢固树立新发展理念，根据全国海关关长会议各项工作部署，结合××省委×届×次全体会议提出的新目标，求真务实，改革创新，深入推进"强关工程"，努力把握新形势下海关把关服务的平衡点，积极推进现代海关制度第二步发展战略，加强准军事化纪律部队建设，大力支持××省实施充分开放合作战略，全面完成海关各项工作任务，不断开创××市海关现代化建设的新局面。

××海关

××××年××月××日

【例文二】××××学年教师工作总结

××学校×××

本学期来，本人认真备课、讲课、听课、评课，及时批改作业、讲评作业，做好课后辅导工作，广泛涉猎各种知识，形成比较完整的知识结构，严格要求学生，尊重学生，发扬教学民主，使学生学有所得，不断提高，从而不断提升自己的教学水平和思想觉悟，并顺利完成教育教学任务。下面是本人的教学经验及教训。

1. 要提高教学质量，关键是讲好课。为了讲好课，我做了以下几方面的工作：

（1）课前准备：备好课

认真钻研教材，对教材的基本思想、基本概念，每句话、每个字都弄清楚，了解教材的结构，重点与难点，掌握知识的逻辑，能运用自如，知道应补充哪些资料，怎样才能教好。

了解学生原有的知识技能情况，他们的兴趣、需要、方法、习惯，学习新知识可能会有哪些困难，并采取相应的措施。

考虑教法，解决如何把已掌握的教材传授给学生，包括如何组织教材、如何安排每节课的活动。

（2）课堂上的情况

组织好课堂教学，关注全体学生，注意信息反馈，调动学生的注意力，使其保持相对稳定性；激发学生的情感，使他们产生愉悦的心境，创造良好的课堂气氛；课堂语言简洁明了，克服了以前重复的毛病；课堂提问面向全体学生，注意引发学生学数学的兴趣；课堂上讲练结合，布置好家庭作业，作业少而精，减轻学生的负担。

2.要提高教学质量，还要做好课后辅导工作。初中生爱动、爱玩，缺乏自控能力，不能按时完成作业，有的学生抄袭作业，针对这种问题，我从抓好学生的思想教育入手，培养学生的学习自觉性，进而做好对学生学习的辅导和帮助。尤其是在对待后进生上，我坚持耐心、细致地做好他们的转化工作，从友善开始，如握握他的手，摸摸他的头。多赞美，少指责，满足学生渴望得到别人理解和尊重的心理需求。在和学生交谈时，对他的处境、想法表示深刻的理解和尊重；在批评学生之前，先谈谈自己工作上的不足。

3.积极参与听课、评课，虚心向同行学习教学方法，博采众长，提高自己的教学水平。

4.培养多种兴趣爱好，到图书馆博览群书，不断拓宽知识面，为教学内容注入新鲜血液。

5."金无足赤，人无完人"，我的教学工作还有不少缺陷，如课堂气氛不够活跃，未能充分调动学生的热情和兴趣，缺乏必要的测评，语言不够生动。

现在社会对教师的素质要求越来越高，在今后的教育教学工作中，我将更加严格地要求自己，努力工作，发扬优点，改正缺点，开拓前进，为做好教书育人工作奉献自己的力量。

×××× 年 ×× 月 ×× 日

第三节　申请书

🖥 课程导入

经过元旦文艺演出的磨炼，王贺觉得自己已具备成为学生会主席的能力，正赶上学生会主席更替，王贺打算申请成为学生会主席，进一步为学生会贡献自己的力量。参选学生会主席的流程中，第一步便是上交一份"学生会主席申请书"。于是，王贺决定上网查询申请书的书写格式及要点。为了确保万无一失，你也一起来帮助王贺吧！

一、申请书概述

申请书是个人、单位、集体向组织、机关、团体、领导提出要求实现和满足自己

某些愿望、请求的文体。

申请书的使用范围十分广泛，几乎涉及生活、工作的各个方面，如个人要求加入中国共产党、中国共青团或其他组织，要求留学、经商等；下级在工作、生产等方面要求上级给予某种支持、帮助等。

二、申请书的格式

申请书属于专用书信，与一般书信的格式大致相同。

1. 标题

标题在第一行正中，只写"申请书"三字即可。有的申请书的标题采用"事由＋文种"形式，如"入党申请书""调换工作申请书"等。标题字体要略大于正文字体。

2. 称呼

称呼亦称抬头，即受文对象，居标题下一行，顶格写，后加冒号。申请者根据与受文者的关系而适当地用敬辞。

3. 正文

正文即主体，自称呼下一行空两格写起，是申请书的主体要表达的主要内容，根据具体情况可采用行文式或条款式。

4. 结尾

结尾在正文结束后另起一行，空两格写起，一般采用"恳请""感谢""祝福"等礼貌语、客套语。

5. 署名

署名亦称具名或落款，在结尾下一行靠右写。若署名为单位，则一般应加盖公章，以示庄重。

6. 日期

日期在署名正下方，注明发文年、月、日。

课堂思考

若是王贺想要提高竞选成功的概率，则在写申请书时应当注意哪些？

三、申请书的注意事项

申请书应具备三个要素：申请事项、申请条件、申请理由。

（1）申请事项：是必要的，并且要写得具体、准确。

（2）申请条件：要符合申请所要求的各种条件。

（3）申请理由：应充分。该部分要尽可能详细、全面，以使受文者透彻地了解申请者的意愿、要求等具体情况，以便研究处理。

同时，申请书的语言要准确、朴素、简明、扼要、恳切。

例文欣赏

【例文一】入团申请书

敬爱的学校团委：

　　您好！

　　通过对团章的学习，以及团组织和团支书的教育与帮助，我认识到作为21世纪的青少年，必须有强烈的上进心，积极争取加入青年人自己的组织——中国共产主义青年团。

　　共青团是中国共产党领导的先进青年的群团组织，是广大青年在实践中学习共产主义的学校，是中国共产党的助手和后备军。因此，我更想加入共青团。

　　中国共产主义青年团是青年积极分子的组织。参加中国共产主义青年团，不仅可以使自己在思想上取得更大的进步，还可以使自己不会在一些事情上犯思想性的错误。

　　我在班上的各个方面表现得比较好，思想上积极要求进步；尊重老师，能与同学打成一片；上课认真听讲，下课能认真完成老师布置的各项作业；能虚心向同学学习，在学习上也能帮助同学；每次打扫卫生，我都认真完成自己的工作。在家里，我能主动学习，主动帮助父母做家务。

　　如果组织接受我加入共青团，我将服从团的章程，执行团的决议。我将在团组织内认真学习，虚心听取团组织的意见，不做任何违反团章的行为。

　　我对自己也有一定的要求：第一，要刻苦学习；第二，对工作认真负责；第三，和同学和睦相处。以上要求对我来说不是很难，要做好也不是很难，关键在于能不能认真对待。我已经一步一步地向前迈进，在达到目标之后，不会对自己放松要求，还要比以前做得更好。

　　如果我被批准加入中国共产主义青年团，我会积极为团组织作出贡献。首先学习团的基本知识，积极将其宣传给每一位同学；然后按时完成团组织交代的任务，同时带头遵守团章的规定，履行团的义务。

　　我希望团委可以给我一个机会，让我加入中国共产主义青年团，我将会尽我自己的能力做好团组织布置的工作。

　　此致

敬礼

申请人：×××
××××年××月××日

【例文二】奖学金申请书

尊敬的校领导：

　　您好！

　　我是本校电梯安装与维修保养专业的×××。

　　入学以来，我始终以积极乐观、坚强自立、自强奋进、热心奉献的精神状态生活着，一直以关心社会、积极参加公益活动、热情服务同学的标准要求自己，一直以严于律己、高度负责、勤俭朴素、艰苦奋斗的标准来约束自己，努力做到全面

发展。

现将本人基本情况介绍如下。

第一，在思想上，我积极要求进步，树立了良好的人生观和道德观；保持与时俱进，并且通过网络、报纸等关注党和国家的发展形势，以及国内外的局势变化。

第二，在学习上，我立足自己的专业，刻苦学习，广泛涉猎，经常向高年级师兄、师姐请教，并与同学讨论学习心得。经过努力，我已顺利通过各科目的考试。

第三，在生活中，本人朴素节俭，性格开朗，严于律己，宽以待人，平时善于和同学沟通，也乐于帮助同学。

第四，我充分利用课余时间，积极参加学校组织的各种活动，并在上一学年组织和主持了日月星辰读书会的迎冬奥会知识竞答比赛，在本学期担任了读书会辩论部部长。

总之，进入本校是我人生中一个非常重要的阶段。通过一年多的学习，我在各个方面都取得了巨大的进步，综合素质得到了很大的提高，现特申请奖学金。

在此，我要特别感谢学校领导的大力培养，感谢各科老师在专业方面的深入指导，以及同学们给予我的支持和帮助。

今后我要以更加严格的标准和要求来激励自己、鞭策自己，以求有更优异的表现。

以上即为本人的基本情况，敬请各位领导加以评判和审核。

申请人：×××

××××年××月××日

第四节　启事

课程导入

马上大学毕业的晓晓每天都在为毕业论文东奔西走。某一天结束了忙碌的课题研究，回到宿舍后，她发现自己的论文资料找不到了。她怀疑自己将其遗忘在了图书馆，于是第二天一早去图书馆查看，结果没有找到，然后询问图书馆管理员，管理员也表示并没有看到。管理员说可以让晓晓写一份寻物启事，自己帮忙张贴到图书馆公告栏。晓晓应如何书写这份寻物启事才能尽快找回自己的论文资料呢？

一、启事的概念和特点

（一）启事的概念

启事是机关团体、企事业单位、公民个人有事情需要向公众说明，或者请求有关单位、广大群众帮助时所写的一种说明事项的实用文章。

（二）启事的特点

1. 周知性

启事所涉及的内容必须是需要向社会公众公开陈述的有关事项。因此，周知性便成为其第一个特点。为了使有关事项被社会公众周知，往往采用多种多样的发布途径和发布形式：既可以抄写张贴在公共场所，也可以制成印刷品广泛传播；既可以在报刊上登载，也可以利用广播、电视播放。

2. 商洽性

启事和通知、通告一类的公文虽然都具有周知性，但它不像通知、通告等公文那样具有行政的强制性和约束力。机关团体、企事业单位需要社会公众周知有关事项时，因它们与告知对象之间在行政上并没有隶属关系，故不能以通知、通告之类的行政公文发布，只能采用启事以商洽的语气向社会公众陈述有关事项；不能硬性规定公众必须阅读、收看或者收听，更不能强制公众必须办理、执行。

3. 祈请性

启事的目的不仅在于向公众公开告知有关事项，更侧重于请求公众协助办理。

二、启事的分类

（一）按内容划分

启事种类繁多，根据内容大体可以分为如下几类：

（1）招取类：如招领启事、招工启事、招生启事、招聘启事等。

（2）征求类：如征订启事、征文启事、征地启事、征婚启事等。

（3）寻找类：如寻人启事、寻物启事等。

（4）变更类：如改期启事、更名启事、迁址启事、出租启事等。

（5）经营类：如开业启事、停业启事、庆典启事等。

（二）按公布形式划分

按公布形式可以将启事划分为报刊启事、电视启事、广播启事、张贴启事等。

（三）按写作目的划分

按写作目的可以将启事划分为征招类启事、寻找类启事、告知类启事。

（1）征招类启事：是向公众征招有关的人或物的启事，如征稿、征婚、征友、招生、招聘、招工、招商、招标等启事。

（2）寻找类启事：是向公众寻找有关的人或物的启事，如寻人、寻物等启事。

（3）告知类启事：是提醒公众注意有关事项的启事，如开业、停业、更名、更正、迁移、庆典等启事。

✏️ 课堂思考

"课程导入"中的晓晓需要的是哪一类启事？启事中应该写明哪些要点？

三、启事的格式和写作方法

启事一般由标题、正文和落款三个部分组成。

（一）标题

在第一行中间用比正文字号大的字写上文种"启事"或说明事项内容和文种。

（1）可以只用文种作为标题或在文种前面加上修饰性词语，如"启事""重要启事""紧急启事"。

（2）可以直接用事由作为标题，如"寻人""招聘""营养师培训班招生"。

（3）可以用事由和文种组成标题，如"寻物启事""征婚启事""征稿启事"。

（4）可以由启事者、事由和文种组成标题，如"××医科大学 50 年校庆启事""××杂志投稿启事""××集团公司产品广告征集启事"。

此外，一定要注意区分启事与启示。启事是为了公开声明某事刊登在报刊上或贴在墙上的文字，这里的"启"是"说明"的意思，"事"是指被说明的事情。启示的"启"则是"开导"的意思，"示"则是把事物摆出来或指出来让人知道。启示是指启发指示，开导思考，使人有所领悟。由此可见，启事和启示的含义截然不同，二者不能通用。无论是"征文启事"还是"招聘启事"，都只能用"事"，不能用"示"。

（二）正文

在第二行空两格写正文。正文因启事所说明的事项而异，一般应包括目的、意义、原因、要求、对象、条件、待遇、询问事宜、联系方法、联系时间等项目。正文是主体，内容要周到完整，语言应具体明确、简明扼要、中肯礼貌，使人一读就懂，切忌啰唆。正文的篇幅和结构需要根据不同的内容和要求而有所变化。例如，"寻物启事"要写清楚丢失物件的时间、地点、数量、颜色和形状等。"招领启事"只要写明拣到物品的时间、地点就可以，不必写出数量和其他特征，应让失主前来认领时自己说出来，以防别人冒领。

启事的正文可以有多种写法：一段式写法（启事内容简单的通常一段成文）、分段式写法（启事内容丰富的通常分几个段落成文）和条款式写法（启事内容多的应分条列项地写清楚）。

正文后可以写上"此启"或"特此启事"之类的结束语，也可以不写。

（三）落款

在正文后右下角写上启事单位名称或个人姓名。单位名称已写入标题的，落款处就不必再写。

四、启事的写作要求

（1）标题要能揭示事由，简短醒目，吸引公众。

（2）内容要真实。启事的内容不能弄虚作假，否则不但欺骗他人，而且会损害单位或个人的形象。

（3）内容单一，一事一启，以便公众迅速理解和记忆。

（4）文字通俗、简洁，态度庄重、平易而又不失热情、文明，给公众以信任感。

📖 例文欣赏

【例文一】××大厦开业启事

　　××大厦装饰工程已顺利完工，百货商场、餐饮旅馆定于×月×日正式开业，欢迎各界人士光临惠顾。

××大厦
20××年×月×日

【例文二】寻人启事

　　白玉，性别：女，年龄：12岁，身高：145cm，圆脸，肤白，大眼睛，双眼皮，身穿粉红色连衣裙，白色凉鞋。于2020年6月5日从南宁西乡塘区住地离家后至今未归。本人若见到此启事，请尽快与家人联系。有知其下落者请与白峰联系，联系电话：153×××××10，有重谢。

20××年×月×日

📖 知识拓展

启事与海报的区别

1. 期求不同

启事除了告知信息，还要求公众知道了以后给予支持和协助；海报主要在于告知信息。

2. 内容不同

启事内容涉及面较广，包括公私事务及政治、经济和生活等方面的消息；海报则以传播文化、娱乐、体育、学术等方面的消息为主。

3. 形式不同

启事一般只以文字的形式来告知；海报则可以配上图片或运用美术装饰材料，图文并茂。

📋 本章训练

一、填空题

1. 根据_____、_____、具体作用的不同，可将计划类文书分为_____、_____、安排类。

2. 总结是人们对前一时期的生产、工作、学习或思想情况进行全面系统的_____、_____、评价，汇总经验、教训、成绩、缺点和_____，写成的_____。

3. 申请书是_____、_____、_____向组织、机关、团体、领导提出要求实现和满足自己某些_____、_____的文体。

4. 启事是机关团体、企事业单位、公民个人有事情需要向_____，或者请求有关单位、_____帮助时所写的一种说明事项的_____。

5. 启事具有以下三个方面的特点：_____、_____、_____。

6. 启事可以按_____、_____、_____进行分类。

二、判断题

1. 计划是党政机关、企事业单位、社会团体和个人，为实现某项目标或完成某项任务，对未来一定时间内的工作事先做的打算和安排。（　　）

2. 总结的结构有纵式和横式。（　　）

3. 申请书应具备三个要素：申请事项、申请内容、申请理由。（　　）

4. 启事内容单一，可以多事一启，以便公众迅速理解和记忆。（　　）

5. 启事的文字通俗、简洁，态度庄重、平易而又不失热情、文明，给公众以信任感。（　　）

三、改错题

请阅读下面这则申请书，找到文中几处错误并改正。

申请书

敬爱的学校团委：

我通过团章的学习，团组织和团员的教育和帮助，认识到作为 21 世纪的青年，必须争取积极加入青年人自己的组织——中国共产主义青年团。

共青团是党领导下的先进青年的群众性组织，是党的可靠助手和后备军，是培养青年学习共产主义理论，具有"四有""五爱"品质。正因如此，我应该争取加入共青团。

我向你们申请，我要用实际行动争取及早加入共青团，请一定批准。如果我被批准了，我决心遵守团章，执行团员义务，参加团的工作，做名副其实的共青团员，处处起模范作用，为"四化"贡献力量；如果我一时未被批准，也决不灰心，积极接受考验，继续创造条件努力争取。

我写了一份自传，包括我的家庭成员情况，请审查。

此致

　　敬礼！

育英中学九（2）班　杨澜

四、写作题

1. 还没有经济收入的学生每个月都需要精打细算地过日子，请你根据自己的实际情况拟写一份"月开销计划"，要尽可能详细。

2. 在北京市通州区通州路 001 号新开了一家烤全羊店，这家烤全羊店源自内蒙古的一家百年老店，主打菜品有各类烤串、凉菜等。新店开业更有充值优惠，菜品 8 折的活动。请你为这家店写一份开业启事，帮助其引流。（字数要求 300 字左右）

3. 根据自己所学专业，拟写一份期末学习总结。（字数要求 200 字左右）

第三章 公务文书一

 **学习目标**

❋ **知识目标**

了解公文的概念和作用。

了解公文的特点及分类。

熟悉公文的一般格式与特定格式。

❋ **能力目标**

能够简述公文的写作要求。

充分了解公文处理的相关内容。

❋ **素质目标**

加强对公文写作的认知，提高写作素质。

思政目标

通过学习本章内容，学生可以培养严谨务实的态度、崇尚科学的精神，提高职业素养。

第一节 公文概论

课程导入

公务文书与传统的应用文有何区别？又有何联系？什么样式的应用文可以被称为公文？古代的家书、官府的通缉令、科举考生的试卷文章、鸣冤报官的状书等又应该归于哪一类呢？请查阅资料回答以上问题。

一、公文的概念

公文是一种古老的文体，在古代称为官文书。刘勰在《文心雕龙·书记》中将公文称为政事之先务，这是非常正确的。

现代的公文即公务文书的简称。广义的公务文书是指党政机关、企事业单位及社会团体在处理公务性和事务性问题时所使用的具有法定效力和特定格式的一类文书的

总称，主要包括两大类：一类是法定公文，即党政机关和有关部门使用的通用公文；另一类为事务文书，就是机关、团体和其他机构普遍使用的法定公文之外的文书，也称常用文书。狭义的公务文书是指由中共中央办公厅和国务院办公厅于 2012 年 4 月颁布的《党政机关公文处理工作条例》中规定的 15 种公文。

公文、文书、文件这三个概念在应用写作中经常用到。文书的外延很宽，包括公务文书和私人文书。私人文书又称个人文书，是个人交往产生的文书，如手稿、书信、日记。文件一词最早出现在清末，清朝承宣厅的职责之一是掌管"本阁公牍文件"。文件有广义和狭义之分。广义的文件是指公文或有关政策、理论等方面的文章，所指的范围比公文大。凡是在工作和学习上可以用作依据或参考的书面材料，都可以称为文件；电脑上运行的程序、文档，甚至图片等也称文件。狭义的文件指的是具有法规性、知照性并印有固定版头的公文。

课堂思考

说一说古代公文与现代公文的区别。

二、公文的作用

作为依法行政和进行公务活动的重要工具，公文的具体作用主要体现在以下几个方面：

（一）规范和约束作用

公文是法规和规范的体现形式。国家法律法规的颁布大都是通过公文实现的。公文具有规范和约束作用，是贯彻党和国家方针政策的重要依据。

（二）领导和指导作用

公文是上级对下级工作进行领导与指导的一种工具。上级机关对下级机关布置工作，下级机关向上级机关汇报情况、反映问题，都是通过公文实现的。

（三）沟通和反馈作用

公文是机关和部门之间协商与联系工作的手段，是各级机关或部门沟通情况、接洽工作及处理工作的必备工具。机关或部门的工作进展情况、经验教训，都要通过公文来反馈。

（四）宣传教育作用

国家发布重要施政方针，公布重大决定，要通过文件的形式传达，要组织群众学习。公文起着重要的宣传教育作用。

（五）凭证和记载作用

公文是公务活动的文字记录，是收文机关贯彻执行或处理工作的依据。

三、公文的特点

除了具有应用文的共同特点，公文还具有下列特点：

（一）鲜明的政治性

公文都是贯彻执行国家的方针政策、传达和执行上级的指示精神，以及反映民生问题和本单位、本部门的实际情况的文书，故政治性很强。

（二）法定的权威性

公文是国家机关或组织制发的，代表法定机关或组织的意图，在法定机关或组织的权限范围内具有法定的权威性和约束力，要求各单位和个人必须遵守并且贯彻执行。

（三）语言庄重

公文大多用于颁布国家政策法令，知照事项，或反映情况，语言要符合国家书面语的要求，要庄重、严肃。日常生活中的一些俚语不能出现在公文中。

（四）格式固定

国家专门为公文制定了统一体式，规定了一系列处理程序要求，任何人不得随意更改。

（五）实用性

公文直接服务于社会生活的各个方面，具有实用价值。这是公文与那些间接反映社会生活，具有审美价值的文艺作品的区别。

（六）明确的针对性

公文是由特定的机关写给特定的单位、阶层和个人阅知的，同样的内容，读者不同，写法也不相同。

四、公文的分类

（1）根据文件来源可以划分为接收文件、外发文件、内部文件。

（2）根据行文关系可以划分为上行文、下行文、平行文。

（3）根据秘密程度可以划分为普通文件、涉密文件（秘密文件、机密文件、绝密文件）。

（4）根据文件制定机关可以划分为行政机关公文、党组织机关公文。

（5）根据公文的处理要求可以划分为参阅性公文、承办性公文。

（6）根据公文的内在属性可以划分为规范性公文（规定、条例、章程、办法、细则等）、指令性公文（决议、命令、决定等）、指导性公文（意见等）、知照性公文（通知、通报等）、公布性公文（公告、通告等）、商洽性公文（函等）、报请性公文（请示、报告等）、记录性公文（议案、纪要、大事记等）。

（7）按照《党政机关公文处理工作条例》中的规定可以分为决议、决定、命令（令）、公报、公告、通告、意见、通知、通报、报告、请示、批复、议案、函、纪要15种公文。

第二节　公文的格式

课程导入

公务文书在古代就有其独特的格式，如向皇帝上奏的奏折、天子下达的圣旨等均有相应的规定。公文是如何发展的，请你查阅资料来了解一下吧！

一、公文的一般格式

《党政机关公文处理工作条例》第三章第九条规定："公文一般由份号、密级和保密期限、紧急程度、发文机关标志、发文字号、签发人、标题、主送机关、正文、附件说明、发文机关署名、成文日期、印章、附注、附件、抄送机关、印发机关和印发日期、页码等组成。"

《党政机关公文格式》（GB/T 9704—2012）规定了版面要求：公文用纸采用《印刷、书写和绘图纸幅面尺寸》（GB/T 148—1997）中规定的 A4 型纸，一般使用纸张定量为 $60 \text{ g/m}^2 \sim 80 \text{ g/m}^2$ 的胶版印刷纸或复印纸。纸张白度为 $80\% \sim 90\%$，横向耐折度 $\geqslant 15$ 次，不透明度 $\geqslant 85\%$，pH 值为 $7.5 \sim 9.5$，幅面尺寸为 210 mm×297 mm。公文用纸天头（上白边）为 37 mm±1 mm，订口（左白边）为 28 mm±1 mm，版心尺寸为 156 mm×225 mm。

字体和字号如无特殊说明，公文格式各要素一般用 3 号仿宋体字。公文一般每面排 22 行，每行排 28 个字；要求版面干净无底灰，字迹清晰无断划，尺寸标准，版心不斜，误差不超过 1 mm。同时，公文要双面印刷，文字从左向右横写、横排，左侧装订，不掉页。

公文的格式是指公文的外部结构形式与标识规则。公文一般包括三个部分，即眉首部分、主体部分和版记部分。

（一）眉首部分

眉首，又叫文头或公文版头，即公文的文头部分。它位于公文首页红色反线以上，由公文份数序号、秘密等级和保密期限、紧急程度、发文机关标志、发文字号、签发人等要素组成。

1. 公文份数序号

公文份数序号又叫份号，是将同一文稿印制若干份时，每份公文的顺序编号。公文份数序号一般用 6 位 3 号阿拉伯数字，顶格编排在版心左上角第一行，距公文上页边 37 mm。

2. 秘密等级和保密期限

涉密的公文要标识秘密等级。秘密等级和保密期限一般用 3 号黑体字，顶格编排在版心左上角第二行；保密期限中的数字用阿拉伯数字标注。秘密程度分别标注为"绝密""机密""秘密"三级。如果文件只标注秘密等级时，那么绝密执行的保密期限为 30 年，机密为 20 年，秘密为 10 年；当文件同时标注时限时，执行标明的时限。

3. 紧急程度

紧急程度是指公文送达和办理的时间要求，一般用 3 号黑体字，顶格编排在版心左上角；如需同时标注份号、密级和保密期限、紧急程度，按照份号、密级和保密期限、紧急程度的顺序自上而下分行排列。根据紧急程度，紧急公文应当分别标注"特急""加急"。电报上的规范用语为"特急""加急""平急"等。

4. 发文机关标志

发文机关标志是指公文制发机关的标识，由发文机关全称或者规范化简称加"文件"二字组成，党的机关也可以使用发文机关全称或者规范化简称。发文机关标志居中排布，上边缘至版心上边缘为 35 mm，推荐使用小标宋字体，颜色为红色，以醒目、美观、庄重为原则。联合行文时，如需同时标注联署发文机关名称，一般应当将主办机关名称排列在前；如有"文件"二字，应当置于发文机关名称右侧，以联署发文机关名称为准上下居中排布。如果是不同体系的联合行文，那么按照党、政、军、群的顺序排列。

5. 发文字号

发文字号也称文号或公文编号（与公文份数序号不同），是发文机关同一年度公文排列的顺序号，编排在发文机关标志下空二行位置，由发文机关代字、年份、序号组成，居中排布。年份、发文顺序号用阿拉伯数字标注；年份应标全称，用六角括号"〔 〕"括入；发文顺序号不加"第"字，不编虚位（即 1 不编为 01），在阿拉伯数字后加"号"字。上行文的发文字号居左空一字编排，与最后一个签发人姓名处在同一行。联合行文时，使用主办机关的发文字号。

6. 签发人

签发人是指制发公文的机关主要负责人，上行文应当标注签发人姓名。签发人姓名排居右空一字，编排在发文机关标志下空两行位置。"签发人"三字用 3 号仿宋体字，后面标全角冒号，冒号后用 3 号楷体字标识签发人姓名。如有多个签发人，主办单位签发人姓名置于第一行，其他签发人姓名从第二行起在主办单位签发人姓名之下按发文机关顺序依次排列，下移红色反线，应使发文字号与最后一个签发人姓名处在同一行并使红色反线与其距离为 4 mm。

7. 红色反线

红色反线是发文字号之下 4 mm 处的一条与版心等宽的红色粗线，是眉首与公文主体的分隔线。

课堂思考

想一想古代的公文有哪些加密和加急方式？

（二）主体部分

主体是公文的主要内容，位于首页红色反线以下，末页分隔线（不含）以上。主

体部分由公文标题、主送机关、正文、附件、附注等组成。

1. 公文标题

公文标题是指公文的名称，用来概括地标明公文的内容和种类，位于红色反线下（空两行），用 2 号小标宋体字标识，居中排布。标题中除法规、规章名称加书名号外，一般不用标点符号。完整的标题由发文机关名称、公文事由和文种三个部分组成，如"××大学关于青年学生思想教育的通知"。

2. 主送机关

主送机关是指主要受理公文的机关，一般写规范化简称或统称。主送机关编排于标题下空一行位置，用 3 号仿宋体字，居左顶格，回行时仍顶格，最后一个机关名称后标全角冒号。

如主送机关名称过多导致公文首页不能显示正文时，应当将主送机关名称移至版记。

3. 正文

正文是指公文的主体，用来表述公文的内容。正文位于主送机关名称下一行，用 3 号仿宋体字。数字、年份不能回行，遇到回行处理时，可使用调整字间距的办法。文中结构层次序数依次可以用"一、""（一）""1.""（1）"标注；一般第一层用黑体字、第二层用楷体字、第三层和第四层用仿宋体字标注。

4. 附件说明

附件说明是指附属于公文正件的其他需要补充说明的材料。公文如有附件，应当注明附件序号和名称，在正文下空一行，用 3 号仿宋体字标示"附件"，然后标全角冒号和名称；附件名称后不加标点符号。

5. 发文机关署名、成文日期和印章

（1）加盖印章的公文

成文日期一般右空四字编排，印章用红色，不得出现空白印章。

单一机关行文时，一般在成文日期之上、以成文日期为准居中编排发文机关署名，印章端正、居中下压发文机关署名和成文日期，使发文机关署名和成文日期居印章中心偏下位置，印章顶端应当上距正文（或附件说明）一行之内。

联合行文时，一般将各发文机关署名按照发文机关顺序整齐排列在相应位置，并将印章一一对应、端正、居中下压发文机关署名，最后一个印章端正、居中下压发文机关署名和成文日期，印章之间排列整齐、互不相交或相切，每排印章两端不得超出版心，首排印章顶端应当上距正文（或附件说明）一行之内。

（2）不加盖印章的公文

单一机关行文时，在正文（或附件说明）下空一行右空两字编排发文机关署名，在发文机关署名下一行编排成文日期，首字比发文机关署名首字右移两字，如成文日期长于发文机关署名，应当使成文日期右空两字编排，并相应增加发文机关署名右空字数。

联合行文时，应当先编排主办机关署名，其余发文机关署名依次向下编排。

党的机关有特定发文机关标志的普发性公文可以不加盖印章。

（3）成文日期中的数字

用阿拉伯数字将年、月、日标全，年份应标全称，月、日不编虚位（即 1 不编为 01）。

（4）特殊情况说明

当公文排版后所剩空白处不能容下印章或签发人签名章、成文日期时，可以采取调整行距、字距的措施解决。

6. 附注

附注用以说明在公文的其他部分不便说明的各种事项（公文发放范围、联系人等）。附注用 3 号仿宋体字，居左空二字加圆括号编排在成文日期下一行。

7. 附件

附件应当另面编排，并在版记之前，与公文正文一起装订。"附件"二字及附件顺序号用 3 号黑体字顶格编排在版心左上角第一行。附件标题居中编排在版心第三行。附件顺序号和附件标题应当与附件说明的表述一致。附件格式要求同正文。如附件与正文不能一起装订，应当在附件左上角第一行顶格编排公文的发文字号并在其后标注"附件"二字及附件顺序号。

（三）版记部分

版记是公文的文尾部分，位于公文末页下部，由分隔线、抄送机关、印发机关和印发日期、页码等组成。

1. 版记中的分隔线

版记中的分隔线与版心等宽，首条分隔线和末条分隔线用粗线（推荐高度为 0.35 mm），中间的分隔线用细线（推荐高度为 0.25 mm）。首条分隔线位于版记中第一个要素之上，末条分隔线与公文最后一面的版心下边缘重合。

2. 抄送机关

如有抄送机关，一般用 4 号仿宋体字，在印发机关和印发日期之上一行、左右各空一字编排。"抄送"二字后加全角冒号和抄送机关名称，回行时与冒号后的首字对齐，最后一个抄送机关名称后标句号。如需把主送机关移至版记，除将"抄送"二字改为"主送"外，编排方法同抄送机关。既有主送机关又有抄送机关时，应当将主送机关置于抄送机关之上一行，之间不加分隔线。

3. 印发机关和印发日期

印发机关（一般为发文机关的秘书机构）和印发日期一般用 4 号仿宋体字，编排在末条分隔线之上，印发机关左空一字，印发日期右空一字，用阿拉伯数字将年、月、日标全，年份应标全称，月、日不编虚位（即 1 不编为 01），后加"印发"二字。版记中如有其他要素，应当将其与印发机关和印发日期用一条细分隔线隔开。

（四）页码

页码一般用 4 号半角宋体阿拉伯数字，编排在公文版心下边缘之下，数字左右各放一条一字线；一字线上距版心下边缘 7 mm。单页码居右空一字，双页码居左空一

字。公文的版记页前有空白页的，空白页和版记页均不编排页码。公文的附件与正文一起装订时，页码应当连续编排。

二、公文的特定格式

（一）信函格式

发文机关标志使用发文机关全称或者规范化简称，居中排布，上边缘至上页边为 30 mm，推荐使用红色小标宋体字。联合行文时，使用主办机关标志。

发文机关标志下 4 mm 处印一条红色双线（上粗下细），距下页边 20 mm 处印一条红色双线（上细下粗），线长均为 170 mm，居中排布。

如需标注份号、密级和保密期限、紧急程度，应当顶格居版心左边缘编排在第一条红色双线下，按照份号、密级和保密期限、紧急程度的顺序自上而下分行排列，第一个要素与该线的距离为 3 号汉字高度的 7/8。

发文字号顶格居版心右边缘编排在第一条红色双线下，与该线的距离为 3 号汉字高度的 7/8。

标题居中编排，与其上最后一个要素相距二行。

第二条红色双线上一行如有文字，与该线的距离为 3 号汉字高度的 7/8。

首页不显示页码。

版记不加印发机关和印发日期、分隔线，位于公文最后一面版心内最下方。

（二）命令（令）格式

发文机关标志由发文机关全称加"命令"或"令"字组成，居中排布，上边缘至版心上边缘为 20 mm，推荐使用红色小标宋体字。

发文机关标志下空二行居中编排令号，令号下空二行编排正文。

单一机关制发的公文加盖签发人签名章时，在正文（或附件说明）下空二行右空四字加盖签发人签名章，签名章左空二字标注签发人职务，以签名章为准上下居中排布。在签发人签名章下空一行右空四字编排成文日期。

联合行文时，应当先编排主办机关签发人职务、签名章，其余机关签发人职务、签名章依次向下编排，与主办机关签发人职务、签名章上下对齐；每行只编排一个机关的签发人职务、签名章；签发人职务应当标注全称。

签名章一般用红色。

（三）纪要格式

纪要标志由"××××纪要"组成，居中排布，上边缘至版心上边缘为 35 mm，推荐使用红色小标宋体字。

标注出席人员名单，一般用 3 号黑体字，在正文或附件说明下空一行左空二字编排"出席"二字，后标全角冒号，冒号后用 3 号仿宋体字标注出席人单位、姓名，回行时与冒号后的首字对齐。

标注请假和列席人员名单，除依次另起一行并将"出席"二字改为"请假"或

"列席"外，编排方法同出席人员名单。

纪要格式可以根据实际制定。

第三节　公文行文的规则

课程导入

为推进党政机关公文处理工作科学化、制度化、规范化，中共中央办公厅、国务院办公厅于 2012 年 4 月 16 日印发了《党政机关公文处理工作条例》，并规定自 2012 年 7 月 1 日起施行。请你查阅相关资料，了解我国公文行文的规则。

一、公文的写作要求

（一）符合国家法律、法规及其他有关规定

公文是各级党政机关和企事业单位用以贯彻执行党和国家各项方针、政策的有力工具。因此，公文的撰写必须符合国家的有关法律、法规、政策。

（二）掌握公文的语体

公文具有法定的强制力或行政的约束力，因此，公文的语言要庄重、严密、准确、精练。在长期的公务活动中形成了许多规范的公文体式用语，准确地使用这些用语，不仅可以使公文语言富有节奏感，还可以赋予公文以庄重的色彩。

（三）掌握公文的体式

公文具有严格的规范和程式，在撰写公文时，必须严格遵循公文体式的各项规定。公文的文种应当根据行文目的、发文机关的职权和与主送机关的行文关系确定。要正确选择文种，弄清各类公文的基本用法。应根据机关的隶属关系和职权范围确定公文的行文关系，分清是上行文、平行文还是下行文，以便使用相应的文种及语体行文。要合理安排制发程序，一份公文的制发过程一般包括拟稿、核稿、签发、注发、编号、印校、印章、登记、归档等环节，在制发公文时必须依照规定的程序逐项完成。

（四）公文写作要理解领导的意图

公文写作是把领导意志与上级精神、本单位实际情况有机结合的过程。因此，公文撰写者必须充分理解和领会领导的意图，通过综合研究，深化和完善领导的意图，并行之以文，表达领导的意图。

（五）人名、地名、数字、引文准确，使用国家法定计量单位

公文中的数字，除成文日期、部分结构层次序数，以及在词、词组、惯用语、缩略语、具有修辞色彩语句中作为词素的数字必须使用汉字外，应当使用阿拉伯数字。引用公文应当先引标题，后引发文字号。引用外文应当注明中文含义。日期应当写明

具体的年、月、日。

（六）文内使用非规范化简称，应当先用全称并注明简称

使用国际组织外文名称或其缩写形式，应当在其第一次出现时注明准确的中文译名。

（七）公文的语言要求

公文的语言具有明晰、准确、简朴、庄重的特点。撰写公文时，应按公文语言的要求选词造句，组段成篇，使公文语言更好地为表达内容服务。

1. 明晰

公文要在办理公务时发挥有效作用，从语言方面来看，首先是要让人看得懂，能清楚地理解撰写者的意思。如果公文晦涩难懂、语有歧义，必然会影响公务的有效办理。

为了使语言明晰，应注意以下两点：

（1）选用含义确定、自己明白的词语。

（2）选用通俗易懂的词语。

2. 准确

为了使公文用语准确，必须注意词语的锤炼，选用最恰当、最能说明特定事物的词语入文。

3. 简朴

简朴即直陈直叙，不冗长繁杂，不浮华藻饰。

4. 庄重

公文的语言要庄重，必须做到以下两点：

（1）要用规范的书面语言。

（2）恰当地使用专用语，这些特定用语目前已基本规范化、定型化，具体如表 3-1 所示。

表 3-1　公文常用特定用语简表

序号	用语名称	作用	常用特定用语
1	开端用语	用于文章开头，表示发语、引据	为、为了、为着、查、接、顷接、根据、据、遵照、依照、按照、按、鉴于、关于、兹、兹定于、今、随着、由于
2	称谓用语	用于表示人称或对单位的称谓	第一人称：我、我单位、本人、本公司、我们、敝单位 第二人称：你、你局、贵公司、贵方 第三人称：他、该公司、该项目
3	递送用语	用于表示文、物递送方向	上行：报、呈 平行：送 下行：发、颁发、颁布、发布、印发、下达

序号	用语名称	作用	常用特定用语
4	引叙用语	用于复文引据	悉、接、顷接、据、收悉
5	拟办用语	用于审批、拟办	拟办、责成、交办、试办、办理、执行
6	经办用语	用于表明进程	经、业经、已经、兹经
7	过渡用语	用于承上启下	鉴于、为此、对此、为使、对于、关于、如下
8	期请用语	用于表示期望请求	上行：请、恳请、拟请、特请、报请 平行：请、拟请、特请、务请、如蒙、即请、切盼 下行：希、望、尚望、切望、请、希予、勿误
9	结尾用语	用于结尾表示收束	上行：当否，请批示；可否，请指示；如无不当，请批转；如无不妥，请批准；特此报告；以上报告，请批转；以上报告，请审核 平行：此致敬礼；为盼；为荷；特此函达；特此证明；尚望函复 下行：为要；为宜；为妥；希遵照执行；特此通知；此复；为……努力；现予公布
10	谦敬用语	用于表示谦敬	承蒙惠允、不胜感激、鼎力相助、蒙、承蒙
11	批转用语	用于上级对下级来文的批转处理	批转、转发
12	征询用语	用于征请、询问对有关事项的意见、态度	当否、妥否、可否、是否妥当、是否同意、如无不当、如无不妥、如果可行等

表 3-1 中所列的常用特定用语，或在结构上引起开端，导向过渡，收束煞尾；或在语意上表示郑重、强调；或在意向上提出请示，表示盼望等。要恰当运用特定用语，不但要认识、熟悉它们，还要能够根据行文的实际灵活处理。

二、公文的行文制度

行文制度是指应用文书在运行传递中应遵循的有关制度，包括行文方向、行文方式和行文规则等。

（一）行文方向

行文方向是以发文机关为立足点，根据工作需要和行文关系，公文向不同层次的机关单位运行的去向。

（二）行文方式

行文方式是由工作需要和机关单位的组织关系所决定的行文方法与形式。行文方式的种类比较复杂，可从以下三个方面进行分类：

（1）按受文机关或行文对象的范围分类，有逐级行文、越级行文、多级行文、普发行文和通行行文。

①逐级行文：发文机关向自己的直接上级上行公文或向直接下级下行公文。

②越级行文：发文机关越过自己的直接上级或直接下级，向非直接上级或非直接下级行文。

③多级行文：发文机关向直接上级并向非直接上级或者向直接下级并向非直接下级的一次性行文。

④普发行文：发文机关向所属所有的机关一次性行文。

⑤通行行文：发文机关向隶属机关和非隶属机关、群众一次性泛向行文。

（2）按发文机关的个数分类，有单独行文和联合行文。

①单独行文：只有一个机关署名发出的公文。

②联合行文：由两个或两个以上平级机关联合署名发出的公文。

（3）按行文对象的主次分类，有主送和抄送两类。

①主送：发文机关直接针对与行文内容关系最密切、需要主要负责受理公文的机关单位行文。

②抄送：发文机关在主送的同时，向需要执行或知晓行文内容的其他机关单位行文。

（三）行文规则

《党政机关公文处理工作条例》规定，行文规则如下：

（1）行文应当确有必要，讲求实效，注重针对性和可操作性。

（2）行文关系根据隶属关系和职权范围确定。一般不得越级行文，特殊情况需要越级行文的，应当同时抄送被越过的机关。

（3）向上级机关行文，应当遵循以下规则：

①原则上主送一个上级机关，根据需要同时抄送相关上级机关和同级机关，不抄送下级机关。

②党委、政府的部门向上级主管部门请示、报告重大事项，应当经本级党委、政府同意或者授权；属于部门职权范围内的事项应当直接报送上级主管部门。

③下级机关的请示事项，如需以本机关名义向上级机关请示，应当提出倾向性意见后上报，不得原文转报上级机关。

④请示应当一文一事。不得在报告等非请示性公文中夹带请示事项。

⑤除上级机关负责人直接交办事项外，不得以本机关名义向上级机关负责人报送公文，不得以本机关负责人名义向上级机关报送公文。

⑥受双重领导的机关向一个上级机关行文，必要时抄送另一个上级机关。

（4）向下级机关行文，应当遵循以下规则：

①主送受理机关，根据需要抄送相关机关。重要行文应当同时抄送发文机关的直接上级机关。

②党委、政府的办公厅（室）根据本级党委、政府授权，可以向下级党委、政府行文，其他部门和单位不得向下级党委、政府发布指令性公文或者在公文中向下级党委、政府提出指令性要求。需经政府审批的具体事项，经政府同意后可以由政府职能

部门行文，文中须注明已经政府同意。

③党委、政府的部门在各自职权范围内可以向下级党委、政府的相关部门行文。

④涉及多个部门职权范围内的事务，部门之间未协商一致的，不得向下行文；擅自行文的，上级机关应当责令其纠正或者撤销。

⑤上级机关向受双重领导的下级机关行文，必要时抄送该下级机关的另一个上级机关。

（5）同级党政机关、党政机关与其他同级机关必要时可以联合行文。属于党委、政府各自职权范围内的工作，不得联合行文。

党委、政府的部门依据职权可以相互行文。

部门内设机构除办公厅（室）外不得对外正式行文。

课堂思考

公文的这些制度真的有必要吗？

第四节　公文处理

课程导入

2000 年 8 月 24 日，我国重新发布了《国家行政机关公文处理办法》（自 2001 年 1 月 1 日起施行，2012 年废止）。2012 年 4 月，中共中央办公厅、国务院办公厅发布了《党政机关公文处理工作条例》（自 2012 年 7 月 1 日起施行）。这就意味着我国公文处理得到了进一步的规范。请查阅相关资料，充分了解我国公文处理的方法。

一、公文拟制

公文拟制包括公文的起草、审核、签发等程序。

1. 公文起草

公文起草应当做到：

（1）符合党的理论和路线方针政策以及国家法律法规，完整准确体现发文机关意图，并同现行有关公文相衔接。

（2）一切从实际出发，分析问题实事求是，所提政策措施和办法切实可行。

（3）内容简洁，主题突出，观点鲜明，结构严谨，表述准确，文字精练。

（4）文种正确，格式规范。

（5）深入调查研究，充分进行论证，广泛听取意见。

（6）公文涉及其他地区或者部门职权范围内的事项，起草单位必须征求相关地区或者部门意见，力求达成一致。

（7）机关负责人应当主持、指导重要公文起草工作。

2. 公文审核

公文文稿签发前，应当由发文机关办公厅（室）进行审核。审核的重点是：

（1）行文理由是否充分，行文依据是否准确。

（2）内容是否符合党的理论和路线方针政策以及国家法律法规；是否完整准确体现发文机关意图；是否同现行有关公文相衔接；所提政策措施和办法是否切实可行。

（3）涉及有关地区或者部门职权范围内的事项是否经过充分协商并达成一致意见。

（4）文种是否正确，格式是否规范；人名、地名、时间、数字、段落顺序、引文等是否准确；文字、数字、计量单位和标点符号等用法是否规范。

（5）其他内容是否符合公文起草的有关要求。

需要发文机关审议的重要公文文稿，审议前由发文机关办公厅（室）进行初核。

经审核不宜发文的公文文稿，应当退回起草单位并说明理由；符合发文条件但内容需作进一步研究和修改的，由起草单位修改后重新报送。

3. 公文签发

公文应当经本机关负责人审批签发。重要公文和上行文由机关主要负责人签发。党委、政府的办公厅（室）根据党委、政府授权制发的公文，由受权机关主要负责人签发或者按照有关规定签发。签发人签发公文，应当签署意见、姓名和完整日期；圈阅或者签名的，视为同意。联合发文由所有联署机关的负责人会签。

二、公文办理

公文办理包括收文办理、发文办理和整理归档。

1. 收文办理

收文办理的主要程序是：

（1）签收。对收到的公文应当逐件清点，核对无误后签字或者盖章，并注明签收时间。

（2）登记。应当对公文的主要信息和办理情况进行详细记载。

（3）初审。应当对收到的公文进行初审。初审的重点是：是否应当由本机关办理，是否符合行文规则，文种、格式是否符合要求，涉及其他地区或者部门职权范围内的事项是否已经协商、会签，是否符合公文起草的其他要求。经初审不符合规定的公文，应当及时退回来文单位并说明理由。

（4）承办。阅知性公文应当根据公文内容、要求和工作需要确定范围后分送。批办性公文应当提出拟办意见报本机关负责人批示或者转有关部门办理；需要两个以上部门办理的，应当明确主办部门。紧急公文应当明确办理时限。承办部门对交办的公文应当及时办理，有明确办理时限要求的应当在规定时限内办理完毕。

（5）传阅。根据领导批示和工作需要将公文及时送传阅对象阅知或者批示。办理公文传阅应当随时掌握公文去向，不得漏传、误传、延误。

（6）催办。及时了解掌握公文的办理进展情况，督促承办部门按期办结。紧急公文或者重要公文应当由专人负责催办。

（7）答复。公文的办理结果应当及时答复来文单位，并根据需要告知相关单位。

2. 发文办理

发文办理的主要程序是：

（1）复核。已经发文机关负责人签批的公文，印发前应当对公文的审批手续、内容、文种、格式等进行复核；需作实质性修改的，应当报原签批人复审。

（2）登记。对复核后的公文，应当确定发文字号、分送范围和印制份数并详细记载。

（3）印制。公文印制必须确保质量和时效。涉密公文应当在符合保密要求的场所印制。

（4）核发。公文印制完毕，应当对公文的文字、格式和印刷质量进行检查后分发。

涉密公文应当通过机要交通、邮政机要通信、城市机要文件交换站或者收发件机关机要收发人员进行传递，通过密码电报或者符合国家保密规定的计算机信息系统进行传输。

3. 整理归档

需要归档的公文及有关材料，应当根据有关档案法律法规以及机关档案管理规定，及时收集齐全、整理归档。两个以上机关联合办理的公文，原件由主办机关归档，相关机关保存复制件。机关负责人兼任其他机关职务的，在履行所兼职务过程中形成的公文，由其兼职机关归档。

三、公文管理

（1）各级党政机关应当建立健全本机关公文管理制度，确保管理严格规范，充分发挥公文效用。

（2）党政机关公文由文秘部门或者专人统一管理。设立党委（党组）的县级以上单位应当建立机要保密室和机要阅文室，并按照有关保密规定配备工作人员和必要的安全保密设施设备。

（3）公文确定密级前，应当按照拟定的密级先行采取保密措施。确定密级后，应当按照所定密级严格管理。绝密级公文应当由专人管理。

公文的密级需要变更或者解除的，由原确定密级的机关或者其上级机关决定。

（4）公文的印发传达范围应当按照发文机关的要求执行；需要变更的，应当经发文机关批准。

涉密公文公开发布前应当履行解密程序。公开发布的时间、形式和渠道，由发文机关确定。

经批准公开发布的公文，同发文机关正式印发的公文具有同等效力。

（5）复制、汇编机密级、秘密级公文，应当符合有关规定并经本机关负责人批准。绝密级公文一般不得复制、汇编，确有工作需要的，应当经发文机关或者其上级机关批准。复制、汇编的公文视同原件管理。

复制件应当加盖复制机关戳记。翻印件应当注明翻印的机关名称、日期。汇编本

的密级按照编入公文的最高密级标注。

（6）公文的撤销和废止，由发文机关、上级机关或者权力机关根据职权范围和有关法律法规决定。公文被撤销的，视为自始无效；公文被废止的，视为自废止之日起失效。

（7）涉密公文应当按照发文机关的要求和有关规定进行清退或者销毁。

（8）不具备归档和保存价值的公文，经批准后可以销毁。销毁涉密公文必须严格按照有关规定履行审批登记手续，确保不丢失、不漏销。个人不得私自销毁、留存涉密公文。

（9）机关合并时，全部公文应当随之合并管理；机关撤销时，需要归档的公文经整理后按照有关规定移交档案管理部门。

工作人员离岗离职时，所在机关应当督促其将暂存、借用的公文按照有关规定移交、清退。

（10）新设立的机关应当向本级党委、政府的办公厅（室）提出发文立户申请。经审查符合条件的，列为发文单位，机关合并或者撤销时，相应进行调整。

📝 课堂思考

谈一谈公文管理的重要性。

🗨 本章训练

一、填空题

1. 现代的公文即_____的简称。广义的公务文书是指_____、_____及社会团体在处理公务性和事务性问题时所使用的具有_____和_____的一类文书的总称。

2. 公文的作用主要体现在：_____、领导和指导作用、_____、宣传教育作用、_____。

3. 公文除了具有应用文的共同特点外，还具有下列特点：_____、_____、语言庄重、_____、实用性、_____。

4. 发文机关标志使用发文机关全称或者规范化简称，居中排布，上边缘至上页边为_____，推荐使用_____。

二、判断题

1. 公文的格式是指公文的外部结构形式与标识规则。公文一般包括三个部分，即眉首部分、主体部分和版记部分。（　　）

2. 主体是公文的主要内容，位于首页红色反线以下，末页分隔线（不含）以上，由公文标题、主送机关、正文、成文时间、公文生效标识域、附注等组成。（　　）

3. 需要归档的公文及有关材料，应当根据有关档案法律法规及机关档案管理规定，及时收集齐全、整理归档。两个或两个以上机关联合办理的公文，原件由主办机关归

档，相关机关保存复制件。机关负责人兼任其他机关职务的，在履行所兼职务过程中形成的公文，由其兼职机关归档。（　　　）

三、简答题

1. 简述公文的写作要求。

2. 发文办理主要程序有哪些？

3. 对公文进行管理应注意哪些问题？

第四章　公务文书二

学习目标

✵ 知识目标

了解请示的含义、分类及适用范围。

明确批复的含义、分类及格式。

熟悉报告的含义、分类及格式。

✵ 能力目标

掌握请示、批复、报告的格式。

掌握请示、批复、报告的写作要求。

能够撰写各类简单请示、批复和报告。

✵ 素质目标

树立级别观念，提高行政素质。

思政目标

通过学习本章内容，学生可以加强自我规划的能力与意识，加强做事的条理性和纪律性。

第一节　请示

课程导入

我校文学社社团的默雨，想要举行一场关于软笔书法的比赛。社团举行比赛，需要资金支持，以及社团刘社长的帮助。请你帮默雨向刘社长写一份请示，助力其举行比赛。

一、请示的含义

请示是下级机关请求上级机关对某项工作给予指示或批准时所使用的公文。

请求上级机关给予指示的"请示"，应在遇到现有的方针、政策及法规、规定所不曾涉及的新情况、新问题，或政策界限难以把握时使用。请求上级机关予以批准的

"请示"，应在遇到超越本机关的职权范围，或本机关有关人员对问题的看法、意见不完全一致时使用。另外，某些业务主管部门就带有普遍意义的问题提出看法，希望领导机关将其批转有关单位时，也可以使用"请示"。

二、请示的适用范围

（1）超出本机关的职权范围，必须经请示批准才能办理的。

（2）对国家的有关方针政策或上级机关的有关规定、决定等不甚了解或有不同理解，需要请上级机关解释或重新审定的。

（3）工作中出现了新情况、新问题，必须处理却又无章可循、无法可依，有待上级机关批示的。

（4）遇到职权范围内难以克服或无力克服的困难，需要请上级机关支持、帮助的。

（5）涉及全局性或普遍性而本机关无法独立解决的工作上的困难和问题，必须请示上级机关，以求得到上级机关的协调和帮助的。

📝 课堂思考

"课程导入"中默雨的请示属于上述的哪一范围？

三、请示的分类

根据请示的不同内容和写作意图，可以将请示分为以下几类：

1. 请求指示的请示

这类请示涉及的是下级机关对政策、方针在认识上不明确、不理解，或对新情况、新问题不知如何处理的事项。

2. 请求批准的请示

这类请示涉及的是下级机关限于自己的职权范围，无权自己办理或决定的事项，大多是人事、财务、机构等方面的具体问题。

3. 请求支持、帮助的请示

这类请示涉及的是下级机关遇到仅依靠自己的力量很难克服或无法克服的困难的情况。

四、请示的格式

请示一般由标题、主送机关、正文和落款四个部分构成。

（一）标题

请示的标题由发文机关、事由和文种组成。发文机关有时可以省略，如《关于与外国建立合营轮船公司问题的请示》。需要注意的是，不能将请示写成报告或请示报告，标题中尽量不要出现"申请""请求"之类的词语，并且事由要明确，语言要简明。

（二）主送机关

请示的主送机关只能写一个，并且机关名称要顶格书写。

（三）正文

请示的正文包括三个部分，分别为请示缘由、请示事项和结束语。

1. 请示缘由

请示缘由实际上就是提出请示事项和要求的理由、背景及依据，是写作请示的关键，直接关系到上级机关审批请示的态度。这部分内容既要实事求是，有理有据，说明充分，又要条理清楚，开门见山。如果缘由比较复杂，还必须写明必要的事实和数据，不能为追求简要而做简单化处理，要让领导知晓批准或不批准这个请示分别会出现什么局面。

2. 请示事项

请示事项要具体，要实事求是地写明拟请上级给予指示、批准的具体内容和要求，所提的要求要符合国家法律、法规，符合实际，并且具有可行性和可操作性。如果内容比较复杂，则要分条列项写清楚。写作时语气要得体，用语要明确，不能含糊其词。

3. 结束语

为了使请示的事项得到答复，发文机关一定要提出要求。请示常用"以上意见当否，请批示""妥否，请批复""以上请示，请予审批"等习惯用语作为结束语。结束语虽然是很简单的一句话，但是必不可少。

（四）落款

落款包括发文机关、发文日期和印章。

五、请示的写作要求

（1）事前行文，不可实施后再请示，或者边实施边请示。

（2）主送机关只能写一个，不能多头请示，确需请示几个机关，对有关的单位可用抄送的形式，这样可以避免出现推诿扯皮现象。受双重领导的机关向上级机关请示工作时，要根据请示内容的性质，主送一个上级领导机关，抄送另一个上级领导机关。

（3）一文一事，切勿数事并请。一份请示只能写一件事，这也是实际的需要。如果一文多事，很可能导致受文机关无法批复。如果性质相同的几件事确需写在一份请示中，则必须是同一机关可以批复的。

（4）不得抄送下级机关。请示是上行公文，不得同时抄送下级机关，更不能要求下级机关执行上级机关未批准的事项。

（5）不越级请示。请示只送给直接的上级机关，不越级请示；如果因情况特殊或事项紧急必须越级请示时，要同时抄送越过的机关。除非是领导直接交办的事项，请示一般不直接送领导个人。

（6）不滥用请示。凡在自己职权范围内经过努力能够处理和解决的问题与困难，都应尽力自行解决，不能动辄请示。

📖 例文欣赏

关于暂缓调高旅游专项资金在交通建设附加费中分配比例的请示

市人民政府：

今年××月××日，××市委、市政府《关于加快发展旅游业的决定》（×字〔××××〕×号），同意建立旅游建设发展专项资金，其部分资金来源于交通建设附加费的分配，并将此分配比例从原来的5％调高到10％。对此，我委认为该措施无疑有利于筹集资金、促进旅游业发展。但当初决定征收旅游业交通建设附加费的目的，主要是筹集地铁资金，现要提高旅游专项资金在交通建设附加费中的分配比例，必然减少地铁资金的来源。地铁工程建设年度投资高达30亿元，筹资任务十分艰巨，而今年地铁资金缺口更大，需开拓更多的资金来源。因此，任何减少筹集地铁资金的做法都会导致工期拖长和投资增大，不利于工程建设。

鉴此，我委建议在地铁建设期内，暂缓调高旅游专项资金在交通建设附加费中的分配比例，仍执行旅游专项资金在交通建设附加费中占5％的分配比例不变。

专此请示，请批复。

××市计委

××××年××月××日

第二节　批　复

📖 课程导入

刘社长收到了默雨的请示，认为软笔书法比赛确实有必要，可以提升同学们的文化素养，于是同意了默雨的请示。请你为刘社长书写一份批复，来回复默雨的请示。

一、批复的含义

批复适用于答复下级机关请示事项。

批复与请示是两相对应、配合使用的一组文种。下级机关用请示请求上级机关指示或批准，上级机关用批复传达指示或批准意见。请示的主送机关应是批复的发文机关，批复的主送机关是请示的发文机关。先有请示，后有批复。批复是指挥性的下行文。

二、批复的特点

（一）被动性

批复依赖下级机关的请示而被动行文。任何一份批复都是针对请示做出的。

（二）针对性

批复的内容具有很强的针对性，主要体现在两个方面：一是批复的内容必须紧扣请示的内容，请示什么就批复什么；二是批复的主送机关是请示的发文机关，即是谁请示就给谁批复，涉及的有关单位必要时可以抄送，但范围必须有一定限制。

（三）权威性

批复是上级机关领导意图和领导权威的具体体现。批复对下级机关具有行政约束力。有了批复，下级机关便可明确能否得到上级机关的支持和帮助。

三、批复的分类

根据内容不同，可将批复分为三类：请求指示性批复、请求批准性批复和请求支持、帮助性批复。

（一）请求指示性批复

请求指示性批复是对下级机关领会不准或不甚了解的国家的有关方针、政策或上级机关的有关规定、决定做出的解释性、指示性的答复。

（二）请求批准性批复

请求批准性批复是对下级机关请求办理或请求处理的事项表明态度的答复。

（三）请求支持、帮助性批复

请求支持、帮助性批复是对下级机关在遇到难以解决或无力克服的困难时提出请求支持或帮助的请示所做的答复。

课堂思考

刘社长的批复属于哪一类呢？

四、批复的格式

批复对语言的准确性、明晰性要求甚高，篇幅比较简短，一般由标题、主送机关、正文和落款四个部分组成。

（一）标题

批复的标题比较复杂，有多种构成形式，有的比较长。批复的标题通常有以下几种写法：

（1）由发文机关、批复事项、行文对象和文种构成，如《国务院办公厅关于深圳特区私人建房问题给广东省人民政府办公厅并福建省人民政府办公厅的批复》。

（2）由发文机关、事由和文种构成，如《××省人民政府关于同意成立××市人民对外友好协会的批复》。

（3）由上级机关态度、事由和文种构成，如《关于同意人文社科系举办秘书训练班的批复》。

(4) 由发文机关、请示标题和文种构成，如《×××市人民政府对〈关于处理沿江路 3 号商业大厦失火事故的请示〉的批复》。

(5) 由事由和文种构成，如《关于××××年全国治沙工程规划要点的批复》。

（二）主送机关

主送机关是指与批复相对应的请示的发文机关。

（三）正文

批复的正文一般由批复引语、批复内容和批复结语三个部分组成。

1. 批复引语

一般先引请示标题，引述来文是为了说明批复根据，点出批复对象，使请示机关一看批复的开头就明白是因何事而做的批复。需要注意的是，尽量避免批复引语和批复标题重复；再引发文字号，发文字号应加圆括号，如"你公司《关于……的请示》（××〔20××〕×号）收悉"。

2. 批复内容

批复内容即针对请示中提出的问题给予明确具体的答复，对不同意的事项应说明理由。有的批复在表明态度之后还可以提出具体要求。

一般来说，对常规事项、例行工作的批复，特别是同意有关请示的批复，不必阐述批复理由，表明同意态度即可。如果完全同意，就写上肯定性意见。一般要求复述原请示主要内容后才表态，不能只笼统写上"同意你们的意见"，这是为了不与受文单位请示的具体内容脱节。如果有的同意，有的不同意，就要写明同意的内容及不同意的理由。若不同意请示事项，或对下级机关要求的支持和帮助难以满足，则除在批复中表明态度外，一般还需要适当说明理由，以使对方能较好地接受，并及时做出相应的工作安排。

3. 批复结语

常用"此复""特此批复"等用语作为批复的结尾。

（四）落款

落款包括发文机关、发文日期和印章。

五、批复的写作要求

写作批复除掌握其格式外，还要注意以下几点：

(1) 要吃透请示的内容。批复是针对请示写的，要求写作人员认真研究请示的事项是否与近期的工作需要，以及党的方针、政策及国家的法律、法规相符，核实请示事项的真实性，研究请示所提方案的可行性及下级机关提出问题的背景。

(2) 一份批复针对一份请示。有时数个下级机关联合请示同一件事，经研究，应分别给各个下级机关行文批复。

(3) 要有理有据。批复下级的请示不能违反有关法律和政策的规定，不能超越本

机关的职权范围。

（4）态度要鲜明，意思要明确。批复的内容要简单、明确。对请示的事项哪些同意、哪些不同意，有什么具体要求，都要在批复中讲清楚，不能含混不清，也不能避而不答，切忌使用"似属可行""酌情办理""最好去做"之类的词语。

（5）若批复内容涉及其他部门，应进行协调，根据协调结果行文。

（6）批复的撰写和制发都要及时，以免贻误下级机关的工作。

需要注意的是，在不违背以上要求的前提下，对不同意请示事项的批复，需要注意下级机关的接受心理，体谅下级机关的实际困难和具体情况，使对方容易接受，以便及时做出相应安排。

📖 例文欣赏

国务院关于同意将河北省蔚县列为国家历史文化名城的批复

国函〔2018〕70号

河北省人民政府：

你省关于申报蔚县为国家历史文化名城的请示收悉。现批复如下：

一、同意将蔚县列为国家历史文化名城。蔚县历史悠久，古城形制独特，风貌保存较好，文化遗存丰富多样，古代建筑数量众多，具有重要的历史文化价值。

二、你省、张家口市及蔚县人民政府要根据本批复精神，按照《历史文化名城名镇名村保护条例》的要求，加强文物保护利用和文化遗产保护传承，正确处理城市建设与保护历史文化遗产的关系，深入研究发掘历史文化遗产的内涵与价值，明确保护的原则和重点。编制好历史文化名城保护规划，并将其纳入城市总体规划，划定历史文化街区、文物保护单位、历史建筑的保护范围及建设控制地带，制定并严格实施相关保护措施。在历史文化名城保护规划的指导下，编制好重要保护地段的详细规划。在规划和建设中，要重视保护城市格局，注重城区环境整治和历史建筑修缮，不得进行任何与名城环境和风貌不相协调的建设活动。

三、你省和住房城乡建设部、国家文物局要加强对蔚县国家历史文化名城规划、保护工作的指导、监督和检查。

国务院

2018年5月2日

第三节 报告

📖 课程导入

经过一周的准备工作，默雨的软笔书法比赛已经大致筹备妥当，但是还有一些烦琐的小事未处理完全。正好这个时间刘社长来询问比赛的准备工作，于是默雨便说要以"报告"的形式给刘社长一份书面表述。请你帮助默雨完成这份报告吧。

一、报告的含义

报告是向上级机关汇报工作、反映情况，回复上级机关的询问时使用的一种上行公文。

二、报告的特点

（一）内容真实

报告所反映的情况只能是本单位在工作实践中碰到的情况或问题。答复上级机关的询问也只能依据本单位的实际情况，内容必须真实，不能弄虚作假。

（二）概括陈述

报告的表达方式是陈述性的，即以叙述和说明为主。然而，它的叙述和说明必须是概括性的，只要求做粗线条的勾勒，不能详述事件或工作的过程，更不要铺排大量的细节，即便运用议论，也多限于夹叙夹议。

（三）选材灵活

报告选材的自由度很大，写什么、不写什么，选择权掌握在发文单位手里。了解了这个特点，发文单位就可以根据实践选择最有特色、最有价值、最有新意的题材和材料来写。当然，答复报告必须按上级的要求实事求是地写。

三、报告的分类

报告按内容可分为五类：工作报告、情况报告、答复报告、建议报告和报送报告。

1. 工作报告

工作报告是指汇报工作的报告。

2. 情况报告

情况报告是指用来向上级反映本单位重大情况的报告。

3. 答复报告

答复报告是指答复上级询问事项的报告。

4. 建议报告

建议报告是指汇报或提出工作建议、措施的报告。

5. 报送报告

报送报告是指向上级机关报送物件、材料的报告。

四、报告的格式

报告一般由标题、主送机关、正文、落款四个部分构成。下面介绍工作报告、情况报告、答复报告和建议报告正文的写法。

（一）工作报告

工作报告的正文围绕主旨展开陈述，内容一般包括基本情况、主要成绩、经验教

训、今后意见或提出有关建议等。不同类型的工作报告，汇报的侧重点有所不同。如果内容较多，应分条列项，或分若干部分，但各条项、各部分之间要有逻辑关系，避免无序交叉。

基本情况可简要交代时间、背景和工作条件；主要成绩应把工作的过程、采取的措施、取得的结果和成绩叙述清楚；经验主要是指对工作实践的理性认识，要从实际工作中概括出规律性的东西来，以便指导今后的工作；教训是指工作失误的原因和值得吸取的教训；今后意见是指改进工作的意见，或者提出今后开展工作的建议。不同类型的工作报告，在这些内容上的侧重点不同。

（二）情况报告

情况报告的正文围绕主旨，实事求是地概括事件发生的原因、经过，同时要写出处理意见、处理情况或处理建议。

情况报告常用于向上级汇报下列事项：

（1）严重的灾害、事故、案情、敌情。

（2）重要的社情、民情，如社会生活中的新动态，以及上级某项有关国计民生的新政策、新规定的贯彻执行情况及群众的反映等。

（3）督促办理或检查某项工作的情况，如财务、税收、物价、质量、安全、卫生等工作的检查结果。

（4）举办重大活动、召开重要会议的基本情况，以及各级各类代表会议的选举结果等。

（5）对某项工作失误和产生问题的检讨与反思。

（6）其他重要的、特殊的、突出的新情况。

情况报告的写法不强求一致，但要力求做到：内容集中、单一，突出重点，抓住事物本质，实事求是地反映情况；把情况和问题讲清楚，把事情的原委、经过、结果、性质写明白；提出处理意见和建议，要写得具体、明确、简要，尤其要注意提出意见、建议的角度，不能在报告中夹带请示事项；理顺文章的思路和结构，无论是纵式结构还是横式结构，都要脉络清楚，层次分明；写作要及时，以便让上级机关和有关领导尽快了解重大、特殊、突发的种种新情况。

（三）答复报告

答复报告的正文包括答复依据和答复事项。答复依据是指上级要求回答的问题，要写得十分简要，有时一两句话即可。答复事项是指针对所提问题答复的意见或处理结果，既要写得周全，也要注意不要节外生枝，答非所问。

（四）建议报告

建议报告的正文可分为情况分析和意见措施两部分。情况分析部分或者介绍情况，分析问题；或者肯定成绩，指出不足，总结经验教训；或者说明提出意见、建议的目的、原因和依据。这部分一般写得比较简明扼要，常以"特提出如下意见（或建议）""拟采取如下措施"等用语领起下文。意见措施部分是在前一部分的基础上切合实际地提出做好某项工作的意见、措施、建议，是建议报告的重点部分，也是建议报告在写法上有别于情况报告和工作报告的地方。意见措施部分往往采取条文式的写法，要求写得脉络清楚，逻辑严谨，主次分明。

有些建议报告需要上级机关批转，有些只对上级机关的某项工作、某一征求意见的文稿等提出看法、建议，不需要上级表态或批转。

五、报告的写作要求

报告一般要求在掌握充分材料的基础上进行综合分析，提炼出正确的主题和新颖的观点，然后用简洁的语言来表述，具体要求如下：

（一）立意要新，内容要真实、具体，重点要突出

报告应该在具有大量材料的基础上进行分析研究，归纳出新颖的观点，提炼出能反映本质的、带有规律性的主题。报告的内容必须实事求是，并分清主次；材料要具体，既要有概括性的东西，也要有典型的具体事例。

（二）注意工作报告和情况报告的区别

工作报告反映的是常规性的工作，内容相对稳定，写法也相对固定。有的工作报告还向上级提出工作建议。情况报告汇报的是偶发或突发的特殊情况，内容多不确定，写法相对灵活。有的工作报告有不同程度的说理，而情况报告重在叙述、说明有关情况。

（三）报告要及时

写情况报告要及时，以便及时让上级机关掌握情况。

（四）一般报告的结尾都有习惯用语

根据报告的不同内容使用不同的习惯用语。提出建议请求上级机关批转给下级机关的工作报告，常以"如无不妥，请批转有关单位执行"等请求式用语作为结语，其他各类报告常以"特此报告""专此报告""以上报告，请审示"等用语作为结语。

（五）报告中不能夹带请示事项

对于报告，受文单位不用答复。如果报告中夹带请示事项，不但不便处理，甚至还会贻误工作。对呈转性建议报告中所提请求上级机关批转有关单位执行的意见，其实也是下级机关提出的建议，不应看作一种请示。上级机关对此建议也不必向报告发文机关批示表态。

课堂思考

默雨的报告应该写明哪些内容？

×××税务局关于2017年政府信息公开工作的报告

　　本报告根据《中华人民共和国政府信息公开条例》（以下简称《条例》）及国家税务总局、北京市税务局有关规定编制。全文由概述、主动公开情况、依申请公开政府信息情况、政府信息公开的收费及减免情况、因政府信息公开申请行政复议及提起诉讼情况、下一步工作、其他需要报告的事项七个部分组成。数据统计期限为2017年1月1日至2017年12月31日。

　　一、概述

　　略

　　二、主动公开情况

　　略

　　三、依申请公开政府信息情况

　　略

　　四、政府信息公开的收费及减免情况

　　略

　　五、因政府信息公开申请行政复议及提起诉讼情况

　　略

　　六、下一步工作

　　略

　　七、其他需要报告的事项

　　略

税务局

2018年3月22日

📒 **本章训练**

一、填空题

　　1. 请示是＿＿＿＿＿＿请求＿＿＿＿＿＿对某项工作给予＿＿＿＿＿＿或＿＿＿＿＿＿时所使用的公文。

　　2. 请示的正文包括三个部分：＿＿＿＿＿＿、＿＿＿＿＿＿、结束语。

　　3. 批复与＿＿＿＿＿＿是两相对应、配合使用的一组文种。下级机关用＿＿＿＿＿＿请求上级机关指示或批准，上级机关用＿＿＿＿＿＿传达指示或批准意见。

　　4. 报告的特点包括＿＿＿＿＿＿、概括陈述、＿＿＿＿＿＿。

二、判断题

　　1. 请示可分为三类：请求指示的请示、请求批准的请示和请求支持、帮助的请示。（　　）

　　2. 根据内容不同，可将批复分为三类：请求指示性批复、请求批准性批复和请求

支援性批复。（　　　）

3. 批复内容即针对请示中提出的问题给予明确具体的答复，对不同意的事项，应说明理由。有的批复在表明态度之后还可以提出具体要求。（　　　）

4. 建议报告的正文可分为情况分析和意见措施两部分。（　　　）

三、写作题

1. 完成第一节"课程导入"的请示。

2. 完成第三节"课程导入"的报告。

学习目标

✳ 知识目标

了解通知、通报、通告的概念。

了解通知、通报、通告的格式及写作要求。

了解公报与公告的区别。

✳ 能力目标

能够区分通知、通报、通告。

能够对通知、通报、通告进行一般要求的编写。

✳ 素质目标

加深对公务文书的理解，提高自身写作素质。

思政目标

通过学习本章内容，学生可以加深对社会政治的关注度，增加对国家事务的了解。

第一节 通知

课程导入

勤快好学的敏丽不知不觉在康健贸易公司已工作了半年。中秋节将至，公司打算举办一年一度的员工中秋晚会。这天，办公室肖晓芳主任让敏丽通知公司相关领导召开一次会议，商讨中秋晚会的有关事宜。敏丽接到任务后返回办公室，开始着手写通知。

一、通知的概念及分类

通知是批转下级公文、转发上级或不相隶属机关的公文、发布规章、传达事项，要求有关单位和人员周知、办理或共同执行时普遍使用的文种。通知，最重要的一点是说明事项要明确，不能有半点含糊，用语要得体。通知是最常用的行政公文。

通知一般可分为以下三种：

（1）指示性通知：上级机关对下级机关某项工作做出指示和安排，而根据公文内容又不必用"命令"或"指示"时，可使用这类通知。

（2）知晓性通知：用于告知各有关方面通知的事项等。这种通知发送对象广泛，对下级、平级均可发送。

（3）事务性通知：用于上级机关对下级就某一具体事项布置工作，交代任务；同级机关及不相隶属的单位之间就某一项具体工作的进行或某一具体问题的解决要求对方配合、协助办理等。

二、通知的格式及写作要求

通知一般由标题、主送机关、正文、结尾和落款五个部分组成。

1. 标题

通知的标题主要有以下几种形式：一是完全式；二是省略发文机关，如《关于举办市书法国际邀请赛的通知》；三是省略发文机关和事由，只写文种，这种形式一般在范围比较小、内容比较简单时运用。

2. 主送机关

主送机关可以是一个或几个甚至所有的有关单位。普发性通知可省略主送机关名称。

3. 正文

（1）批转性和发布性通知

批转性和发布性通知的正文包括两个部分：一是批语或印发语；二是批转或印发的规章或文件。批语一般比较简单，只要说明批转或印发的文件和贯彻要求即可，如"现将《关于××××的规定》印发（或批转、转发）给你们，请认真贯彻执行"。有些通知还要对有关规章的实施进行具体说明，或者阐述该文件的意义、重要性，以及领导机关的意见和工作指示等。

（2）指示性通知

指示性通知的正文一般由两个部分组成：缘由、事项。缘由是发文的目的和根据；事项是主体，要把具体内容分条列项地阐述清楚，不能含糊。

（3）告知性通知

告知性通知的正文由缘由和通知事项构成。缘由直接陈述根据或原委，不必像指示性通知那样进行说理分析，因此更为简要；通知事项，只讲决定怎么办，直截了当，充分显示其关照、告知的作用，不提出执行要求。

（4）会议通知

会议通知的内容较固定，一般包括会议目的、会议名称、会议内容（或主题）、会议时间、会议地点、参加对象、报到的时间和地点等具体事项。会议通知的内容最主要的是写得清楚明白，写作时要考虑周全，让有关人员知道该做什么、怎么做。

（5）任免和聘用通知

任免和聘用通知的行文比较简单，说明任免或聘用某人担任某项职务即可。有的还加上决定任免的组织及任期等。如果同时有任职和免职，就要先写被免职者，再写任职者。

4. 结尾

通知常用的结尾用语包括请遵照办理、希参照执行、希依照执行、希贯彻执行、希认真贯彻执行、请即研究试行、特此通知等。结尾用语是发出通知的机关对受文对象的总的要求，必须与通知的具体要求和重要程度相适应。

5. 落款

落款标注制发通知的机关和日期。

课堂思考

对于上述写作要求，敏丽应该如何编写那则通知？

三、不同类型通知的写法

1. 指示性通知的写法

这种通知的标题由发文机关、事由和文种组成，也可省略发文机关。正文由缘由、内容、要求等部分组成。缘由要简洁明了，说理充分；内容要具体明确、条理清楚、详略得当，充分体现指示性通知的政策性、权威性、原则性；要求要切实可行，便于受文单位具体操作。

2. 知晓性通知的写法

这种通知使用广泛，体式多样，主要是根据通知的内容交代清楚知晓事项。

3. 事务性通知的写法

这种通知通常由发文缘由、具体任务、执行要求等组成。虽然会议通知也属于事务性通知，但其写法又与一般事务性通知有所不同。会议通知的内容一般应写明召开会议的原因和目的、会议名称、通知对象，会议的时间和地点，以及需要准备的材料等。

4. 任免和聘用通知的写法

任免和聘用通知一般只写决定任免和聘用的机关、依据，以及任免和聘用人员的具体职务即可。

例文欣赏

【例文一】国务院关于批转交通运输部等部门
重大节假日免收小型客车通行费实施方案的通知

各省、自治区、直辖市人民政府，国务院各部委、各直属机构：

国务院同意交通运输部、发展改革委、财政部、监察部、国务院纠风办制定的《重大节假日免收小型客车通行费实施方案》，现转发给你们，请认真贯彻执行。

附件：重大节假日免收小型客车通行费实施方案

国务院（印章）

2012 年 7 月 24 日

【例文二】国务院关于公布《通用规范汉字表》的通知

各省、自治区、直辖市人民政府，国务院各部委、各直属机构：

国务院同意教育部、国家语言文字工作委员会组织制定的《通用规范汉字表》，现予公布。

《通用规范汉字表》是贯彻《中华人民共和国国家通用语言文字法》，适应新形势下社会各领域汉字应用需要的重要汉字规范。制定和实施《通用规范汉字表》，对提升国家通用语言文字的规范化、标准化、信息化水平，促进国家经济社会和文化教育事业发展具有重要意义。《通用规范汉字表》公布后，社会一般应用领域的汉字使用应以《通用规范汉字表》为准，原有相关字表停止使用。

附件：通用规范汉字表

国务院（印章）

2013 年 6 月 5 日

【例文三】财政部　发展改革委关于公布取消和免征
部分行政事业性收费的通知

外交部、公安部、工业和信息化部、国土资源部、住房城乡建设部、农业部、水利部、交通运输部、海关总署、国家税务总局、国家工商总局、国务院港澳办，各省、自治区、直辖市、计划单列市财政厅（局）、发展改革委、物价局，新疆生产建设兵团财务局、发展改革委：

为了减轻企业和社会负担，促进经济稳定增长，根据国务院有关要求，决定取消和免征部分行政事业性收费。现将有关事项通知如下：

一、自 2013 年 1 月 1 日起，取消和免征 30 项行政事业性收费。具体项目见附件。

二、上述行政事业性收费取消和免征后，有关部门和单位依法履行管理职能所需相关经费，由同级财政预算予以保障。其中，行政机关和财政补助事业单位的经费支出，通过部门预算予以安排；自收自支事业单位的经费支出，通过安排其上级主管部门项目支出予以解决。各级财政部门要按照上述要求，妥善安排有关部门和单位预算，确保其工作正常开展。

三、有关执收部门和单位要按规定到原核发《收费许可证》的价格主管部门办理《收费许可证》注销手续，并到原核发财政票据的财政部门办理票据缴销手续。有关行政事业性收费的清欠收入，应当按照财政部门规定渠道全额上缴国库。

四、各地区和有关部门要严格执行本通知规定，对公布取消和免征的行政事业性收费，不得以任何理由拖延或者拒绝执行，不得以其他名目或者转为经营服务性收费方式变相继续收费。各级财政、价格主管部门要加强对落实本通知情况的监督检查，对不按规定取消或免征相关收费的，按有关规定给予处罚，并追究责任人员的行政责任。

附件：取消的行政事业性收费项目

财政部　发展改革委

2012 年 12 月 19 日

第二节 通报

课程导入

公司的保洁阿姨在进行日常清理工作时，在楼梯间发现了一个钱包。由于公司流动人口较多，而且钱包掉落位置正处于监控盲区，无法寻找丢失人员，于是保洁阿姨将钱包交给公司。经过公司发布寻物启事后，失主找回钱包，并对保洁阿姨表示衷心的感谢。同时，由于保洁阿姨拾金不昧的行为，为公司留下了一个重要的客户。为此，公司决定发布一份通报，来表彰保洁阿姨拾金不昧的精神。你觉得应当如何完成这份通报呢？

一、通报的概念及分类

通报是党政机关、企事业单位、社会团体将工作情况、经验教训及各种典型事例告知有关单位和人员的公文文种，适用于表彰先进、批评错误、传达重要精神或者情况。通报的作用是将有关情况告知所属单位，以提高工作的透明度，使各单位相互协调，搞好工作。

通报一般可分为以下几种：

（1）表彰性通报：用于表彰先进，介绍单位或个人成功的经验、做法，以学习先进，见贤思齐，改进与推动工作。

（2）批评性通报：用于批评后进，纠正错误，打击歪风，指出有关单位或个人存在的问题，提出解决办法或处理意见。

（3）传达性通报：用于传达上级重要精神与重要情况，引起人们的警觉与注意，对当前的工作起指导作用。

课堂思考

对保洁阿姨的通报属于哪一类？

二、通报的格式及写作要求

通报由标题、正文、发文机关和日期组成。

1. 标题

通报的标题由发文机关、事由、文种或事由、文种构成，所以，应具备公文标题的三个要素，以显示庄重，不可只写"通报"，如《××市人民政府办公厅关于××有限公司发生重大交通事故的通报》。通报标题中的事由，有的只写"表扬"或"批评"，如《关于给王××表扬（批评）的通报》。这样写较简单，因为"表扬"或"批评"不能反映事由的内容，仅反映组织的决定。事由应是具体事实的概括。

2. 正文

正文要有具体事实。表彰性通报和批评性通报一般分为四个部分：

（1）主要事实。

表彰性通报要突出主要先进事迹，批评性通报要抓住主要错误事实。

（2）事例的教育意义。

表彰性通报要在阐述先进事迹的基础上，提炼主要经验、意义和值得学习与发扬的精神。批评性通报要分析错误的性质、危害，产生的根源，指出应吸取的主要教训等。

（3）决定要求。

表彰性和批评性的通报，应写明组织结论及予以表彰或处理的决定，同时提出对表彰或批评对象与读者的希望、要求。为了防范和杜绝类似错误的发生，批评性通报的结尾通常要有针对性地提出防范的措施或规定。

传达性通报一般不写决定要求。

（4）提出希望或要求。

3. 发文机关和日期

在正文右下方标明发文机关并加盖印章，同时写明发文日期。

三、通报的特点

1. 内容的真实性

真实是通报的生命。通报的任何情况都必须是真实的，不能有差错，更不能有造假情况。

2. 目的的告知性

通报的内容常常是把现实生活中一些正面和反面的典型或某些带有倾向性的重要问题告诉人们，让人们知晓、了解。

📖 例文欣赏

【例文一】批评性通报
×××办公厅关于××省××市××县
擅自停课组织中小学生参加迎送活动的通报

××××年12月5日，××省××市××县举行××高速公路在本县通车仪式，××县主要领导擅自决定，让本县部分中小学校停课参加通车仪式，近千名中小学生在风雪天等候长达两个小时，致使部分中小学生生病。对此，学生家长和群众极为愤慨，要求坚决制止此类现象。

中小学校依照国家规定建立了严格的教育教学秩序，这是教育教学质量的保证，任何单位和个人都不能随意破坏。现在一些地方的个别领导利用自己的权力，动辄调用中小学生为各种会议、考察、参观、访问甚至商业性典礼搞迎送或礼仪活动，有些

地方还因此发生了严重的安全事故，造成极恶劣的社会影响。××县发生的问题，已不只是一般的形式主义，而是官僚主义，严重脱离群众，此类不良风气必须坚决予以制止。各地区、各部门及各级领导干部，要高度重视这一问题并从中吸取深刻的教训，切实增强群众观念，杜绝此类事件再度发生。

中小学生是祖国的未来，他们的学习和活动安排，要有利于他们的学习和身心健康。今后各地区、各部门都必须严格执行国家的有关法规和规定，不得擅自停课或随意组织中小学生参加各种迎送或礼仪活动，如确有必要组织的，须报经省级教育行政部门批准。

×××办公厅（印章）

××××年××月××日

【例文二】表彰性通报
关于表彰五华县商业局的通报

各县商业局、局直属各公司：

××××年五华县商业局认真落实经营责任制，强化企业管理，在市场竞争激烈、商业工作难度较大的情况下，团结广大干部职工，鼓足干劲，扎扎实实做好各项工作，取得了显著的成绩。

一、购销利税全面增长。去年，五华县商业系统商品总购销实绩×××万元，比上年增长27.6%，其中总购进××××万元，比上年增长111.7%，总销售实绩××××万元，比上年增长36.74%，其中纯销售×××万元，比上年增长1.8倍，实现了购、销、利润、税收同步增长。

二、食品行业亏损大户扭亏为盈。五华县商业系统按省政府规定，加强生猪购销管理，落实生猪经营和扭亏责任制。全年收购生猪××万头，比上年增长3.14倍，占全县生猪总上市量的70%，完成商品总销售××××万元，比上年增长2.08倍，实现利润××万元，比上年增盈××万元。35个食品核算单位中，有30个盈利，亏损单位从上年的32个减为5个。

三、加强网点建设，更好地发挥国营商业主导作用。近几年来，五华县以少花钱多办事的精神，加强商业网点建设，如去年扩建了34间门店。到目前为止，营业面积为6 437平方米，比改造前的3 871平方米增加了2 566平方米。改造后的门店，美观大方，既增加了服务项目，扩大了经营范围，方便了群众购买，又占领了市场阵地，在市场竞争中发挥了国营商业的主导作用。

鉴于五华县××××年商业工作成绩显著，市商业局决定予以通报表扬，希望我市各级产业部门在新的一年中，学习五华县商业局的先进经验，深入改革，开拓经营，繁荣市场，把商业工作提高到一个新的水平，为发展我市的经济建设做出应有的贡献。

×××市商业局（印章）

××××年××月××日

第三节 通告

课程导入

假设你现在是一家公司的人事经理，面对即将到来的国庆假期，公司决定，在原有的法定七天假期的基础上，全体员工带薪增加两天假期。现在需要对公司所有员工进行通知，请撰写一份通告。

一、通告的概念

通告是在一定范围内向社会公布有关方面应当遵守或者周知事项的一种公文。除党政机关外，企事业单位、社会团体也可以用通告来发布重要事项。

二、通告的特点

1. 内容的专业性

无论是国家发布的法规性通告，还是其他社会组织发布的周知性通告，一般都具有专业性，涉及的问题都比较具体。

2. 对象的普遍性

通告一般没有明确的受文对象，只要与通告的事项相关的人都要遵守规则，无论是重要事项还是一般性问题，都是与老百姓利益密切相关的，都是以社会公众为主要发布对象。

三、通告与通知的区别

（1）通告的对象范围广泛，不特别指具体的单位和个人；通知所指的对象是具体的，有时还要按组织系统传达。

（2）通告不涉及任何秘密，直接公开；通知则有一定要求。

（3）通告不仅起告知作用，还要提出应当遵守的具体事项，有规范公民行为的作用；通知只告知具体的事项，或转达上级的指示精神并使之具体化。

（4）通告必须张贴和登报，通知可以内部传达。

四、通告的格式和写作要求

通告一般包括标题、正文、落款和日期。

1. 标题

通告的标题有如下几种形式：一是"发文机关＋事由＋文种"，如《××市人民政府关于控制烟花爆竹燃放的通告》；二是"发文机关＋文种"，如《中华人民共和国教育部通告》；三是"事由＋文种"，如《关于查禁××奶粉的通告》。一般来说政府机关发布的重要通告大多使用第一种形式的标题。

2. 正文

通告的正文一般包括通告原因、通告事项或通告规定、通告结语。通告原因要说明为什么发布此通告、依据是什么，要求说理充分，文字简明。通告事项或通告规定是正文的核心，要具体写明通告的事项和应遵守的有关规定。通告结语提出执行日期和要求。也可采用"特此通告"等惯用语作为结尾。

3. 落款和日期

与其他公文相同，先在右下方写明发布通告的单位名称，再在单位名称的下面写明日期。有的通告的发布日期也可以写在标题之下。

课堂思考

如果让你写一篇"课程导入"中的通告，你会如何进行？

例文欣赏

【例文一】
××市关于查禁赌博的通告

为了搞好××市的精神文明建设，维护良好的社会治安秩序，根据国家有关法令，特通告如下：

一、赌博腐蚀思想，诱发犯罪，影响生产，危害治安，任何形式的赌博都是违法行为，必须坚决取缔。

二、凡在近期被抓的赌博人员，必须在本通告公布之日起十五日内上交检查和保证书，并检举揭发赌头、赌棍、教唆犯。

三、赌头、赌棍、教唆犯，必须在本通告公布之日起十五日内向公安机关彻底坦白交代，争取从宽处理，逾期不交代的将依法惩处。

四、因赌博形成的债务，经公安机关核实认定后，一律废除，赌博所得必须上缴。

五、任何公民发现赌博活动，有权予以制止，并向公安机关报告。

××市公安局

××××年××月××日

【例文二】××省委宣传部录用通告

根据《关于部分省级机关从××××年应届高校优秀毕业生中考试录用国家公务员和机关工作人员的通知》的规定，经省委同意，中共××省委宣传部将从××××年应届高校优秀毕业生中录用5名机关工作人员。

其中研究生2名，专业：政治经济学、汉语言文学；本科生3名，专业：法学、新闻学、英语。

具体录用办法，详见××××年×月×日的《××日报》第二版。

中共××省委宣传部

××××年××月××日

【例文三】卫生部关于终止实施"中国糖尿病综合防治计划"项目的通告

（卫通〔2009〕1号）

我部于2005年以中华人民共和国卫生部通告（卫通〔2005〕14号）公布了第二轮第五批面向农村和城市社区推广医药卫生适宜技术十年百项计划，其中包括中卫国立（北京）糖尿病研究院申报的"中国糖尿病综合防治计划"项目。

经查，该机构在项目实施过程中未经我部批准，擅自颁发"卫生部十年百项中国糖尿病综合防治计划推广单位"牌匾和证书，并收取费用，在社会上造成不良影响。为此，我部决定自即日起终止该项目的实施，取消该机构十年百项适宜技术推广单位资格。

特此通告。

中华人民共和国卫生部
二〇〇九年一月十三日

第四节　公报、公告

课程导入

公报和公告是社会性较强的公文。请你上网搜索国家最近发布的公报和公告，并分析二者有何区别和特点。

一、公报

（一）公报的概念

公报是党政机关和人民团体公开发布重要决定或重大事项的报道性公文。公报具有较强的新闻性，有时还被称为新闻公报。

（二）公报的特点

1. 重要性

公报的发布机关级别高，多以中央或国家的名义发布。公报所涉及的内容是党内外、国内外普遍关心和瞩目的重大事件或重要决定。

2. 公开性

公报是公开发布的文件，可以向海内外发布。

3. 新闻性

公报的内容都是新近发生的事件或新近做出的决定，属于人民群众普遍关心的问题，要求发布迅速、及时，具有新闻性特点。

（三）公报的分类

1. 会议公报

会议公报是用以报道重要会议或会谈的决定和情况的公报，一般用于党中央召开

的会议，如《中国共产党第二十届中央委员会第一次全体会议公报》。

2. 事项公报

事项公报是党的高级领导机关用以发布重大情况、重要事件的文件。高层行政机关、部门向人民群众公布重大决策、重要事项或重大措施时有时也沿用此类公报，如《中华人民共和国国务院公报》（××××年第×号）。

3. 联合公报

联合公报用以发布国家之间、政党之间、团体之间经过会议达成的某种协议，如《中俄总理第二十八次定期会晤联合公报》。这是一种有特殊用途的公报。

课堂思考

说一说公报的"公"是什么意思？

（四）公报的格式和写作方法

公报一般由标题、发布时间、正文、落款四个部分组成。

1. 标题

公报的标题常见的有三种形式：第一种是只写文种，如《新闻公报》；第二种由"会议名称＋文种"构成；第三种是全称标题，由"发表公报的机关＋事由＋文种"构成。

2. 发布时间

用括号在标题之下正中位置注明公报发布的年、月、日。

3. 正文

正文包括开头、主体两部分。

（1）开头：即前言部分，概述何时、何地、发生了什么重大事件。会议公报概述会议的名称、时间、地点、参加人员等；联合公报概述公报的来由，即在何时、何地、谁与谁举行了什么会谈或谁对谁进行了什么性质的访问等。

（2）主体：是公报的核心内容，常见的有三种写法。第一种是分段式，即每段说明一层意思或一项决定；第二种是序号式，多用于内容复杂、问题头绪较多的公报；第三种是条款式，多用于联合公报。

4. 落款

事项公报和会议公报一般没有尾部；联合公报要在正文之后写明双方签署人的身份、姓名、年、月、日，并写明签署地点。

二、公告

（一）公告的概念

公告是国家权力机关或行政机关向国内外宣布重要事项或法定事项使用的公文（党的机关不用公告）。

（二）公告的特点

1. 发布机关级别高

由于公告具有向国内外发布的功能，因此发布机关往往是级别较高的国家行政机关或者权力机关，如全国人民代表大会、国务院、各级地方人大常委会或政府等。另外，公告也可由法定的有关职能部门或授权新华社发布。企事业单位一般不宜使用公告。

2. 发布内容很重要

公告发布的内容涉及国家或地方重要事务或法定事项，如公布法律或人民代表大会重要事项等。一般性事务不宜用公告，如校庆、开业、迁址等。

3. 发布范围广泛

公告可通过报纸、电视等媒体向国内外发布，社会影响重大。

（三）公告的格式和写作方法

公告一般包括标题、正文、印章和发布日期。

1. 标题

公告的标题一般要求三个要素齐全，由发文机关、事由、"公告"二字组成，如《中华人民共和国海关关于简化进出境旅客通关手续的公告》；也可以发文机关和文种组成，如《新华社公告》；还可以由事由和公告组成，如《关于××宣布破产的公告》。

2. 正文

公告的正文主要由缘由、事项和文尾组成。缘由是指发布公告的根据和原因，要求简明扼要；事项是全文的核心，如果内容较多，可以分条列款；文尾常用"特此公告""现予公告"等作为结束语。

3. 印章和发布日期

公告的印章和发布日期与其他公文相同，先在右下方盖章，再写明发布日期。

三、公报与公告的区别

公报与公告都是领导机关用来向国内外公开宣布、告知某一重要事项的文种，都是非常庄重、严肃的文种。二者的区别如下：

1. 适用范围不同

公告是行政机关的常用文种之一，党的机关一般不用；而公报党委机关和行政机关都可以用。

2. 内容详略不同

公告多用于宣布重大消息或法定事项，内容一般都很简要；公报用来发布重大事件或重要会议的决定事项，内容一般都比较详细具体。

四、公告和通告的区别

1. 内容的重要程度不同

公告是用来发布重要事项和法定事项的，涉及内容多是国家大事或地方重要事项，

或者履行法律规定必须遵循的程序。小的局部性事项和非法定事项不宜采用公告公布。通告是用来发布在一定范围内需要遵守或周知的事项的，所涉及的事项一般没有公告那么重大。

2. 发文机关的级别不同

公告是一种高级别机关使用的文体，只有涉及全局性的重大事项或法定事项时，才能由高级别的行政部门发布。通告是一种高级别机关和基层单位都可使用的文体，不仅行政机关可以制发，企事业单位、社会团体在自己的职权范围之内也可以制发。

3. 发布范围有所不同

公告是向国内外发布重要事项和法定事项采用的文种，发布范围比较大。通告虽然也是面向社会发布的，但大多限定在一个特定区域或行业范围内，而且内容也多是指向特定的人群，要求某一社区或某一类特定人群遵守或周知。通告特意强调了"在一定范围内公布"。

4. 发布方式不同

虽然公告与通告都是公开发布、一体周知的文种，但二者在发布途径和方式上存在不同。公告采用报纸、广播等方便快捷、波及面广的媒体来发布；通告不仅可以使用这些媒体，还可以利用发布范围相对较小、更容易引起相关范围人士注意的公开张贴、悬挂、下发等形式来发布。

例文欣赏

【例文一】国务院公告

为表达全国各族人民对四川汶川大地震遇难同胞的深切哀悼，国务院决定，2008年5月19日至21日为全国哀悼日。在此期间，全国和各驻外机构下半旗志哀，停止公共娱乐活动，外交部和我国驻外使领馆设立吊唁簿。5月19日14时28分起，全国人民默哀3分钟，届时汽车、火车、舰船鸣笛，防空警报鸣响。

国务院办公厅

××××年××月××日

【例文二】中华人民共和国全国人民代表大会公告

第×号

第×届全国人民代表大会第×次会议于××××年×月×日根据中华人民共和国主席×××的提名，决定任命×××为中华人民共和国国务院总理。

现予公告。

中华人民共和国第×届全国人民代表大会第×次会议主席团

××××年××月××日

【例文三】中华人民共和国最高人民法院开庭公告

本院定于××××年××月××日上午8时30分在本院第二法庭公开开庭审理再审申请人香港××企业有限公司与再审被申请人××市××房地产开发公司股权确认

纠纷。

特此公告。

××××（盖章）

××××年××月××日

【例文四】中国共产党第十八届中央纪律检查委员会第二次全体会议公报

（2013年1月22日中国共产党第十八届中央纪律检查委员会第二次全体会议通过）

中国共产党第十八届中央纪律检查委员会第二次全体会议，于2013年1月21日至22日在北京举行。出席会议的中央纪委委员129人，列席295人。

中央纪律检查委员会常务委员会主持了会议。全会深入贯彻党的十八大精神，高举中国特色社会主义伟大旗帜，以邓小平理论、"三个代表"重要思想、科学发展观为指导，分析了当前反腐倡廉形势，研究部署了2013年党风廉政建设和反腐败工作。全会审议通过了王岐山同志代表中央纪委常委会所作的《深入学习贯彻党的十八大精神，努力开创党风廉政建设和反腐败斗争新局面》的工作报告。

中共中央总书记、中央军委主席习近平出席全会第二次大会并发表重要讲话。李克强、张德江、俞正声、刘云山、王岐山、张高丽等党和国家领导人出席会议。有关方面负责同志参加了会议。

……

全会指出，党的十八大对当前和今后一个时期党风廉政建设和反腐败工作作出新的部署，十八届一中全会以来习近平同志一系列重要讲话对加强反腐倡廉提出明确要求。全党必须增强忧患意识、风险意识、责任意识，既要坚定果断刹风整纪，坚决遏制腐败现象蔓延势头；又要树立长期作战思想，逐步铲除滋生腐败的土壤和条件，不断以反腐倡廉实际成效推进廉洁政治建设。

全会强调，2013年是全面贯彻落实党的十八大精神的开局之年，做好党风廉政建设和反腐败工作意义重大。要按照党的十八大部署和要求，坚持党要管党、从严治党，坚持标本兼治、综合治理、惩防并举、注重预防，着力严明党的纪律特别是政治纪律，切实转变领导机关和领导干部工作作风，认真解决反腐倡廉中的突出问题，明确重点、狠抓落实，改革创新、攻坚克难，推动党风廉政建设和反腐败斗争向纵深发展。

……

全会号召，全党要紧密团结在以习近平同志为总书记的党中央周围，统一思想、坚定信心，开拓进取、扎实工作，努力开创党风廉政建设和反腐败斗争新局面，为完成党的十八大各项战略决策部署、实现全面建成小康社会奋斗目标作出新的更大贡献！

【例文五】第三次全国经济普查主要数据公报

（第三号）

中华人民共和国国家统计局

国务院第三次全国经济普查领导小组办公室

2014 年 12 月 16 日

根据第三次全国经济普查结果，现将我国第三产业的主要数据公布如下：

一、批发和零售业

（一）企业法人单位数和从业人员

2013 年末，全国共有批发和零售业企业法人单位 281.1 万个，从业人员 3 314.9 万人，分别比 2008 年末增长 100.4％和 75.3％。

……

……

本章训练

一、填空题

1. 通知是_____下级公文、_____上级或不相隶属机关的公文、_____、传达事项，要求_____周知、办理或共同执行的普遍使用的文种。

2. 通知一般由_____、主送机关、_____、结尾和_____五个部分组成。

3. 通报是党政机关、社会团体、企事业单位将工作情况、经验教训及各种典型事例告知_____的公文文种，适用于表彰先进、批评错误、传达_____或者情况。通报的作用是将有关情况告知所属单位，以提高工作的_____，使各单位相互协调，搞好工作。

4. 通告是在一定范围内向社会公布_____应当遵守或者周知事项的一种公文。除党政机关外，_____、_____也可以用通告发布重要事项。

5. 公告一般包括_____、_____、印章和_____。

二、判断题

1. 通知一般可分为指示性通知、知晓性通知、事务性通知。（　　　）

2. 通报的应用比较广泛，主要具有以下两个特点：内容的真实性、目的的告知性。（　　　）

3. 公报是党政机关和人民团体公开发布重要决定或重大事项的通知性公文。公报具有较强的新闻性。（　　　）

4. 通告必须张贴和登报，通知必须内部传达。（　　　）

5. 公报分为会议公报、事项公报、联合公报。（　　　）

三、改错题

下面一则文稿在表达上有几处不妥当，请找出并改正。

×××中学70周年校庆公告

南依历山，东临趵突泉，弦歌不辍，薪火相传。2018年10月18日，山东省×××中学将迎来建校七十周年华诞。作为齐鲁基础教育的一面旗帜，学校坚持实验性、示范性，在齐鲁文化的深厚滋养中，广育英才，名盛华夏。为办好此次校庆活动，特面向各届校友，征集在校期间惠存的校徽、校服、奖章、笔记和具有纪念意义的物品。并藉此向您们发出诚挚邀请：欢迎拨冗光临此次盛会，共商学校发展大计。

特此公告，敬祈传达。

×××中学

2018年6月1日

四、写作题

1. 完成第一节"课程导入"的通知。

2. 根据下面提供的材料，写一篇表彰性通报。

2009年10月24日下午，长江大学一年级学生在长江边发现两名少年落水，不会游泳的10多名学生手挽手组成"人链"下水救人。两名落水少年得救，而陈及时、方招、何东旭3名年仅19岁的大学生献出了宝贵的生命。

团中央、全国青联追授长江大学陈及时、方招、何东旭"全国优秀共青团员"荣誉称号，并授予"10·24"英雄集体"中国青年五四奖章集体"荣誉称号。

3. 完成第三节"课程导入"的通告。

第六章　公务文书四

 **学习目标**

✿ 知识目标

了解决定、决议、命令的概念及分类。

了解纪要、意见的特点。

熟悉函、议案的格式和写作方法。

✿ 能力目标

能够区分决议、决定、命令。

能够书写一般的纪要、意见、函等。

✿ 素质目标

培养学生分析事物的能力。

思政目标

通过学习本章内容，学生可以增强使命感与责任感，提升自身教育能力和社会实践能力。

第一节　决定、决议、命令

课程导入

请阅读下面这条决议，并谈一谈其主要内容。

第十四届全国人民代表大会第一次会议关于最高人民法院工作报告的决议

（2023 年 3 月 13 日第十四届全国人民代表大会第一次会议通过）

第十四届全国人民代表大会第一次会议听取和审议了最高人民法院院长周强所作的工作报告。会议充分肯定最高人民法院过去五年的工作，同意报告提出的 2023 年工作建议，决定批准这个报告。

会议要求，最高人民法院要以习近平新时代中国特色社会主义思想为指导，深入贯彻习近平法治思想，全面贯彻党的二十大和二十届一中、二中全会精神，深刻领悟"两个确立"的决定性意义，增强"四个意识"、坚定"四个自信"、做到"两个维护"，毫不动摇坚持党的绝对领导，坚持以人民为中心，坚持中国特色社会主义法治道路，践行全过程人民民主，忠实履行宪法法律赋予的职责，全面提升审判执行工作质效，深化司法体制综合配套改革，持续加强智慧法院建设，锻造过硬法院队伍，加快推进审判体系和审判能力现代化，全力维护国家政治安全、确保社会大局稳定、促进社会公平正义、保障人民安居乐业，为全面建设社会主义现代化国家、全面推进中华民族伟大复兴提供有力司法保障。

一、决定

（一）决定的概念

决定是对重要事项或重大行动做出决策或安排，并要求机关各部门和下级机关或有关单位贯彻执行的指令性公文。决定适用于对重要事项或者重大行动做出安排，奖惩有关单位和人员，变更或者撤销下级机关不适当的决定。从这个意义上讲，决定是应用文写作实践中的一种重要文体。

1. 决定的特点

决定具有内容重要、政策性强、有约束力等特点。

（1）内容重要。决定一般都不是由个人做出的，而是由领导集体或权力机构，针对重要事项或者重大行动，集体研究讨论后做出的安排和部署，因而其内容重要。

（2）政策性强。决定涉及的问题重大，公布后对下级机关和人民群众的活动有指导、导向作用，因而政策性强。

（3）有约束力。决定对有关人员具有约束力，它的执行是带强制性的。一经决定的事情，有关人员不能以任何借口拒不执行。

2. 决定的分类

根据内容和发文机关的意图，可将决定分为两类：知照性决定和指挥性决定。知照性决定是发文机关就某个问题做出的安排，受文单位知晓即可，因此内容比较单一，文字简短。指挥性决定具有纲领性、规定性、规范性和指示性，一般内容较多，篇幅较长，带有说理性质，有较强的约束力。

（1）知照性决定：如表彰决定、处分决定、机构设置决定、人事安排决定、发布法规性事项或对某一具体事项做出安排的决定等。

（2）指挥性决定：常见的有规定性决定、规范性决定、指导性决定、指示性决定、具有有关法令性质的决定、处理重大问题的决定和安排重要行动的决定等。

（二）决定的格式

决定包括首部和正文两部分。

1. 首部

首部包括标题和成文时间两部分。

（1）标题。标题一般有两种构成形式：一种由"发文机关＋事由＋文种"构成，另一种由"事由＋文种"构成。

（2）成文时间。成文时间指发布决定的时间。一般在标题正上方注明成文的年、

月、日，或者在标题下方用括号注明某年某月某日某会议通过字样。

2. 正文

正文一般由三部分组成：一是开头部分，简要交代决定的缘由、目的、根据；二是主体部分，主要写决定的内容，落实决定的措施，要求具体明白、层次清楚，便于有关单位执行；三是结尾部分，用于提出希望、要求或执行说明。有的决定需要带附件。有附件的决定，应当在正文之后、发文机关署名之前注明附件的名称或依据，并将附件附在主件之后。

（三）决定的写作要求

决定的写作应注意内容严肃、事实准确、行文周密。总的来说，内容比较复杂的决定，事项要一条一条地表述，把主要的、重要的放在前面，次要的放在后面。结构要合理，层次要分明，内容要合乎逻辑。决定的缘由是事项的依据、理由。

写作时要注意交代清楚，简明扼要，有理有据，令人信服。泛泛而谈、根据不足、说理不清的缘由没有说服力，不可取。

📖 例文欣赏

国家市场监督管理总局行政处罚决定书
国市监处〔20××〕××号

当事人：××设备有限公司

主体资格证照名称：营业执照

统一社会信用代码：××××××××××××××××××

法定代表人：×××

身份证号码：×××××××××××××××××

联系电话：131×××××××

联系地址：广东省深圳市××区××路××号

我局在监督抽查及后续调查中发现，你公司提供的专业技术人员中，李××、王××、何××3人实际不在你公司任职，同时你公司的制造场地不再具备生产条件。

上述事实违反了《中华人民共和国特种设备安全法》第十八条的规定，依据《中华人民共和国特种设备安全法》第八十一条、第九十六条的规定，我局给予你单位以下行政处罚：

1. 吊销××设备有限公司电梯制造许可证；

2. 三年内不予受理××设备有限公司电梯制造的许可申请。

请于收到本决定书之日起十日内，将原资质证书正本、副本全部交回本局特种设备安全监察局，逾期未收到，本局将予以公告。

当事人如对上述行政处罚决定不服，可于收到本行政处罚决定书之日起六十日内，向国家市场监督管理总局申请行政复议；或者自收到本行政处罚决定书之日起六个月内依法向人民法院提起行政诉讼。行政复议或者行政诉讼期间，本行政处罚决定不停止执行。

国家市场监督管理总局

20××年××月××日

二、决议

(一) 决议的概念

决议是会议讨论通过的重大决策事项发布的一种公文，是《党政机关公文处理工作条例》中新增的正式公文文种。决议是就重要事项，经会议讨论通过其决策，并要求进行贯彻执行的重要指导性公文。

(二) 决议的分类

决议一般可以分为公布性决议、批准性决议和阐述性决议三种类型。

(1) 公布性决议：是为公布某种法规、提案的文件。

(2) 批准性决议：是为肯定或否定某种议案的文件。

(3) 阐述性决议：是对某些重大结论的具体内容加以阐述的文件。

课堂思考

"课程导入"中的决议属于哪一类？

(三) 决议的格式和写作方法

决议一般由标题、通过时间、正文、落款四个部分组成。

1. 标题

决议的标题有两种形式：一种由"发文机关（或会议名称）＋事由＋文种"构成，如《中国共产党第十八次全国代表大会关于十七届中央委员会报告的决议》；另一种由"事由＋文种"构成，如《关于建国以来党的若干历史问题的决议》。

2. 通过时间

决议的通过时间即决议正式通过的日期，一般放在标题下，在小括号内注明会议名称及通过时间，可只写年、月、日。

3. 正文

决议的正文由决议根据、决议事项和结语三个部分组成。

(1) 决议根据：简要说明有关会议审议决议涉及事项的情况，陈述做出决议的原因、根据、背景、目的或意义。

(2) 决议事项：写明会议通过的决议事项，或会议对有关文件、事项做出的评价、决定，或对有关工作做出的部署安排和要求、措施。

(3) 结语：一般紧扣决议事项有针对性地提出希望、号召和执行要求。有的决议不单列这部分。

4. 落款

如果决议的标题已经有会议的名称和通过的时间，就不需要落款。如果是董事会决议或职代会决议，那么落款处应有董事会成员、职代会代表签名、生效时间。

（四）决议和决定的区别

1. 从制作程序上区分

决议须经某一级机关或组织机构的法定会议对某一议题进行集体讨论，由法定多数表决通过，然后形成正式文件，并以会议的名义公布。决定不一定经过法定会议讨论通过的程序。决定既可以是某种会议讨论研究的成果，形成正式文件予以公布，也可由各级领导机关直接做出并予以公布。

2. 从内容上区分

在会议讨论通过的前提下，凡有具体的规定和要求，履行法定的权力，强制有关部门贯彻执行的，用决定。若只是简要地表示肯定或否定的意见，履行法律程序，指导有关部门遵照办理的，用决议。由会议或领导机关直接制定发布行政法规，用决定。由会议审议批准某项议案、重要报告、法规，用决议，所审议批准的条文作为决议的附件。授予荣誉称号或给予处分，用决定。审议机构成立或撤销，用决议。

3. 从作用上区分

决议一律要求下级机关执行；有的决定要求下级机关执行，有的决定不要求下级机关执行。

📖 例文欣赏

【例文一】海南省第六届人民代表大会第二次会议关于政府工作报告的决议

（2019年1月31日海南省第六届人民代表大会第二次会议通过）

海南省第六届人民代表大会第二次会议听取和审议了沈晓明省长所作的政府工作报告。会议高度评价过去一年我省在加快建设自由贸易试验区、探索建设中国特色自由贸易港，开启新一轮全面深化改革开放、加快建设美好新海南进程中取得的成绩，充分肯定省人民政府过去一年的工作，同意报告提出的2019年工作总体部署、目标任务和重点工作，决定批准这个报告。

会议强调，2019年是新中国成立70周年，是决胜全面建成小康社会、实现第一个百年奋斗目标的关键之年，也是海南推进全面深化改革开放政策落实年。省人民政府要坚持以习近平新时代中国特色社会主义思想为指导，全面贯彻党的十九大、十九届二中、三中全会和习近平总书记"4·13"重要讲话、中央12号文件精神，树牢"四个意识"、坚定"四个自信"、坚决做到"两个维护"，深入落实省委的决策部署，统筹推进"五位一体"总体布局，协调推进"四个全面"战略布局，坚持稳中求进工作总基调，坚持新发展理念，坚持推进高质量发展，坚持以供给侧结构性改革为主线，坚持深化市场化改革、扩大高水平开放，全面推进自由贸易试验区建设，探索建设中国特色自由贸易港，加快建设现代化经济体系，继续打好三大攻坚战，着力激发微观主体活力，统筹推进稳增长、促改革、调结构、惠民生、防风险工作，进一步稳就业、稳金融、稳外贸、稳外资、稳投资、稳预期，提振市场信心，提高人民群众获得感、幸福感、安全感，保持经济持续健康发展和社会大局稳定。

会议号召，全省各族人民要更加紧密团结在以习近平同志为核心的党中央周围，高举中国特色社会主义伟大旗帜，在中共海南省委的坚强领导下，坚定信心、攻坚克难，改革创新、担当实干，为全面深化改革开放、全面建成小康社会、加快建设美好新海南作出新的更大贡献，以优异成绩向中华人民共和国成立70周年献礼！

【例文二】中国共产党第十九次全国代表大会
关于十八届中央纪律检查委员会工作报告的决议

（2017年10月24日中国共产党第十九次全国代表大会通过）

中国共产党第十九次全国代表大会审查、批准十八届中央纪律检查委员会工作报告。大会充分肯定了十八届中央纪律检查委员会的工作。

大会认为，党的十八大以来，在以习近平同志为核心的党中央坚强领导下，中央纪律检查委员会和各级纪律检查委员会牢固树立政治意识、大局意识、核心意识、看齐意识，坚定中国特色社会主义道路自信、理论自信、制度自信、文化自信，自觉同党中央保持高度一致，尊崇党章，忠实履职，推动全面从严治党不断向纵深发展，反腐败斗争形成压倒性态势并巩固发展，坚定维护了党中央权威和集中统一领导，厚植党执政的政治基础，建设一支忠诚干净担当的纪检监察队伍，向党和人民交上了优异答卷。

大会要求，高举中国特色社会主义伟大旗帜，以马克思列宁主义、毛泽东思想、邓小平理论、"三个代表"重要思想、科学发展观、习近平新时代中国特色社会主义思想为指导，全面落实党的十九大作出的战略部署，统筹推进"五位一体"总体布局和协调推进"四个全面"战略布局，增强"四个意识"，坚定"四个自信"，不忘初心、牢记使命，紧紧围绕党的领导、党的建设、全面从严治党、党风廉政建设和反腐败斗争，推动党内政治生态实现根本好转，履行党章赋予的监督执纪问责职责，为决胜全面建成小康社会、夺取新时代中国特色社会主义伟大胜利提供坚强保证，为实现中华民族伟大复兴的中国梦不懈奋斗。

【例文三】××省人民代表大会常务委员会关于进一步加强法制宣传教育的决议

（××××年××月××日××省第×届人民代表大会常务委员会第×次会议通过）

为了贯彻落实全国人民代表大会常务委员会《关于进一步加强法制宣传教育的决议》，推动法制宣传教育第×个五年规划的实施，进一步增强全社会的法律意识和法治观念，大力弘扬社会主义法治精神，加快依法治省进程，为××经济社会发展营造良好的法治环境，特作如下决议：

一、深刻认识加强法制宣传教育在加快依法治省进程中的重要作用。……

二、全面深入学习宣传以宪法为统帅的中国特色社会主义法律体系。……

三、切实增强法制宣传教育的针对性和实效性。……

四、丰富和创新法制宣传教育的形式和方法。……

五、把法制宣传教育和法治实践相结合，全面开展法治城市、法治县（市、区）创建活动，切实推进法治××建设。……

六、加强法制宣传教育的组织领导和监督保障。……

三、命令

（一）命令的概念

命令（令）是发布重要行政法规和规章，采取重大强制性行政措施，任免、奖惩有关人员，撤销下级机关不恰当的决定等使用的一种公文。

（二）命令的特点

1. 强制性

命令是一种带有强制执行性质的下行文，以国家法律和有关规定为依据，对重要工作进行指挥和布置，下级必须无条件执行。

2. 权威性

发布命令的机关和个人必须是国家机关和代表国家机关的领导人。另外，必须在规定的权限和范围内，依法发布命令（党的机关不用此文种）。

3. 严密性

命令既是执行者行动的依据，又是实施指挥的依据，内容要严密，文字要准确。非特殊原因一般不轻易使用命令。

（三）命令的分类

1. 公布令

公布令是依照有关法律公布行政法规和规章的命令，如《中华人民共和国主席令》。

2. 行政令

行政令用于宣布即将采取的重大的强制行政措施，如《国务院关于进行第×次全国人口普查登记的命令》。

3. 任免令

任免令用于宣布重大的人事职务任免事项（一般是部长级以上使用）。

4. 嘉奖令

嘉奖令用于为有功人员或单位授予荣誉称号，表彰英雄模范的功勋及奖励有突出贡献的单位或个人。

5. 惩戒令

惩戒令用于对犯有重大错误的人员进行惩罚。

6. 撤销令

撤销令用于撤销下级机关或下级机关不适当的决定。

7. 特赦令

特赦令用于对某些改恶从善的罪犯减轻或免除刑罚。

8. 戒严令

戒严令在对局部地区实行戒严时使用。

（四）命令的格式和写作方法

命令一般包括标题、编号、主送机关、正文、附件、落款。

1. 标题

命令的标题有三种形式：一是标准公文三要素式，由"发令机关名称＋事由＋文种"构成，如《国务院关于在我国统一实行法定计量单位的命令》；二是没有事由的两要素式，由"发令机关全称或领导人职务＋文种"构成，如《××市人民政府令》《中华人民共和国主席令》；三是没有发令机关名称或发令人的两要素式，由"事由＋文种"构成，如《向全国进军的命令》。

2. 编号

不同于一般公文的发文号，命令的发文号有三要素式和单一要素式，依据署名来决定。署名是机构的，用三要素式的发文号；署名为职务加姓名的，为单一要素式。三要素式由机关代字、年号、顺序号组成；单一要素式只标顺序号，为"第×号"。按某发令机关或某发令人在该届任期内所发的命令（令）流水编序号，直至换届再重新编号。

3. 主送机关

如果命令是在一定的范围内发送，那么要写明送达的机关。如果是普发性命令，那么可以不写主送机关。

4. 正文

命令的类别不同，正文的写法就有所不同。行政令要写明命令的原因、内容、措施和执行要求。任免令要写明命令的依据、内容。嘉奖令要写明嘉奖的原因、嘉奖的内容，以及对嘉奖对象的希望、要求等。

5. 附件

有的命令有附件，有的命令没有附件。附件可以为受文者正确理解和执行命令提供依据。附件位于正文下方，先空两格标明"附件"，再标出附件序号（只有一个附件时不标序号）、标题、份数。

6. 落款

命令的落款包括署名和日期，如果日期已经在标题下方写明，就不再标注。

📖 **例文欣赏**

【例文一】中华人民共和国国务院令

第××号

《国务院关于修改〈全国年节及纪念日放假办法〉的决定》已经××××年×月×日国务院第×次常务会议通过，现予公布，自××××年×月×日起施行。

总理 ×××

××××年××月××日

【例文二】河南省人民政府关于对××同志的嘉奖令

在第××届奥运会上，我省运动员××同志在女子××公斤以上级跆拳道比赛中，不畏强手，顽强拼搏，为我国夺得了奥运会跆拳道项目第一枚金牌，为国家和我省赢得了荣誉。为此，省政府决定对××同志通令嘉奖。

省政府希望××同志戒骄戒躁，再接再厉，在今后的比赛中，为国家、我省的体育事业再立新功；并号召全省运动员、教练员及体育工作者以××同志为榜样，刻苦训练，锐意进取，勇攀高峰，为促进我省体育事业的进一步发展贡献力量。

河南省省长　×××

××××年××月××日

第二节　纪要、意见

课程导入

202×年×月×日上午9点到11点，××公司在办公楼二楼会议室召开第×次总经理办公会议，研究公司在××疫情全球化的形势下关于原料储备、货物运输、产品营销等方面的问题。会议由×××副总经理主持，×××总经理做总结讲话，参加者为公司中层以上领导。会议要求在会议结束24小时内根据会议内容完成会议纪要的撰写和签发。

根据以上提示如何写好这份会议纪要？

一、纪要

（一）纪要的概念

纪要是记载和传达会议精神及议定事项的专用法定文书。

纪要与会议记录的主要区别包括以下几点：第一，性质不同。会议记录主要记载会议的过程和讨论发言的具体内容，属于事务文书；纪要只记要点，是法定行政公文。第二，功能不同。会议记录一般不公开，不传达或传阅，只是作为资料存档；纪要通常要在一定范围内传达或传阅，要求贯彻执行。

（二）纪要的特点

1. 内容真实

纪要用于记载会议的基本情况、主要精神，必须忠实于会议的实际情况，根据会议的主要文件、发言记录和研究决定的问题进行归纳整理。纪要必须真实可信，不能出于某种目的夸大会议的作用。

2. 文字概括

纪要不能像会议记录那样面面俱到，要抓住会议的重点，要围绕会议的主旨和主要成果进行概括整理，重点应是会议的结果，而不是会议的过程。

3. 形式规范

纪要有特定的版式、文号等要求。

（三）纪要的分类

（1）例会式纪要：领导成员定期召开的或非定期召开的传达贯彻上级机关的工作

部署或研究解决本部门工作中的重要问题的纪要。

（2）研讨式纪要：非定期召开的，以交流思想和理论学术观点、研究探讨问题为目的的座谈会、研讨会所形成的纪要。

（3）专题式纪要：就某些涉及范围较大、重要程度较高的专项工作或专门问题召开的会议，以安排部署工作、研究解决问题，要求与会单位和人员共同贯彻执行而形成的纪要。

（四）纪要的格式和写作方法

纪要一般包括标题、正文、日期。

1. 标题

纪要的标题一般由"会议名称＋文种"组成，如《全国农村工作会议纪要》。有些印刷交流的会议纪要由正标题和副标题组成，正标题阐述会议主要精神，副标题交代会议名称、范围和文种，如《×××规划应服务于国家和地方经济建设与社会发展——××××年全国×××规划工作研讨会会议纪要》。

2. 正文

纪要的正文包括会议的基本情况、会议的主要精神、结尾三部分。

（1）会议的基本情况：简要介绍会议召开的目的和指导思想、会议的时间和地点、会议名称、主持单位、与会代表、主要议程、讨论的主要问题、会议达到的效果等。

（2）会议的主要精神：纪要的主体，要写出会议研究的问题、讨论的意见、做出的决定、提出的任务、确定的措施等，这是与会单位会后贯彻的依据。常见的写法有以下两种：一是概括会议对成绩的认定和对问题的看法，这些内容不必写得很细，但要突出重点。二是针对当前的具体工作和面临的新问题，会议有什么样的举措，这是纪要的重点和今后工作贯彻的依据，所以要详写。

（3）结尾：一般提出号召，要求贯彻会议精神，完成会议提出的工作任务。

3. 日期

日期可以写在正文之后，也可以写在标题之下。纪要有专门的记录纸，不需要署名与加盖印章。

课堂思考

是否可以把会议纪要理解为会议记录？为什么？

例文欣赏

【例文一】××学院第×次办公会议纪要

时间：××××年×月×日×时×分

地点：第一会议室

出席人：张××（院长）、吴×（副院长）、黄××（办公室主任）……

缺席人：××

主持人：张××

记录人：谢××

会议议程：

××（办公室秘书）

1. 报告……

2. 讨论……

3. 决议……

4. 会议决定，要规范学生的技能鉴定工作。重申学生毕业之前须取得中级以上技能证书，才能发给毕业证书。由产业园设计中心（考工站）具体组织学生的报名、培训和考核工作。

5. 学习

会议决定，要加强对外交流和学习。争取利用暑假组织教职工到境外考察。

6. 问题

针对今年的招生工作，会议决定召开一次专题会议，统筹解决今年招生中存在的问题。

【例文二】××××年全国高校规划工作研讨会纪要

经过第×届全国高校规划工作研讨会理事会批准，由××大学承办的××××年全国高校规划工作研讨会于××××年×月×日在××市大自然宾馆隆重召开。

本届年会共有来自北京大学、上海交通大学、复旦大学、南京大学、华中科技大学、武汉大学、中南大学、广西大学、贵州大学等61所高校共103名代表参加。××大学校长何×教授、副校长谢××教授、教育部直属高校工作司综合处范××处长、××自治区教育厅发展规划处殷×处长等出席了会议。

本届年会的研讨主题确定为"高校规划应服务于国家和地方经济建设与社会发展"。

围绕这一主题，会务组共收到并汇编了参会论文30余篇。会议期间，围绕研讨主题，上海交通大学、复旦大学、南京大学、哈尔滨工业大学、中南大学、山东大学、中央财经大学、广西大学、黑龙江大学等高校代表做了精彩发言，就在新的形势下如何适应社会主义市场经济的发展，进一步制定并执行好高校规划以充分发挥高等院校的"人才培养、科学研究与社会服务"三大功能提出了中肯的意见与建议。在讨论中，与会代表一致认为，在知识经济时代，高校的发展对于提高劳动力素质、推动经济建设与社会发展具有更加重要的意义。因此，高校规划必须坚持科学的发展观，摆脱"象牙塔"式的办学观念，用外向型思维替代内向型思维，更加自觉、主动地走向社会，以国家和地方的经济社会发展作为学校自身发展的依托。只有如此，才能从根本上全面增强学校的综合实力，实现学校的可持续发展。

同时，与会代表也就如何进一步办好全国高校规划工作年会提出了很好的建议：一是会议的主题既要具有前瞻性，又要充分考虑高校规划所面临的实际困难和问题。二是参加会议的高校要具有连续性与稳定性，凡连续两年不派人参加会议的高校原则上应取消其会员资格。因此，应结合已举行的五届会议的实际情况，正式确定会员单位并发函告知。三是承办会议的高校应将会议筹备工作做得更细致一些，利用邮政、电子信箱、电话等多种途径和会员单位联系，以避免通信不畅或其他原因造成会员单位不能了解举办年会的具体事宜。四是应尽快争取将全国高校规划工作研讨会组建为中国高等教育学会大学发展研究专业委员会，并确定好理事长人选，以便更好地为做好高校规划提供帮助和指导。

最后，经到会常务理事研究并征询参会高校意见，确定××××年全国高校规划工作研讨会由××大学承办。

二、意见

（一）意见的概念

意见是各级机关为阐明对某些重大事项、重要问题或工作看法、主张或处理办法而制发的一种指示性、建议性公文。

（二）意见的特点

1. 行文方向的灵活性

在所有的公文中，意见是唯一可上行、下行、平行使用的文种。在下行文中，可以对下级布置任务，提出要求；在上行文中，可以请示问题，也可以提出自己的建议；在平行文中，可以向不相隶属的机关或部门提出意见或建议，进行沟通和交流。

2. 指导工作的亲和性

命令和决定具有很强的指令性和执行性；而意见更侧重于指导性，显得很有亲和力。通知具有很强的具体性和事务性，而意见更侧重于原则性和灵活性。作为上报的建议性意见，也体现了下级机关的智慧和责任意识。作为平行文，意见又显得互相尊重。

3. 功能上的两重性

意见具有指示性和建议性的双重功能。

（三）意见的分类

（1）指示性意见：用于上级机关对下级机关提出一些指导性、规定性的意见。

（2）计划性意见：用于对工作做出计划的意见。

（3）建议性意见：用于下级机关对上级机关提出工作建议。

（四）意见的格式和写作方法

意见一般包括标题、主送机关、正文、落款。

1. 标题

意见的标题通常由发文机关、事由、文种三个要素组成，如《中共中央 国务院关于深化医药卫生体制改革的意见》；有时也可省略发文机关，如《关于加快实现社会福利社会化的意见》。

2. 主送机关

提行顶格写明主送机关名称。作为上行文、下行文的意见，均有主送机关。上行

文直接写明上级机关名称，下行文写明所送达的下一级机关。

3. 正文

意见的正文包括前言、主体和结尾。前言主要说明提出意见的目的和依据。主体部分写出意见的具体内容，提出原则性要求或处理办法等。为了显得有条理，主体一般采用分层、分段、分条的写法。结尾要求自然结束，如果意见篇幅较长，也可以单独列段，提出希望和要求。

4. 落款

直接下发的意见，一般都在文后盖上发文机关印章，并写上发文日期。上级机关用通知等公文批转（或印发）的意见，发文机关和成文日期按通知处理。

例文欣赏

【例文一】中共中央　国务院
关于深化医药卫生体制改革的意见

按照党的十七大精神，为建立中国特色医药卫生体制，逐步实现人人享有基本医疗卫生服务的目标，提高全民健康水平，现就深化医药卫生体制改革提出如下意见。

一、充分认识深化医药卫生体制改革的重要性、紧迫性和艰巨性……

二、深化医药卫生体制改革的指导思想、基本原则和总体目标……

三、完善医药卫生四大体系，建立覆盖城乡居民的基本医疗卫生制度……

四、完善体制机制，保障医药卫生体系有效规范运转……

五、着力抓好五项重点改革，力争近期取得明显成效……

六、积极稳妥推进医药卫生体制改革……

国务院

二〇〇九年三月十七日

【例文二】国务院关于加强法治政府建设的意见

各省、自治区、直辖市人民政府，国务院各部委、各直属机构：

2004 年 3 月，国务院发布《全面推进依法行政实施纲要》（以下简称《纲要》），明确提出建设法治政府的奋斗目标。为在新形势下深入贯彻落实依法治国基本方略，全面推进依法行政，进一步加强法治政府建设，现提出以下意见。

一、加强法治政府建设的重要性紧迫性和总体要求……

二、提高行政机关工作人员特别是领导干部依法行政的意识和能力……

三、加强和改进制度建设……

四、坚持依法科学民主决策……

五、严格规范公正文明执法……

六、全面推进政务公开……

七、强化行政监督和问责……

八、依法化解社会矛盾纠纷……

九、加强组织领导和督促检查……

各地区、各部门要把贯彻落实本意见与深入贯彻《纲要》和《国务院关于加强市县政府依法行政的决定》（国发〔2008〕17号）紧密结合起来，根据实际情况制定今后一个时期加强法治政府建设的工作规划，明确工作任务、具体措施、完成时限和责任主体，确定年度工作重点，扎扎实实地推进依法行政工作，务求法治政府建设不断取得新成效，实现新突破。

国务院

二○一○年十月十日

第三节　函、议案

课程导入

××市××外贸公司因工作需要发函至××职业技术学院，决定引进商务英语专业人才10名，并对引进对象、引进方式进行了详细说明。××职业技术学院见函后回复××外贸公司，经研究同意该公司引进人才的请求。请问××市××外贸公司应如何撰写这封发函，而××职业技术学院又该如何撰写对应的复函？

一、函

（一）函的概念

函适用于不相隶属机关之间商洽工作、询问和答复问题、请求批准和答复审批事项。

（二）函的特点

1. 平等性和沟通性

函主要用于不相隶属机关之间互相商洽工作、询问和答复问题，体现着双方平等沟通的关系，这是其他上行文和下行文所不具备的特点。即使是向有关主管部门请求批准，在双方不是隶属关系的时候，也不能使用请示和批复，只能用函。函的措辞、口气也跟请示和批复大不相同，要体现平等性和沟通性的特点。

2. 灵活性和广泛性

函对发文机关的资格要求很宽松，高层机关、基层单位，党政机关、社会团体、企事业单位，均可发函。函的内容和格式也比较灵活，而且不限于平行行文，所以运用得十分广泛。

3. 单一性和实用性

函的内容必须单一，一份函只能写一件事项。函不需要在原则、意义上进行过多的阐述，重务实。

（三）函的分类

1. 商洽函

商洽函即不相隶属机关之间商洽工作、联系有关事宜的函。

2. 询问函

询问函即向不相隶属的机关询问有关政策、工作情况或某一问题的函。

3. 请批函

请批函即向无隶属关系的有关业务主管部门请求审批事项的函。

4. 答复函

答复函即答复有关机关询问的事项或答复同级机关的请批事项的函。

(四) 函的格式和写作方法

函由标题、主送机关、正文和落款四个部分组成。

1. 标题

(1) 完全式标题：由"发文机关＋事由＋文种"构成，如《国家发展改革委等部门关于同意成渝地区启动建设全国一体化算力网络国家枢纽节点的复函》。

(2) 省略式标题：由"事由＋文种"构成，如《关于转发地方经验做法进一步加强院前医疗急救服务工作的函》。

2. 主送机关

文首顶格写明受文机关的全称或规范化简称，其后用冒号。

3. 正文

函的正文通常由发函的缘由、发函的事项和结束语三个部分构成。

(1) 发函的缘由：写明行文的缘由、背景和依据，即商洽、询问、请求批准的理由、依据等。答复函的开头引用对方来文的标题及发文字号，继而以"现将有关问题复函如下"等承启语引出主体事项，即答复意见。

(2) 发函的事项：函的核心部分，即商洽、询问、请求批准的主要事项。这部分要求具体明确，干脆利索，切忌长篇大论。复函的主体写明答复事项，即针对来函商洽、询问或要求批准的事项一一作答，要求态度明确。

(3) 结束语：不同类型的函，结束语不同。如果行文只是告知对方事项而不必对方回复，则发函的结语常用"特此函告""特此函达"。若要求对方复函，则用"盼复""望函复""请即复函"等。请批函多以"请批准""请大力协助为盼""望能同意""望准予××是荷"等习惯用语收束。复函的结语常用"特此复函""特此回复""此复"等习惯用语。也有的函不写结语。

4. 落款

落款包括发函机关名称和发函日期，并加盖公章。

(五) 函的写作要求

(1) 文种正确。所强调的是应用于"不相隶属机关"，要与请示、通知、报告等常应用于隶属机关的文种相区别。

(2) 一函一事。函的行文要求类似于请示，也应一文一事，以便对方单位及时处理，不宜一函数事。

(3) 行文简洁，措辞得体，语气谦和。

✎ **课堂思考**

你认为函是所有公文中最常用的文种吗?

📖 **例文欣赏**

关于招聘超市收银员的商洽函

××市第一职业技术学校:

我超市因扩大经营规模,急需招聘收银员。欣悉贵校开办有电子商务和会计专业,毕业生技术娴熟,广布本市各大超市。故请贵校推荐电子商务或会计专业的毕业生30名。要求综合素质好,技能过硬,有较好的沟通能力。待遇:基本工资3 000元并加购三险,另外还有加班补贴。

请研究复函。

北京××超市××店

××××年×月×日

📖 **知识链接**

函,从广义上讲,就是信件,是人们传递和交流信息的一种常用的书面形式。但是,作为公文法定文种的函,已经远远超出了一般书信的范畴,不仅用途更广泛,而且被赋予了法定效力。除有直属上下级之间隶属关系外的一切不相隶属机关之间商洽工作,询问和答复问题,甚至请求批准和答复审批事项,一律用函。

二、议案

(一) 议案的概念

议案是各级人民政府按照法律程序向同级人民代表大会或者人民代表大会常务委员会提请审议事项的专用文书。

议案可用于以下两种情况:一是人民政府就日常工作中的有关重大事项向本级人大常委会提出供常委会议审议的议案;二是人民代表大会召开期间,与会的人大常委会、人大专门委员会、人民政府和人大代表就有关重大事项向该次会议提出并供其审议的议案。

这里只讨论第一种情况,即法定公文。

(二) 议案的特点

1. 机关的权威性

议案的制发机关是各级人民政府,政府的职能部门无权制发。

2. 内容的严肃性

人民政府所提议案的内容,涉及该人民代表大会或常务委员会职权范围内的重要事项,是涉及民生的大事,内容重要且严肃。

3. 时效的规定性

各级人民政府的议案，只在人民代表大会或其常务委员会举行会议期间规定的时间内提出，否则不能列为议案。超过期限提交的议案一般只作"建议"处理，或移交下次人民代表大会处理。

4. 行文的单向性

议案只能由各级人民政府向同级人民代表大会或其常务委员会行文，主送机关也只有一个。

（三）议案的分类

议案按审议的内容大致可分四种类型：

（1）立法性议案：政府机构制定了某项法律或法规之后提请人民代表大会审议通过，如《国务院关于提请审议〈中华人民共和国著作权法（草案）〉的议案》。

（2）决策性议案：重大工程，以及政治、经济、文化、教育、科技、卫生等领域中的重大事项的决策，需要提请人民代表大会审议批准，如《国务院关于提请审议兴建长江三峡工程的议案》。

（3）任免性议案：提请任命、免去或撤销行政领导职务的议案，如《国务院关于提请××等同志职务任免的议案》。

（4）建议性议案：向权力部门提出建议，供人民代表大会审议。

（四）议案的格式和写作方法

议案一般由标题、正文、落款、成文时间四个部分组成。

1. 标题

标题有两种形式：一是由"发文机关（或会议名称）＋事由＋文种"构成，如《国务院关于提请审议兴建长江三峡工程的议案》；二是由"事由＋文种"构成。

2. 正文

议案的内容不同，正文的结构也就有所不同。正文常用如下两种结构：

（1）单层式结构：内容由一个自然段组成，主要说明提案的缘由与提案的具体内容。立法性议案多采用此种结构。

（2）多层式结构：内容由几个层状构成，多表达复杂内容。例如，《国务院关于提请审议兴建长江三峡工程的议案》用多个自然段分层从不同的角度说明了兴建三峡工程的必要性、重要意义与论证经过。

3. 落款

上款，即收文机关，某人民代表大会或其常务委员会，有的要写明某次或第几届第几次会议。下款，发文机关和行政首长签名，另行写提请审议的年、月。

4. 成文时间

成文时间置于负责人署名之下，用阿拉伯数字标识，右空四字排列。

例文欣赏

国务院关于提请审议国务院机构改革方案的议案

全国人民代表大会：

中国共产党第十九次全国代表大会明确要求深化机构和行政体制改革。党的十九届三中全会审议通过了《深化党和国家机构改革方案》，同意将其中涉及国务院机构改革的内容提交第十三届全国人民代表大会第一次会议审议。现将根据《深化党和国家机构改革方案》形成的《国务院机构改革方案》提请第十三届全国人民代表大会第一次会议审议。

国务院总理　李克强

2018 年 3 月 9 日

本章训练

一、填空题

1. 决定是对_____或_____做出决策或安排，并要求机关各部门和下级机关或有关单位_____的指令性公文。

2. 决定具有_____、_____、_____的特点。

3. _____是发布重要行政法规和规章，采取_____行政措施，任免、奖惩有关人员，撤销下级机关_____的决定等使用的一种公文。

4. 纪要一般包括_____、_____、_____。

5. 意见的特点如下：行文方向的_____、指导工作的_____、功能上的两重性。

6. 议案可用于以下两种情况：一是人民政府就_____向本级人大常委会提出供常委会议审议的议案；二是人民代表大会召开期间，与会的_____、人大专门委员会、人民政府和_____就有关重大事项向该次会议提出并供其审议的议案。

二、判断题

1. 根据内容和发文机关的意图，决定分为两类：知识性决定和指挥性决定。（　　　）

2. 决议一般由标题、正文、落款三个部分组成。（　　　）

3. 不同于一般公文的发文号，命令的发文号有三要素式，依据署名来决定。（　　　）

4. 纪要可分为例会式纪要、研讨式纪要、专题式纪要。（　　　）

5. 意见一般包括标题、主送机关、正文、署名和成文时间。（　　　）

6. 函可分为商洽函、询问函、请批函、答复函。（　　　）

三、写作题

1. 根据以下材料写一篇纪要，字数不少于 600 字。

我校为了提高毕业生的就业率，进一步扩大学校在社会上的知名度，于××××年×月×日在校多功能厅召开了毕业生就业工作会议，参加人员有教学、教辅、行政、后勤等各部门主要领导。

会议认为，必须提高认识，高度重视毕业生的就业工作。各部门都要尽心尽力，因为毕业生的就业率直接影响学校在社会上的知名度，进而影响招生工作，毕业生就业率的高低决定着一所学校能否顺利地向前发展。

会议强调，要加强对毕业生就业的推荐和指导工作。各部门要齐心协力，与各银行和金融机构沟通，建立长期合作关系，进一步加强与各企业的合作交流，以毕业生的实习促进就业率的增长；同时，要加强对毕业生的就业指导工作，在心理、技能等方面加强培训。

会议指出，今年是就业形势较严峻的一年，各部门要把即将到来的毕业生就业工作放在首位，以直接负责部门为主，其他部门全力支持，促进就业方向的多元化。

2. 完成第三节"课程导入"的复函。

第七章　日常交际类文书

学习目标

❋ 知识目标

了解请柬与邀请函的定义、特点及分类。

了解贺信、祝贺词的格式。

了解讣告、悼词的格式。

❋ 能力目标

能够独立撰写请柬、贺信、讣告、悼词等。

能够撰写个人书信，且保证其格式准确。

❋ 素质目标

加深对社交礼仪的认识，提升自身社交礼仪素质。

思政目标

通过学习本章内容，学生可以增强文化自信，加深对我国礼仪的理解。

第一节　请柬、邀请函

课程导入

　　周先生和王女士将要举行婚礼，时间定于 5 月 1 日，地点定在了北京市通州区××酒店。请你帮他们撰写一份请柬，用来邀请他们的亲朋好友共同见证这一幸福时刻。

一、请柬与邀请函的含义

　　请柬，又称请帖，是邀请单位或个人参加会议或活动时使用的一种礼仪性书面信函。请柬的使用范围十分广泛，诸如节庆、奠基、开业、娱乐、宴会、典礼、仪式、展览、演出、新闻发布等都可以使用请柬。

　　邀请函是行政机关、企事业单位、社会团体或个人邀请有关人士前往某地参加会议、学术报告及婚丧等活动时所发出的一种约请性书信。邀请函实际上是一种比较复杂的请柬，除了起请柬的作用，还有向被邀请者交代有关事项的作用。

二、请柬与邀请函的特点

1. 请柬的特点

（1）书面性与开放性统一。

请柬是一种专用书信，所表达的是对客人郑重、盛情的邀请，即使相距咫尺，也要由主人直接当面呈递，如实在不得已可以托人致送，或者邮寄，但是切忌"口耳相传"。虽然请柬有很强的对象性，但它所载的内容不是保密的，可以公开给外人看。

（2）庄重性与艺术性融合。

随着人们交往的日益频繁，各种活动日益增多，小到个人的生日宴会，大到国庆盛典等活动、事务，都需要通过请柬来邀请客人参加。请柬不做长篇大论，用语之简明与文雅，活泼与庄重，对客人之尊敬，自谓之谦卑，都非寻常书信能比。请柬的装帧也很考究，可以将严整与活泼、时髦与古朴融为一体。当接到一帧精美的请柬时，被邀请者会顿生被尊重、快乐和亲切之感。

2. 邀请函的特点

邀请函具有约请性和告知性的特点。在表达上，它不仅要求语言庄重、优美、精练、文雅得体，富有感召力和鼓舞性，而且注重礼仪要求。

三、请柬与邀请函的分类

1. 请柬的分类

（1）按照形式分：可分为横式写法和竖式写法。

（2）按照内容分：可分为会议请柬、仪式请柬、参展请柬、宴会请柬等。

此外，发电子请柬也是年轻人青睐的一种方式。电子请柬是利用各种设计软件制作的，在传统请柬的设计基础上，增加了大量全新元素，包括背景音乐、设宴酒店定位地图、华丽动态效果等。

2. 邀请函的分类

按照内容差异，可以将邀请函分为很多种类，如政务邀请函、文化活动邀请函、展会邀请函、律师合作邀请函、学术会议邀请函等。

📏📝 **课堂思考**

"课程导入"中的请柬属于哪一类？这类请柬有何特点？

四、请柬的格式和写作方法

请柬一般由标题、称谓语、正文、敬语和落款五个部分组成。

1. 标题

标题一般直接写"请柬"或"请帖"即可。有封面的请柬，封面还要做些艺术加工，如图案装饰，也可套红或者烫金。如果请柬是单页纸，那么第一行正中写"请柬"二字。

标题一般写在封面中部，也有的设计在封面的某个特定部位。有的标题还加上了事由，如"庆祝××学院建校50周年请柬"等。

2. 称谓语

顶格写上邀请对象（单位或个人）的名称，如"××研究所""××先生""××教授"等。有时将称谓写在正文之上抬头顶格处；有时把请柬先放入信封，再将称谓写在信封上，此时请柬上就不必再写称谓。

3. 正文

正文要简洁说明邀请的原因，包括会议或活动的名称、时间、地点和内容及其他应知事项等。

4. 敬语

一般以"敬请（恭请）光临""敬请光临指导""敬请届时出席"或者"此致、敬礼""敬请莅临"等作为请柬的结尾敬语。

5. 落款

请柬的落款应写明邀请者（单位或个人）的名称和请柬发出的时间。

五、邀请函的格式和写作方法

邀请函的种类繁多，内容各异，但格式大同小异。一般性的邀请函由标题、称谓、正文和落款四个部分组成。

1. 标题

邀请函的标题由"礼仪活动名称＋文种"构成，还可包括个性化活动主题标语，如"'第十一届中日韩友好城市大会'邀请函"。

2. 称谓

邀请函的称谓使用统称，并在统称前加敬语，如"尊敬的××先生（女士）"或"尊敬的总经理（局长）"。

3. 正文

邀请函的正文是指活动主办方正式告知被邀请方举办活动的缘由、目的、事项及要求，写明活动的日程安排、时间、地点，并对被邀请方发出得体、诚挚的邀请。正文的结尾一般要写常用的邀请惯用语，如"敬请光临""欢迎光临"等。

4. 落款

落款要写明礼仪活动主办单位的名称或个人姓名全称及成文日期，必要时不仅要由主办方负责人亲笔签名，还要加盖单位公章。

六、写作注意事项

1. 请柬写作注意事项

（1）发请柬的目的要明确。

时间、地点要准确，正文不必赘述活动本身或邀请对方前来参加活动的意义，也不必写"您好"等问候语。

（2）请柬措辞要简洁、文雅。

除了礼貌用语之外，语气应带有希望、请求之意，以表诚心。

（3）要精心制作请柬。

力求美观悦目，书写工整流畅，把请柬制成一个有珍藏价值的纪念品。

2. 邀请函写作注意事项

（1）语言要含有尊敬之意。

邀请函的主要内容类似于通知，但又有几分商量的意思，所以不能采用行政命令的态度，在用词上一定要礼貌。有些邀请函还应解释自己不能亲自面邀的原因，以免引起误会。

（2）邀请函务必事项周详。

邀请函是被邀请方进行必要准备的一个依据，所以各种事宜一定要在邀请函上显示出来，使邀请对象可以有备而来，也会使活动主办方减少一些意想不到的麻烦。

📖 例文欣赏

【例文一】邀请函

尊敬的郭长海先生：

兹定于 2018 年 10 月 28 日（星期日）上午 9 时，在×××科技学校灯光球场隆重举行建校 50 周年纪念庆典。敬请光临。

　　此致

敬礼

×××科技学校

2018 年 10 月 19 日

【例文二】请柬

×××（女士）先生台启：

谨定于公历 2018 年 12 月 23 日（星期日）为×××、×××举行新婚典礼，恭请光临。

　　地点：中原路 63 号××大酒店 9 楼××厅

　　时间：上午 11 时

　　新娘：×××

　　新郎：×××

2018 年 12 月 14 日

第二节　贺信、祝贺词

课程导入

　　王女士的好朋友孟女士收到了你帮忙撰写的请柬，孟女士想写一份贺信为他们的新婚表示诚挚的祝福，请你为孟女士提一些建议吧。

一、贺信

（一）贺信的概念

　　贺信是向有突出成绩或喜庆之事的单位或个人表示祝贺或庆贺的一种礼仪文书。

　　贺信是从古代祝词中演变而来的。今天的贺信已成为表彰、赞扬、庆贺对方在事业上取得成就的一种常用书信文体，同时兼有慰问和赞扬的功能。

（二）贺信的特点

1. 祝贺性

贺信的内容重在庆贺、祝贺，所以行文多采用热情洋溢的赞美之词。

2. 情谊性

贺信要以真挚的感情祝贺对方，表达祝贺愿望，增强相互之间的感情。

3. 时限性

贺信可以直接送达，也可以请人转送，还可以投递送达，但不管采用哪种祝贺方式，都要注意祝贺时间。

（三）贺信的格式和写作方法

1. 标题

直接写"贺信"或写明被祝贺的事由再加"贺信"二字作为标题。

2. 称谓

顶格写明接受贺信的单位名称或个人姓名。

3. 正文

（1）简述对方取得的成绩的背景或祝贺事由。

（2）概括说明对方的工作成绩或事件的重要性。

（3）表达祝贺者的决心或希望要求。

（4）以热烈的语言再次表示祝贺。

4. 结束语

可以用"此致、敬礼""祝争取更大的胜利"等作为结束语。

5. 署名

署名时写明发文单位名称或个人姓名，并署上成文时间。

（四）注意事项

贺信是一种礼仪性很强的文书，故在写作的时候一定要注意以下几点：

（1）感情饱满。贺信要体现真诚的祝福，注重加强彼此之间的联系，增强双方的交流。

（2）内容真实。贺信内容要真实，评价成绩要恰如其分，表示决心要切实可行，不可空发议论，空喊口号。

（3）语言精练，简洁明快，不堆砌华丽辞藻。

例文欣赏

【例文一】习近平致西藏民族大学建校 60 周年的贺信

值此西藏民族大学建校 60 周年之际，我代表党中央，并以我个人的名义，向全校广大师生员工和校友致以热烈的祝贺！

西藏民族大学建校以来，贯彻党的教育方针，坚持正确办学方向，坚持立德树人，为党和人民、为西藏各项事业发展培养了一大批优秀干部和专业技术人才。西藏民族大学 60 年来取得的成绩，是在党的领导下西藏各项事业蓬勃发展、西藏各族人民生活不断改善的生动体现。

站在新的历史起点上，希望你们全面贯彻落实新时代中国特色社会主义思想和党的十九大精神，紧紧围绕培养什么样的人、怎么培养人、为谁培养人这一根本问题，培育和弘扬社会主义核心价值观，提高教育教学水平，贯彻党的民族政策和宗教政策，加强民族团结进步教育，传承中华优秀传统文化，自觉维护民族团结，全面推进学校各项工作，努力培养德智体美劳全面发展的社会主义建设者和接班人，为推动西藏经济社会发展，为实现"两个一百年"奋斗目标、实现中华民族伟大复兴的中国梦作出新的更大贡献。

习近平

2018 年 10 月 15 日

【例文二】人民日报社网络中心
祝贺最高人民法院网改版开通

最高人民法院网：

欣闻贵网近日完成升级改版并正式开通，人民网在此表示衷心的祝贺！历经十年的发展，最高人民法院网在信息公开、网上办事和公众参与等方面发挥了重大作用，成为实现人民法院职能的网络平台和联系人民群众的重要纽带。我们衷心祝愿贵网越办越好，越办越强。同时，我们希望今后能继续与贵网开展广泛的合作，相互支持，共同为推动法院系统的信息公开与宣传工作作出更大的贡献。

人民日报社网络中心

××××年×月×日

二、祝贺词

（一）祝贺词的定义和适用范围

祝贺词包括祝词和贺词。祝贺词也称作祝贺辞，是指在各种喜庆场合中，对人或事表示祝贺的言辞或文章。事情未果之前的祝愿、希冀、祝福之类的言辞为祝词；事情已果之后的祝贺、庆喜、赞美之类的言辞为贺词。

祝贺词的适用范围很广，事业、会议、人都可以成为祝贺的对象。祝贺词一般用于庆典仪式、婚嫁乔迁、升学参军、延年长寿、喜迁新址等事情。祝词和贺词在某些场合可以互用。

（二）祝贺词的格式

祝贺词一般由标题、称谓、正文和结尾四个部分组成。

1. 标题

祝贺词的标题常见的有三种类型：其一，用文种作为标题，如"祝词""贺词"。其二，由致辞者、事由和文种组成或者由事由和文种组成，如"××在新年茶话会上的祝词""××学校校庆典礼上的致辞"。其三，正副标题式，一般用于大型会议。正标题标明致辞的内容，副标题则由会议名称和文种组成，如"开创进取，走向更大的胜利——60 周年校庆典礼致辞"。

2. 称谓

在标题的下一行顶格写被祝贺者的名称，或者写与会者的名称。祝贺个人，按一般书信称谓写；祝贺集体，常用泛称，如"各位来宾""各位朋友"等。祝贺词的称谓要用全称，语气要亲切。

3. 正文

在称谓下一行空两格写正文。正文一般分三个层次写。

第一层，祝贺语。在什么样的一个特殊的时刻，向受祝贺对象致意，表示热烈祝贺、欢迎、感谢或敬意、问候。例如，会议祝词可以使用"向大会表示热烈的祝贺"，节日祝词可以使用"当 2024 年来临的时候，我向同学们致以节日的祝贺"，寿辰祝词可以使用"在您 80 诞辰的日子里，请接受学生衷心的祝愿"等。

第二层，主体。这部分是祝贺词的重点，要写明为什么祝贺，祝贺什么，祝贺的意义等。不同的祝贺词，主体内容各不相同。例如，会议性的祝贺词要写出会议的意义；庆贺性的祝贺词要说明受贺者的业绩及其意义；寿辰祝贺词要写出受贺者的良好形象，赞颂其贡献和精神品质。

第三层，写表示祝愿、希望、祝贺之语，给被祝贺者以鼓励。

4. 结尾

正文结束后常用一句礼节性的祝颂语结束全文，如"预祝会议圆满成功""祝愿事业兴旺发达""预祝工程早日竣工""祝节日愉快"等。

（三）祝贺词的写作要求

1. 自然得体，恰如其分

在颂扬和祝贺时，要做到真诚而实在。要礼貌、热情，令对方不感到庸俗、虚浮和虚伪。还要注意不宜使用溢美之词，过分的赞美之词不仅会令对方感到不安，还会令对方认为祝贺者在谄媚。

2. 用语得当，典雅大方

祝贺词用词要求热情洋溢，充满激情，富有哲理和情趣，表达温文尔雅，恰到好处，切忌使用商榷、洽谈、辩论或指责等语句。

3. 短小精悍，言简意赅

祝贺词一般都是在正式场合发表的，事业庆典、婚庆典礼等各项活动都十分紧凑，客人不可能听长篇大论，所以祝贺词应力求简短、充实，宜控制在 2～5 分钟，切忌拖沓冗长。

课堂思考

请你为"课程导入"中的孟女士完成贺词。

例文欣赏

【例文一】2010 新年祝词

尊敬的各位领导、老师们、同学们：

大家好！

新年的钟声即将敲响，值此辞旧迎新之际，我们全校师生欢聚一堂庆祝新年的到来。

在此，我代表学校全体教师，向大家致以新年的问候！并通过大家向一如既往关心、支持我校工作的热心人士、学生家长表示衷心的感谢和深深的祝福！

祝大家新年快乐，心想事成，万事顺遂！

回首 2009 年，振奋和激情，成功和喜悦，这一切交织在一起，许许多多的人和事，让我们铭心刻骨，激情难忘。

忘不了党和政府关爱我们的"一颗鸡蛋"营养工程；忘不了县委、教育局关怀我们偏远山区学校的"标准化学校建设"工程；忘不了我们的杨校长，四处奔走，在第一股寒气袭来时，为我们学校最早供暖，在凛冽的寒风狂吼时，一张张塑料布是校长的关怀；更忘不了甲流肆虐、病毒入侵时，我们全校师生经历了怎样的严峻考验。可以说全校百分之八九十的同学都感染过流感，但是我们胜利了。

我们全体师生团结一致，表现出了空前的凝聚力和抗战甲流的顽强意志。我们不怕甲流，反而要感谢甲流，它让我们学会了关怀，培养了坚强的意志。

我想，这样的困难都能战胜，还有什么能难倒我们呢？

作为××初级中学的一名教师代表，我想我可以代表我的群体说：我们愿意付出！

全心全意服务学生；尽心尽力服务学校；忠于职守奉献社会。

挥手作别 2009 年，我们步履坚定，心境平和；微笑面对 2010 年，我们斗志昂扬，信心百倍。

东风浩荡满眼春，万里征程催人急。即将到来的 2010 年，将是我们××初级中学的"腾飞"之年。困难与机遇同在，希望与挑战并存。让我们伴随着新年的钟声，乘风破浪，开拓前进。

最后再次祝全体教师工作愉快，身体健康！

祝全体同学学习进步，快乐成长！祝愿我们××初级中学明天更美好！

谢谢大家！

2009 年 12 月 31 日

【例文二】结婚贺词

×兄、×妹：

时值你俩新婚之际，首先请接受我及全家对你们美好的祝愿！祝福你们新婚愉快，花好月圆！

你俩原来是同学，后来是同事，在爱情的道路上，虽然经历了不少风雨，但你们的心是相通的，理想是一致的。现在，一个是团支部书记，一个是部门经理，真是良缘佳偶，美好的一对。

希望你们婚后更加珍惜双方火热的感情，永远挚爱如初，生活上互相帮助，工作上互相鼓励和支持，手挽手，心连心，恩恩爱爱，共同进步，白头偕老。

最后再次祝你们婚姻幸福美满！

第三节　讣告、悼词

课程导入

请阅读下面的悼词，说一说悼词的要点有哪些。

尊敬的各位领导、各位来宾、亲朋好友们：

你们好！

首先我代表我的母亲、代表我们全家，向你们表示最诚挚的谢意！感谢你们在百忙之中前来参加我父亲的告别仪式。

堂中洒悲泪，天上聚愁云。我们慈祥善良的父亲大人，因病医治无效，不幸于 20××年 8 月 13 日上午 8 时 30 分与世长辞，享年 76 岁。

您的匆匆作别，给我们带来了巨大的悲痛与创伤，也给我们的人生留下了永远也无法弥补的深深遗憾，我们感谢您为我们这个家庭付出的一切。我们知道：冥冥之中，您一定依然在注视着我们，期待着我们，祝福着我们。我们也一定化悲痛为力量，今后更加勤勉做事，真诚待人，让您在另一个世界看到我们的生活幸福、美满。

亲爱的父亲，我们知道：您带着对儿女亲情的无限牵挂，带着对我母亲的深切留

恋离开了我们，请您停一下离去的脚步，再看一眼与您相伴了 50 个春秋的老伴及深爱您的子孙们！再看一眼为您送行的亲朋好友们！您可知道：我们是多么想念您啊！

感谢今天前来参加我父亲告别仪式的领导和亲朋好友们，感谢你们一直以来对我父亲的关心、对我们全家的关怀和帮助，我们将永远保持这份真诚的谢意！

安息吧，我亲爱的父亲！

一、讣告

（一）讣告的含义

"讣"有"报丧"之意，所以讣告也称讣文。讣告是向社会和亲友报丧的通知，通常由逝者生前所在单位、治丧委员会或逝者家属发出。有些社会地位高、社会影响较大的人物逝世，报纸上不登一般讣告，而采用规格较高、内容较详的发布消息和登照片的形式代替，实际上这也是讣告。党和国家最高领导人逝世，一般不用讣告，而是用"告全国人民书"或"公告"。

（二）讣告的格式

讣告一般由标题、正文、落款三个部分组成。

1. 标题

通常只写"讣告"二字，字号一般大于正文。也可在"讣告"二字四周加上黑框，以示致哀，还可在讣告前冠以逝者姓名。

2. 正文

正文首先要写逝者的生前事略（简介逝者的生平、经历、功绩），对逝者的评价及表示哀悼的言辞。然后要写吊唁文辞。如果逝者生前有嘱"丧事从简，不开追悼会"之意，也可遵嘱在讣告中写明。最后换行退两格写"谨此讣闻"或"特此讣告"，以此结尾。

3. 落款

署名写发讣告单位或者治丧委员会名称；若为个人所发讣告，则写发讣告者与逝者的关系及姓名。换一行写上讣告的时间。

（三）讣告写作注意事项

（1）因讣告表达的是哀思，所以一般用白纸黑字书写。

（2）讣告内容一定要真实。逝者逝世的原因、时间、地点、年龄一定要准确；逝者的功绩不要夸大其词，而是要实事求是、真实可靠。逝世的原因一定要写，或病故或事故或其他原因，如属病故，要写明何病及医治、抢救情况。根据需要，确定详略。

（3）追悼会的时间、地点，殡葬的时间及方式一定要写清楚，以便亲友前往参加。党和国家领导人逝世，一般先把消息告诉人们，再由治丧委员会公之于世，告知与遗体告别、开追悼会、骨灰盒安放等仪式的时间、地点。

（4）讣告上可附逝者照片，以示沉痛的哀悼，照片四周可加黑框。

（5）讣告应在追悼会或遗体告别仪式前尽早发出，以便逝者亲友及时做出必要的安排及准备，如准备花圈、挽联等。

📖 例文欣赏

讣告

××军分区原政委×××同志，因病于20××年×月×日在××逝世，享年70岁。

×××同志于19××年×月出生，××省××市人。19××年×月参军。19××年×月加入中国共产党，19××年×月被授予大校军衔，历任××团×连战士、排长，×军×师主任，××省××县军分区政委，××省××军分区政委，××市委常委，20××年×月经中央军委批准退休。

×××同志遗体定于20××年×月×日×时×分在××市殡仪馆火化。

×××同志治丧委员会

20××年×月×日

二、悼词

（一）悼词的含义

悼词，从前叫祭文、吊文、哀辞，是对逝者表示哀痛和怀念的致辞。悼词既是对逝者的敬仰、悼念，又是对逝者亲属的安慰，主要的目的是化悲痛为力量，更好地勉励生者。

悼词，可以在追悼逝者的大会上宣读，也可以在报刊上发表。

（二）悼词的格式

悼词由标题、作者、正文、日期四个部分组成。

1. 标题

标题一般有多种写法，如朱自清的《哀韦杰三君》、茅盾为罗曼·罗兰写的悼词《永恒的纪念与景仰》、邓小平写的《在宋庆龄同志追悼大会上的悼词》等。为了简练，也可只写"悼词"二字。标题比较灵活，犹如文章标题那样多，可选到作者满意为止。

2. 作者

作者在标题下面正中位置写明。

3. 正文

正文是悼词的主体部分。开头以沉痛的语气，介绍逝者的生前身份、职务，逝世的原因、时间、地点，以及所享年龄。然后简要说明逝者的籍贯、出身，重点写逝者生前的经历、功绩和对人民、对革命做出的贡献，之后写追悼者对逝者的评价。结尾，激励生者，号召人们学习逝者的高贵品质，继承其未完成的事业，表明应该怎样纪念逝者，同时对逝者家属表示慰问。

4. 日期

日期应写在正文后面。

✏️ 课堂思考

说一说讣告与悼词的区别。

悼词

今天，我们全家怀着万分沉重的心情，悼念父亲不幸去世，并向父亲的遗体作最后的告别。首先，我谨代表全家，衷心感谢各位冒着盛夏酷暑，不辞辛苦，为父亲送行，与我们共同分担悲痛。父亲因患贲门癌，年事渐高，体力日衰，病情加重，身体日渐消瘦，终因医治无效，于 2008 年 6 月 19 日 10 时 2 分，不幸与世长辞，享年81岁。

父亲是一位平凡而普通的平民百姓，他的一生没有做过什么轰轰烈烈的大事情，但正是这种平淡如水的岁月，体现了人生的返璞归真。父亲一生辛劳，淳朴温厚，勤俭朴素，扬善憎恶，生性坚强，养育子女，恩重如山。几十年来，他和母亲一起，含辛茹苦地把子女一个个抚养到成家立业。他有精湛的木匠手艺，在十里八乡都是出名的。他是个坚强要面子的人，事情要做得比人家好，在他的操持下我们家庭在当地很出名。父亲为家庭和子女付出很多很多。对于这一切他没有怨言只有执着，日复一日，默默奉献。只有当我们自己为人父的时候，才体会到这种最平常、最无私也是最伟大的养育之恩，是多么的艰难和不易。它饱含了父亲的爱心和责任心。

父亲是一个举轻若重的人，他善于从细微处关爱子女。我们在日常生活中有什么困难和要求，只要他知道，必定会尽心尽力地帮助我们，他乐意为我们做一切细碎的事情，一丝不苟，不怕麻烦，却不愿轻易接受我们的回报。即使在病重期间，他还总想着不要给子女和别人带来更多的麻烦，宁可一个人默默地忍受病痛的折磨。每次住院都意味着病魔无情地吞噬他日渐衰竭的体力和精力，但他与病魔作了顽强的斗争。我们每次回想起这些，总感到十分辛酸和悲伤。父亲的性格和为人，深深影响和教育着我们。

父亲与我们永别了，留下了他对生活深深的眷恋，留下了他对我们深切的关爱，留下了他那挥之不去的音容笑貌，也留下了许多难以言喻的遗憾。生活有千百种形式，但每个人只能经历一种。父亲有幸成为一个跨世纪老人，一生问心无愧。他是一个实实在在的好人，一个值得后辈永远追念和热爱的好父亲。他永远不会与我们分离，他将永久活在我们心里。我们会深深地惦念他。惦念逝者最好的方式之一就是我们今后照顾好母亲，使她健康长寿，安静祥和地欢度晚年。

安息吧，父亲。

最后，我再一次代表全家感谢在父亲生病住院期间曾经给予关心的亲戚和乡亲朋友，感谢我单位的领导和同事在我父亲住院期间到医院看望及现在来送别，感谢今天到场的各位长辈、亲朋好友为我父亲诚挚地送行。

第四节　个人书信

课程导入

阅读下面的书信，讲一讲信中所讲述的主要内容。

敬爱的赵老师：

近来可好？

您走了以后，我们全班都不适应。周老师来了，虽然我的成绩提高了不少，但是我还是十分想念您。

想您那慈祥的笑容，想您那熟悉的面孔，想您那悦耳的声音。赵老师你快回来吧！我们见您的机会少了，我们都不习惯，都很想念您。

您走了以后，您还习惯吗？每天开不开心？赵老师，我们非常想念您。您回来的时候请到您熟悉的学生面前来和我们说几句话吧！

祝您身体健康！

您的学生：××

一、个人书信的概念

个人书信又叫私人书信、普通书信，是人们在生活、工作、学习中，交流信息，交换思想，联络感情的一种最普通、最常用的应用文体。

二、个人书信的分类

个人书信一般可以分为家书、问候信、邀约信、劝说信、致歉信、情书等。

三、个人书信的格式和写作方法

托人带信与专人送信的格式如下：

113

```
              烦    请
刘××先生面呈


        夏清枫先生    收


                           林××     敬托
```

个人书信一般由信封和信笺（又称信瓢、信纸）组成。

1. 信封的格式和写作方法

（1）收信人地址

中文信封上的收信人地址，由大到小逐一书写，即按照邮政编码、省（自治区）、市、县、乡、村，或市、区、街、号、室的顺序书写。

英文信封的写法则相反，由小到大，即按照室、号、街、市（县）、州（省）、邮政编码、国名的顺序书写。

（2）收信人

中式信封的收信人写在信封正面中间，字体可稍大一些。

①称呼：是给邮递员的提示，因此不能用信中的称呼，如"爸爸""妈妈"等。如果不便使用其他称谓，直接写上名字也可。其他人通用尊称，如"先生""女士""小姐""同志"，写在姓名后面一至三个字的空白处。

②开启语：通常在称呼之后，可用"收""启""拆"，不宜加括号，也可以不写。表示尊敬可写"大启""台启"，给晚辈的信多用"收""青览""惠启"，公务机关可用"公启"，如希望某人亲自阅读可用"亲收""亲启""亲拆"，给女士的信亦可用"展""玉展""惠展"等。

（3）寄信人

中文信的寄信人地址是对回信的提示，也是由大到小写在信封的右下角；若是竖式中文信，则写在信封正面左下方。

英文信的寄信人姓名、地址写在信封的左上角，收信人姓名、地址写在信封的正中央偏右下角。

2. 信笺的格式和写作方法

（1）称呼：顶格写在书信的左侧第一行，后加冒号。

写给长辈的信，按辈分称呼，不写名字，如"爸爸""爷爷"等；写给平辈的或晚辈的，可以直呼其名，也可以在名字后加辈分，还可只写名字的最后一个字，如"王小慧"称"慧妹"。

朋友、同事之间通信，可在姓前加上"老"或"小"字，以示亲切；关系特别密切的可直呼其名，但不带姓。

对德高望重的老人或知名人士，常在姓之后加上"老"字，以示仰慕，如"周老"

"吴老"等。也可以在姓名前加尊敬词语，如"尊敬的×先生"。

对华侨和港澳台同胞或不很熟悉的人宜使用"先生""女士""阁下"等称呼。

（2）问候语：写在称呼下一行，空两格，单独成行，可以使用"您好!""近来身体好吗?"等。

（3）正文：写在问候语的下一行，首句空两格，并根据内容适当分段；一般采取"一事一段"或"一段一事"的写法。

（4）祝福语：表示祝愿、敬意的一种礼貌语言；分两半写，前半截紧接正文之后或另起一行空两格写上"敬祝""祝您"等，后半截换行顶格写上"身体健康""万事如意"。现大多数人喜欢用"此致""敬礼"作为祝福语，一般不用标点符号。有的人喜欢将祝福语写得特别大，这是不好的。

（5）署名：另起一行，将写信人的名字写在正文的右下方，如信纸空白较多，以离开结尾二三行为宜。给长辈的信，可以写上自己的辈分加上名字或在名字后面写"上"或"敬上"；父母给子女写信可以不署名字，只写辈分，可用"父字""父示""母手书""母亲笔"等。

（6）日期：写在署名下一行，并与之对称，一般只写月、日。重要的信件要写年、月、日，以备查。

3. 个人书信的写作规范

个人书信的写作规范是约定俗成的，具体如下：

（1）单字不成行，即一行不能只有一个字。

（2）单行不成页，即一页纸不能只有一行字。

（3）通幅至少要有几行写到底，不宜行吊脚。

（4）不能用红墨水或铅笔写信，用红笔写代表绝交，用铅笔有轻慢之意。

4. 信笺的折叠方法

（1）中式公函：字迹朝内，竖式对折。

（2）中式私函：字迹朝内，先竖对折，再横折。

（3）西式私函：字迹朝外，先横对折，再横小折，再竖小折。装入信封时，信纸姓名与信封姓名方向一致，勿倒装。如反折，即字迹朝内，表示报丧、持反对意见或绝交。

（4）西式开窗信函：横折两次，共三折。收信人姓名、地址及邮政编码从窗口露出。另外，年轻人给熟悉的朋友或情人的信，可用花式折叠取悦于人。

课堂思考

古代书信与现代书信有何区别？

例文欣赏

【例文一】曾国藩家书

父亲大人：

万福金安！

自闰三月十四日，在都门拜送父亲，嗣后共接家信五封。五月十五日，父亲到长沙发信，内有四弟信、六弟文章五首。谨悉祖父母大人康强，家中老幼平安，诸弟读书发奋，并喜父亲出京，一路顺畅，自京至省，仅三十余日，真极神速。

途际男身体如常，每夜早眠，起亦渐早。惟不耐久思，思多则头昏，故常冥心于无用，优游涵养，以谨守父亲保身之训。九弟功课有常，《礼记》九本已点完，《鉴》已看至《三国》，《斯文精粹》诗文，各已读半本，诗略进功，文章未进功。男亦不求速效，观其领悟，已有心得，大约手不从心耳。

甲三于四月下旬能行走，不须扶持，尚未能言，无乳可食，每日一粥两饭。家妇身体亦好，已有梦熊之喜，婢仆皆如故。

今年新进士龙翰臣得状元，系前任湘乡知县见田年伯之世兄，同乡六人，得四庶常，两知县，复试单已于闰三月十六日付回。兹又付呈殿试朝考全单。

同乡京官如故，郑莘田给谏服阙来京，梅霖生病势沉重，深为可虑。黎樾乔老前辈处，父亲未去辞行，男已道达此意。广东之事，四月十八日得捷音，兹将抄报付回。

男等在京，自知谨慎，堂上各老人，不必挂怀。家中事，兰姊去年生育，是男是女？楚善事如何成就？伏望示知。男遵禀，即请母亲大人万福金安！

曾国藩跪禀

道光二十一年五月十八日

【例文二】傅雷给儿子的信

聪：

亲爱的孩子。

收到 9 月 22 日晚发的第六封信，很高兴。我们并没为你前信感到什么烦恼或是不安。我在第八封信中还对你预告，这种精神消沉的情形，以后还是会有的。我是过来人，决不至于大惊小怪。你也不必为此担心，更不必硬压在肚里不告诉我们。心中的苦闷不在家信中发泄，又哪里去发泄呢？孩子不向父母诉苦向谁诉呢？我们不来安慰你，又该谁来安慰你呢？人一辈子都在高潮—低潮中浮沉，唯有庸碌的人，生活才如死水一般；或者要有极高的修养，方能廓然无累，真正的解脱。只要高潮不过分使你紧张，低潮不过分使你颓废，就好了。太阳太强烈，会把五谷晒焦；雨水太猛，也会淹死庄稼。我们只求心理相当平衡，不至于受伤而已。你也不是栽了筋斗爬不起来的人。我预料国外这几年，对你整个的人也有很大的帮助。这次来信所说的痛苦，我都理会得；我很同情，我愿意尽量安慰你、鼓励你。克利斯朵夫不是经过多少回这种情形吗？他不是一切艺术家的缩影与结晶吗？慢慢的你会养成另外一种心情对付过去的事：就是能够想到而不再惊心动魄，能够从客观的立场分析前因后果，做将来的借鉴，以免重蹈覆辙。一个人唯有敢于正视现实，正视错误，用理智分析，彻底感悟，才不至于被回忆侵蚀。我相信你逐渐会学会这一套，越来越坚强的。我以前在信中和你提过感情的创伤，就是要你把这些事当作心灵的灰烬看，看的时候当然不免感触万端，但不要刻骨铭心地伤害自己，而要像对着古战场一般的存着凭吊的心怀。倘若你认为这些话是对的，对你有些启发作用，那么将来在遇到因回忆而痛苦的时候（那一定免不了会再来的），拿出这封信来重读几遍。

父字

1954 年 10 月 2 日

本章训练

一、填空题

1. 请柬，又称_____，是邀请_____参加会议或活动时使用的一种_____书面信函。

2. 邀请函具有_____和_____的特点。在表达上，它不仅要求语言庄重、优美、精练、文雅得体，富有_____和_____，而且注重礼仪要求。

3. 贺信是向有_____或_____的单位或个人表示祝贺或庆贺的一种礼仪文书。

4. 因讣告表达的是哀思，因此一般用_____书写。

5. 悼词开头以沉痛的语气，介绍逝者的_____、职务，_____、_____、地点，以及所享年龄。

6. 中文信封上的收信人地址，_____逐一书写，即按照_____、省（自治区）、_____、县、乡、_____，或市、区、街、号、室的格式书写。

二、判断题

1. 请柬一般由标题、称谓语、正文和落款组成。（　　　）

2. 请柬要明确时间、地点，正文应表述活动本身或邀请对方前来参加活动的意义，需要写"您好"等问候语。（　　　）

3. 祝贺词的适用范围很广，事业、会议、人都可以成为祝贺的对象。在庆典仪式、婚嫁乔迁、升学参军、延年长寿、喜迁新址等事情中都可使用祝贺词。祝词和贺词在某些场合可以互用。（　　　）

4. 讣告上可附逝者照片，以示沉痛的哀悼，照片四周可加黑框。（　　　）

5. 个人书信又叫私人书信、普通书信，是人们在生活、工作、学习中，交流信息，交换思想，联络感情的一种最普通、最常用的应用文体。（　　　）

6. 中文信的寄信人地址是对回信的提示，由小到大，写在信封的右下角；竖式中文信写在信封正面左下方。（　　　）

三、改错题

下面是一份家长会邀请函，在表达上有多处不妥当，请指出并改正。

邀请函

尊敬的家长：

时光如梭，转眼间犬子即将进入生死攸关的高三年级攻坚阶段。在这个关键的时

期，他更希望得到您悉心的帮助。为了指导您有效地对孩子进行心理疏导，鄙校决定于本月 28 日上午 10 时在学校报告厅举行家长会，聘请省内知名的心理辅导专家做专题讲座。希望您在百忙之中抽出时间，准时参加，不得缺席或迟到。

××中学高三年级部

20××年×月×日

四、写作题

1. 学校的舞蹈社将在本周六晚上 7 时举行一场化装舞会，舞会要求身着正装，并且要有面部妆扮。请你为舞蹈社向全校师生草拟一份邀请函。

2. 入学两个星期了，给父母亲写一封信，说说你的现状。

第八章 求职述职类文书

 **学习目标**

❋ **知识目标**

了解求职信、求职简历、述职报告、竞聘报告的概念和特点。

了解求职信、求职简历、述职报告、竞聘报告的格式及写作方法。

❋ **能力目标**

掌握求职信、求职简历、述职报告、竞聘报告的注意事项。

能够独立撰写求职信、求职简历、述职报告、竞聘报告。

❋ **素质目标**

提高心理素质，加强自身理想道德建设。

思政目标

通过学习本章内容，学生可以树立美好职业理想，树立努力学习、自强不息的观念。

第一节　求职信

课程导入

　　徐风是一名"北漂"，在外拼搏了很多年，想要回家乡发展。通过了解，徐风知道家乡的××公司很符合自己的职业预想，由于从网上没有查到这家公司的招聘信息，于是他便打算写一封求职信给该公司的人事部门。请你来帮帮徐风吧。

一、求职信的作用和特点

　　求职信是无业、待业或停薪留职者写给用人单位的信，是一种私对公并有求于公的信函。

　　求职信可以起到毛遂自荐的作用。好的求职信可以拉近求职者与人事主管（负责人）之间的距离，从而帮助求职者获得更多的面试机会。

　　求职信是自我陈述，其目的是要让人事主管看，让对方了解自己、相信自己、录用自己。但是，人事主管有太多的求职信要看，所以求职信要简明扼要，突出重点。

二、求职信的格式和写作方法

一般来说，求职信属于书信一类，故其格式也应当符合书信的一般要求。一个人的书信如果写得精彩，那么他的求职信也不会差到哪里去。求职信的格式与书信无异，主要包括收信人称谓、正文、结尾、署名、日期和附录。

1. 收信人称谓

求职信的称谓与一般书信不同，书写时须正规些，如果写给国家机关或事业单位的人事部门负责人，可用"尊敬的处（司）长"称呼；如果是"三资"企业领导，可用"尊敬的董事长（总经理）先生"；如果是各企业厂长经理，可用"尊敬的厂长（经理）"；如果是写给院校人事处负责人或校长的求职信，则可用"尊敬的教授（校长、老师）"。

求职信不管是写给什么身份的人，都不要使用"老前辈""师兄（傅）"等不正规的称呼。如果打探到对方是高学历者，则可以用"博士""硕士"来称呼，这样对方会更容易接受，无形中也会对求职者产生一种亲切感。

2. 正文

求职信的中心部分是正文。正文的形式多种多样，但内容都要求说明求职信息的来源、应聘职位、个人基本情况、工作成绩等事项。

写出信息来源渠道，如"得悉贵公司正在拓展省外业务，招聘新人，且昨日又在《商报》上看到贵公司的招聘广告，故有意角逐营业代表一职"。尽量不要在求职信中出现"冒昧""打搅"之类的客气话。

如果你的目标公司并没有公开招聘人才，即你并不知道他们是否需要招聘新人时，可以写一封自荐信投石问路，如"久闻贵公司实力不凡，声誉卓著，产品畅销全国。据悉贵公司欲开拓海外市场，故冒昧写信自荐，希望加盟贵公司。我的基本情况如下……"，这种情况下用"冒昧"二字就显得很有礼貌。

在正文中要简单扼要地介绍自己与应聘职位有关的学历水平、经历、成绩等，令对方从阅读完毕之始就对你产生兴趣。但这些内容不能代替简历，较详细的个人简历应作为求职信的附录。

说明能胜任职位的各种能力是求职信的核心部分。在介绍自己的特长和个性时，一定要突出与所申请职位有联系的内容，千万不能写上那些与职位毫不沾边的东西，如果应聘业务代表一职，那么在求职信中大谈"本人好静，爱读小说"等与业务要求相悖的性格特征就不太合适。

3. 结尾

结尾一般应表达两个意思：一是希望对方给予答复，并盼望能够得到参加面试的机会；二是表示敬意、祝福之意，如"顺祝愉快安康""深表谢意""祝贵公司财源广进"等，也可以用"此致"之类的通用语。

最重要的是要在结尾认真写明自己的通信地址、联系电话和电子信箱等。如果让亲朋好友转告，则要注明联系方式、联系人的姓名及其与你的关系，以方便用人单位与之联系。

4. 署名

按照中国人的习惯，在署名处直接签上自己的名字即可。国外一般都在名字前加上"你诚挚的""你忠实的""你信赖的"等形容词，这种方法不能轻易效仿。

5. 日期

日期写在署名右下方，应用阿拉伯数字书写，且年、月、日要写全。

6. 附录

求职信一般要求和个人简历及有效证件（如学历证书、职称证书、获奖证书的复印件等）一同寄出，并在正文左下方一一注明。

课堂思考

请简要说明撰写求职信的注意事项。

例文欣赏

求职信

××实验幼儿园：

我叫艾琳（女），现年19岁，是××学校幼儿教育专业的学生，将于今年7月毕业。

在校期间我各门功课成绩优秀，曾多次获得奖学金；我擅长跳舞，曾参加全省中职学校学生舞蹈大赛，并获得一等奖；我喜欢唱歌，曾在学校组织的卡拉OK大奖赛中获得一等奖；我曾担任校学生会副主席，有较强的社会工作能力。

虽然我是即将走出校门的学生，但在校期间曾在蓝天幼儿园实习半年，有了一些实际工作经验，并已取得幼儿教师资格证。故不揣冒昧，写此信自荐。假如贵园招聘幼儿教师，希望能考虑我。

如果我有幸能成为贵园的一名教师，我一定勤奋创新，用出色的表现证明我的能力，证明您的选择是正确的！最后真诚地谢谢您的阅读。企盼福音。

随信附上本人各种证书的复印件。

此致

敬礼

艾琳敬上
2017 年 5 月 18 日

联系地址：略　邮政编码：略
电话号码：略　邮箱地址：略

第二节　求职简历

课程导入

王敏丽今年22岁，将于7月毕业。为了在就业大军中把自己推销出去，她决定先

写一份个人简历。

一、求职简历的概念

求职简历是对个人学历、工作经历、特长及其他有关情况所做的简明扼要的书面介绍。对求职者而言，求职简历是必不可少的。求职简历是求职材料的重要组成部分，常以表格形式出现。

二、求职简历的特点

1. 精准的信息定位和阅读引导功能

信息定位意味着有组织地选择信息。求职简历中的资料要能够给用人单位最重要的信息。需要在求职简历中设计一个醒目的部分列出关键信息，让这部分信息抓住用人单位的眼球，并确保用人单位会给予求职者面试的机会。

2. 内容突出关键信息点

提供关键信息，意味着给用人单位一些其想要阅读的、感兴趣的信息点。关键信息点表明了求职者的能力、态度和职业素质，这些正是用人单位想要寻找的。关键信息点应突出与目标岗位相关的个人优势，包括职业技能与素质及经历，尽量量化工作成果，用数字和案例说话。

3. 语言富有个性

用人单位都希望招到个性优良的职员。求职简历本身代表着每个求职者的个性特点。因此，求职简历中的语言要尽量富有个性，而不是千篇一律的简单陈述。精心润色求职简历中的语言，争取在展示个人能力的同时加入个性情感的魅力。

三、求职简历的格式和写作方法

求职简历可以是表格的形式，也可以是其他形式。从形式上看，一份完备的简历包括封面和正文两部分。

1. 封面

封面是求职简历的外在包装，是门面，所以设计要精致，版式要美观大方，字号、字体和颜色的选择都要恰当适宜，图案和文字的搭配应相得益彰。特别是，求职简历要具有一定的创意，给招聘单位留下良好的第一印象。

2. 正文

一份完备的求职简历正文，应具备以下几方面内容：

（1）个人基本情况

个人基本情况包括姓名、性别、年龄、民族、健康状况、政治面貌、主要社会关系、联系地址、联系电话和 E-mail 等。同时还要根据职位需求提炼有效信息，与求职无关的内容不要出现在这一部分。

（2）教育背景

教育背景包括就读学校、所学专业、所获学位、所学的主要课程及学习成绩、外语水平、计算机水平，以及曾经参加的培训活动等。对于刚走出校门初次求职的毕业生来说，可以在简历上列出自己曾经学习过、进修过的与求职应聘岗位直接相关的专业课程和达到的水平，从而补充证明自己在某专业知识、技能方面具有相应的能力，让用人单位迅速地判断求职者的学历背景与应聘工作岗位的关联性，从而决定取舍。

（3）工作实践经历

工作实践经历包括在校期间的勤工俭学、兼职打工、实习期间有针对性的工作实践，以及就业之后的工作实践、参加过的社会活动等，特别要写明在以上实践过程中所取得的成绩、效果等。目前，许多招聘单位优先招聘有实际工作经历和经验的人员。因此，在撰写求职简历时，要注意阐述自己曾经从事过的各项工作及成果，努力挖掘自己在这些方面具有的实践经验，突出自己的经验和能力，提高被录用的概率。

（4）奖励和荣誉

奖励和荣誉包括三好学生、优秀团员、优秀学生干部、专项奖学金等。

（5）个人的兴趣爱好和特长

个人的兴趣爱好和特长包括个人所学专业技术特长和一般特长。求职者应尽可能使自己的特长、兴趣与所谋求的职业特点、要求相吻合。

（6）求职意向

求职意向应简短清晰，有所侧重，可以顺带勾画求职者的个人发展方向。

求职简历应该浓缩精华部分，要写得简洁精练，切忌拖泥带水。应届毕业生求职简历的后面可以附上个人证明材料，如"三好学生""优秀学生干部"证书的复印件，英语四、六级证书的复印件及驾驶执照的复印件等。这些复印件能够给用人单位留下深刻的印象。

课堂思考

　　求职简历是否越详细越好呢？

四、求职简历的写作要求

1. 内容要真实

求职简历最重要的就是内容要真实，即如实地表达自己的经历，不要遗漏高中阶段及其以后任何一段经历，不能弄虚作假、伪造学历和经历，不要夸大自己的能力和业绩。真实的求职简历就是自己的诚信记录。

2. 表述要全面

求职简历虽简，但要使招聘单位在最短的时间内了解自己的基本情况，对自己有比较清晰的印象，就要在写作过程中注意内容的全面和完整。求职者要把自己求职的具体目标和岗位及自身条件、专业技能优势写清楚，这些内容虽然在求职信中曾经有过表述，但仍有必要在此重新写明。

3. 重点要突出

由于不同的单位、不同的职位有不同的要求，因此撰写求职简历时要认真分析，有针对性地进行设计和准备。求职简历要求全面，但绝非面面俱到、主次不分，而是应根据单位和职位的要求，以及自身的强项，巧妙地突出自己具备招聘单位需要的个人优势、实践经历、经验与成果，此乃求职简历的点睛之笔。

4. 评价要客观

在进行自我评价时，要实事求是、客观公正，既不要虚夸自己的优势、能力、业绩和成果等，也不要过度谦卑、妄自菲薄。有时适度地坦承自己某些方面的不足，反而更能赢得好感。

5. 篇幅要简短

招聘人员需要面对大量的求职简历，而大多数求职简历的格式、内容大同小异，所以他们对每份求职简历都会进行粗略的一次性阅读并筛选。如果求职简历写得过长，招聘人员就会缺乏耐心，采用"跳读"方式，导致遗漏部分内容。如果出现这种情况，对于求职者是非常不利的。所以，求职简历不宜太长，而应当言简意赅，既要全面，又要突出重点。

美国人马库斯·赫特在《简历——跨国公司求职通行证》中说："有过工作经验的人也许能长篇累牍地描绘他们的经历和经验，但人才招募者愿意看到的是篇幅在一页左右的简历。"

求职简历的简明，决定了其语言文字的准确规范、文风的庄重朴实，忌用描绘、抒情、议论等写法。

6. 版面设计要美观大方

一份令人满意的求职简历，除了内容写得好之外，版面设计也很重要。求职简历的版面如同一个人的脸，是给人的"第一印象"。

总之，编写一份令人满意的求职简历并非易事。求职者一定要下功夫，把自己精心打造的求职简历呈现在招聘者面前。

例文欣赏

求职简历表格模板

基本资料	姓名		性别		照片
	民族		籍贯		
	出生日期		政治面貌		
	学历		健康情况		
	专业				
	联系电话			邮编	
	通信地址				

（续表）

求职意向	
教育背景	
个人技能	
获奖情况	
曾任职务	
社会实践	
主修课程	
兴趣爱好	

第三节　述职报告

课程导入

　　年关将至，又到了一年一度的述职环节，作为公司项目小组组长的小黄，文笔不是很好，请你帮帮他吧。

一、述职报告概述

　　述职报告是指机关、团体、企事业单位的领导干部或者工作人员，就履行岗位职责，完成工作任务的成绩、存在的问题、设想，向上级主管部门、专家组或下属群众陈述任职情况，进行自我回顾、评估、鉴定的报告。述职报告可以说是工作报告中的总结性报告。述职报告是上级主管部门考核、评估、任免、使用干部的依据，是述职者本人总结经验、改进工作、提高素质的一个途径，是领导干部与所属单位群众之间的思想感情和工作见解交流的渠道。

　　可以从不同的角度对述职报告进行划分：根据内容可以分为综合性述职报告、专题性述职报告和单项工作述职报告，根据时间可以分为任期述职报告、年度述职报告和临时性述职报告，根据表达形式可以分为口头述职报告和书面述职报告。

述职报告具有如下特点：

1. 自述性

自述性就是要求报告人述说自己在一定时期内履行职责的情况。因此，述职报告必须使用第一人称，采用自述的方式，向有关方面报告自己的工作实绩。述职报告就是对自身所负责的组织或者部门在某一阶段的工作进行全面的回顾，要从工作实践中总结成绩和经验，找出不足与教训，从而对过去的工作做出正确的结论。

2. 内容的规定性

近年来，我国进行了干部体制改革，实行了岗位责任制和干部聘任制。受聘的干部或由选举出任的干部，在一定时期内，要向有关部门报告其在任期内的工作实绩，这就是述职报告产生的历史原因。述职报告中的内容是有规定的。述职者应当根据自己所在岗位的职责和目标，述说做了哪些工作、取得了哪些成绩、工作中还存在哪些不足等，不能脱离自己的工作岗位内容，漫无边际地东拉西扯。

3. 语言通俗得体

因为要尽可能让个性不同、情况各异的与会代表全部听懂，所以述职报告必须具有通俗性。对于与会者来说，内容应当是通俗易懂的。即使是专业性、学术性很强的内容，也要尽可能明晰准确，以与会者理解为标准。报告人向专家组或下属群众陈述，要以被考核、被评议、被监督的人民公仆的身份，履行职责做报告；向上级汇报工作时要严肃、庄重、正式，要让组织了解自己，评审自己的工作。因此，述职报告的语言必须得体，有礼貌，谦逊、诚恳。

二、述职报告的格式

述职报告包括标题、称谓、正文和落款四个部分。

1. 标题

述职报告的标题有多种形式，最常见的是"述职报告"或者"在……（上）的述职报告"。此外，述职报告还可以使用双标题，一个写主题，一个写述职场合。

2. 称谓

称谓是报告者对听众的称呼。称谓要根据会议性质及听众对象而定，如"各位领导、各位同志"。称谓放在标题之下正文的开头，有时根据需要会在正文中间适当穿插使用。称谓一般采用提行的写法。

3. 正文

述职报告的写法依据报告的场合和对象来定。一般来说述职报告可采用总结式写法，分为四个部分。

一是基本情况的介绍，包括履行职责的基本情况，如主要情况、时间、地点、背景、事件经过等。二是取得的成绩、存在的问题、吸取的经验，对以往工作实践的回顾、分析，并用简短概括的文字写出来。三是今后计划，包括目标、措施、要求三个要素，要切实可行。这部分与总结不同，内容要少一些。四是报告结束时要用称谓礼貌用语，如"以上述职报告妥否，请予审议。谢谢大家"。

4. 落款

述职报告的落款要写明自身姓名及单位名称，以及报告年、月、日。

课堂思考

述职报告与古代的哪种公文类似？

三、撰写述职报告的注意事项

1. 实事求是，切忌自吹自擂

述职报告需要用真实具体的材料来说明工作成绩，如实地反映述职者的工作情况。对自己的评价要客观公允，处理好成绩和问题的关系，处理好个人成绩和集体成就的关系。闭门造车，随意编造事实或数据，欺上瞒下，或者走过场的做法，应坚决制止。各级党政领导机关和有关事业单位，切不可让考核流于形式，更不能让一些素质不高的领导干部在述职述廉中掩盖矛盾、自我吹嘘，一定要保持述职报告的严肃性、真实性。

2. 突出重点，体现个性

撰写述职报告不要顾及方方面面，企求十全十美，什么工作都写，也不要几十年如一年，年年相似，只是改动一些年份与数字，没有特点。撰写述职报告时应认真总结限定时期的工作特点，抓精华，找典型，抓住主要矛盾，突出自己独有的气质、独有的风格、独有的贡献，让人能分辨出自己在具体工作中所起的作用。

例文欣赏

述职报告

即将过去的 2018 年，领导班子对我工作的开展给予了极大的重视、信任和支持。作为行政办主管，我的主要职责是协助公司领导、配合办公室主任做好公司内部事务的管理，为公司领导班子经营、决策提供可靠依据，为股份公司下达各项指标及时提供翔实的信息、数据，配合、协调各部（室）努力完成物业公司下达的各项任务及指标，为公司完成各项工作提供有力的后勤保障。但是，纵观全年工作职责的履行情况，概括起来应该说有得有失，现就具体情况述职如下：

一、我配合办公室主任起草了《电话接听管理办法》《打卡制度》《加班管理办法》《就餐管理办法》等六项制度，修订了《绩效考核办法》。通过起草和修订各项制度，我对公司的经营、运作和管理有了较为深刻的认识。各项制度在具体落实中还存在一些问题，如员工打卡未能做到统计公布，失去了监督和考核作用；绩效考核的检查缺乏深度和力度，没有起到通过检查提高员工岗位技能的作用，这是需要做深刻自我检讨的。

二、较好地完成了去年年底的"三定"目标和工资逐月上升目标，虽在年初存在各岗位工资水平偏低的现实，但 4 月以后工资水平逐月上升（排除被考核因素）。

应用文写作

三、严格按去年年底核准的调整基数，按时足额缴纳社会保险（其中有两个月因资金周转问题产生了滞纳金），未出现断档现象，针对以前遗留的断档问题，现已对大部分进行了补录，还有个别断档的原始资料查询存在一定困难，但在本月保证全部予以解决。

四、今年员工流动颇为频繁，几乎每个月都有辞职的员工和新增的员工，故给员工花名册的动态管理增加了难度，但每个月的人员结构表都得到了翔实统计和上报，招聘与解除手续都按程序进行，存在的问题是新员工的培训工作没能严格按程序开展，给部门培训增加了难度。

五、作为公司合同专管员，对协议、合同的起草基本上做到了格式规范、条理清晰，较严格地按公司的合同范本中的条款执行，但也存在一些问题。

1. 有的合同、协议无编号。

2. 虽然股份公司不再审批权限以下的合同，但公司内部审批手续不完善。

3. 与外地签订的紧急合同应在传真执行后要求对方邮递原件并逐页加盖合同章，这点应加以弥补和改正。

六、及时完成了公司营业执照、组织机构编码、收费许可证等公司证照的年审工作。

七、按要求起草了公司的文件、请示、函等各类文稿，但在请示上报后，催问工作不及时，存在上报公司后就不再催问的现象。这也是失职的地方，今后要加以注意和改正。

八、效绩考核的检查上报不及时，因此产生了工资造册不及时、数据出台不及时、财务数据上报不及时等一系列连锁反应，产生了较恶劣的影响，而且屡次出现这种情况，这是不可原谅的失职。

九、对外工作也有得有失：与物业公司、物价部门协调工作，取得了它们的支持，其中在收费许可证年审费上通过努力减少了 1 000 多元；但在社保局组织的企业参保情况检查中，因重视不够、准备工作不充分，造成了较大的工作失误，这一点应做深刻检讨，并且在今后工作中要吸取教训，引以为戒。

十、在宣传工作中，修改稿件 60 余篇，发表 40 余篇；制作板报 2 期，其中一期参加了综治办比赛并获得二等奖；协助商务中心制作横幅 40 余幅，且多在加班时间制作。但也存在第四季度修改稿件篇幅少、发表稿件少的情况。

工作缺乏条理性、计划性，导致工作完成不及时，存在拖沓、延误等情况，这有学习不够、精力分散的主观原因，也有办公室人员变动较频繁的客观原因，但主观原因还是主要的。纵观全年工作，上半年略好于下半年，但并不是说上半年工作就做得好，整体上，今年的工作很不尽如人意，如用是否称职来做自我评价，我认为只能是勉强称职。

××部门：×××

2018 年 12 月 28 日

第四节　竞聘报告

课程导入

假如你现在即将毕业，实习单位要求你写一份竞聘报告，以争取该单位的正式员工名额，要求展现自己的优势、特长、技能等。

一、竞聘报告的概念

竞聘报告（也称竞职演讲稿）是演讲稿的一种，可以比较全面地反映竞聘者的基本情况和素质，向在场的听众"营销"自己。竞聘报告既是竞聘者能否被聘用的重要文字依据，也是组织人事部门用于考核干部的重要档案资料。

二、竞聘报告的特点

竞聘报告除了具有口语性、群众性、时限性、临场性、交流性等演讲稿的一般特点，还具有以下特点：

1. 目标的明确性

目标的明确性是竞聘演讲区别于其他演讲的主要特征。一方面，这表现在竞聘者一上台就要鲜明地亮出自己所要竞聘的目标，如厂长、校长、秘书、经理等；另一方面，竞聘者所选用的一切材料和运用的一切手法也都是为了使自己竞聘成功（使听众能投自己一票）。其他类型的演讲则不同，不管是命题演讲还是即兴演讲，虽然都有一定的目的，但其目标有一定的模糊性、概括性和不具体性。

2. 内容的竞争性

在其他的演讲稿中，可以海阔天空地谈古论今，但这些一般都不是用来"显示"自己的长处的。即使是在事迹演讲中，也忌讳毫不客气地为自己"评功摆好"。但竞聘演讲则不同，它的全过程都有听众在候选人之间进行比较、筛选，竞聘者如果因为谦虚，不好意思说自己的长处，表示自己只是"一般般"，就不能战胜对手。因此竞聘者必须"八仙过海，各显其能"，要尽最大可能显出"人无我有，人有我强，人强我新"的优势。

3. 主题的集中性

竞聘报告要突出一个重点，围绕一个中心，而不要搞多重点、多中心，不能企图在一篇演讲稿中说明和解决很多问题。

4. 材料的实用性

竞聘报告中所选材料既要符合实际，又要对自己的竞争有利。

5. 思路的程序性

思路就是演讲者的思维脉络，程序是指演讲中先讲什么、后讲什么。竞聘报告不像一般演讲稿那么"自由"，除了题目和称呼外，通常分为五步：第一步，开门见山讲

自己所竞聘的职务和竞聘的缘由；第二步，简洁地介绍自己的情况，如年龄、政治面貌、学历、现任职务等；第三步，摆出自己优于他人的竞聘条件，如政治素质、业务水平、工作能力等，既要有概括的论述，又要有"降人"的论据，如可用一些成果和业绩来证明自己的业务能力；第四步，提出假设自己任职后的施政措施，这一步是重点，应该讲得具体翔实、切实可行；第五步，用最简洁的话语表明自己的决心和请求。当然，以上几步也只是简单的模式，实践中竞聘者还可根据实际需要稍做变化。

6. 措施的条理性

演讲者在讲措施时一定要注意条理清楚、主次分明。为了把措施讲得有条理，可用列条的方法，如使用"第一点""第二点"或"其一""其二"等表示。除此之外，在每一步之间要用过渡语来承上启下。

例如，自我介绍之后，可以用"我之所以敢于来竞聘，是因为我具备以下条件"来引起下文；讲完条件后，可以再搭一个"桥"："以上我说了应聘的条件，那么，假如我真当了校长（或乡长、厂长），会采取什么措施呢？下面就谈谈我的初步设想。"这样不仅条理清楚，而且可以使演讲上下贯通、浑然一体。

7. 语言的准确性

准确，一般是指要恰如其分地表情达意。但竞聘报告的准确还有另外两层意思：一是所谈事实和所用材料、数字都要真实，准确无误，比如，在介绍经历时，是大专毕业，就不能说是大学毕业；在谈业绩时，三次获奖，就不能虚说"曾多次获奖"，最好把在什么时间、什么范围获得什么奖项说清楚。二是要注意分寸，因为竞聘报告基本上以"我"为核心，如果掌握不好分寸，夸大其词，就会让人反感。

课堂思考

竞聘报告都可以在哪些场合使用？

三、竞聘报告的格式和写作方法

由于要考虑多种临场因素及竞争对象，因此竞聘报告的格式必须灵活多样，但就其基本内容而言，仍可分为以下几个部分：

（一）标题

标题主要有三种写法：第一种是文种标题法，如"我的竞聘演说"；第二种是公文标题法，由"竞聘人＋文种"或"竞聘职务＋文种"构成，如"关于竞聘××科科长的演说"；第三种是文章标题法，可用单行标题拟制，也可采用正副标题形式，如"让洗衣机制造厂腾飞起来——关于竞聘洗衣机制造厂厂长的演说"。

（二）称谓

竞聘报告应根据听众对象的不同而采用不同的称呼，一般用"各位评委""各位领导"即可。

（三）正文

1. 引语

竞聘演讲的时间是有限制的，因此，精彩而有力的开头便显得非常重要。有经验的竞聘者常用以下方式来开头：

（1）诚挚表达自己的谢意。这种方式能使竞聘者和听众产生心理相融的效果。

（2）简要介绍自己的有关情况，如姓名、学历、职务、经历等。

（3）概述竞聘演讲的主要内容。这种方式能使听众一开始就明了竞聘者演讲的主旨。

开头应写得自然真切，干净利落。

2. 主体

主体是全文的重点和核心，应围绕以下几个方面展开：

（1）介绍自己竞聘的条件。要针对竞聘的岗位来介绍自己的学历、经历、政治素质、业务能力、已有业绩等。这部分实际上是要说明为什么要竞聘、凭什么竞聘等问题。竞聘者在介绍自己的情况时，一定要有针对性，不要面面俱到，而应根据竞聘岗位的职能情况有所取舍。也可简要介绍自身的不足之处，以退求进。

（2）介绍自己竞聘的优势。可以从工作经历方面展示优势，或从自身素质方面展示优势，也可以从工作能力、作风方面展示优势，甚至可以从工作实绩方面展示优势，从而表现"人无我有、人有我优"的特点。这部分可以略写，与竞聘条件介绍一并完成。如果打算以优势取胜，也可以详写竞聘优势。

（3）对竞聘职务的认识和完成岗位职责的打算，这是主要部分。评委除了看竞聘者的基本条件，一般更关心竞聘者的施政目标和施政措施。竞聘者应鲜明地提出自己的施政目标和施政措施，既要适应总体形势，又要体现部门特点。基本目标不仅要具有客观性、明确性和先进性，围绕人们对竞聘岗位较关注的热点、难点、重点提出，还必须有切实可行的保障措施。

（四）结语

好的结语能加深评委对竞聘者的印象，从而有利于竞聘成功。常见的结语写法有以下两种：

（1）表明对竞聘成败的态度。这种方法能使评委感受到竞聘者的坦诚。例如：作为这次竞聘上岗的积极参与者，我希望在竞争中获得成功。但是，我绝不会回避失败。不管最后结果如何，我都将"堂堂正正做人，兢兢业业做事"。

（2）表达自己对竞聘上岗的信心。

四、竞聘报告的写作要求

竞聘报告的写作质量不仅取决于竞聘者的文字水平，还是其政治素养、理论水平、业务能力等诸多方面的综合反映。因此，写作竞聘报告时，除了观点鲜明、内容充实、语言通顺，还要注意以下几点：

（一）实事求是，明确具体

竞聘者应实事求是，言行一致。介绍的每段经历、各项业绩都必须客观实在。为国家做出什么贡献，为单位创造什么效益，为职工提供什么福利等，一定要讲清楚，不能吞吞吐吐、模棱两可。要言而有信，不说过头话。能够办到的就说，办不到的就不要开"空头支票"。

（二）调查研究，有的放矢

竞聘演讲是针对某个岗位而展开的，因此，写作前必须了解情况，可以通过调查摸底、群众访谈等方式，问清查透当前存在的焦点、难点问题及其存在的根本原因，力争找到解决问题的最佳途径，以便在演讲时击中要害、战胜对手。

（三）谦虚诚恳，平和礼貌

竞聘者是通过答辩实现被聘用目的的，只有给人以谦虚诚恳、平和礼貌的感觉，才能被认可和接受。评审人员及与会者是不会接受狂妄傲慢、目中无人的竞聘者并委以重任的。所以，竞聘报告十分讲究语言的分寸，表述既要生动、有风采，又要诚实可信、情感真挚。

例文欣赏

"经贸之声"广播站站长竞聘报告

尊敬的各位老师，亲爱的同学们：

大家好！

我叫黄××，来自市场营销专业，在"经贸之声"广播站播音部担任干事。能够站在这里做竞聘演讲，非常感谢各位老师和各位同学，给予我这样一个机会。

今天，我将竞聘"经贸之声"广播站站长一职。我有信心、有能力胜任这个职务，下面我来谈一谈自己的竞聘优势。

第一，拥有丰富的工作经历。

本人性格开朗、积极乐观，能吃苦耐劳，工作业务能力强。通过这一年在广播站的锻炼，我积累了宝贵的工作经验，能在短时间内迅速熟悉稿件。我在广播站主要负责《学习强国》《民族风情》和《校园情报站》三个栏目，全年全勤，一年的播音时长达 4 320 分钟。此外，我还主持过校园十佳歌手大赛决赛、第十五届校园科技文化艺术节闭幕颁奖晚会、2020 年元旦文艺晚会等各类活动。

第二，在校期间获得多项荣誉。

2019 年××省"中华经典诵读大赛"大学生二组个人赛一等奖。

2019 年××经贸职业技术学院"中华经典诵读"大赛冠军。

2019 年××经贸职业技术学院"经贸之声主持人"亚军。

2019 年××经贸职业技术学院"最美朗读者"季军。

第三，具备较强的责任心、领导能力。

这些主持、演讲的经历不仅锻炼了我，使我具备了较强的口语能力，还提升了我的组织策划能力、领导能力和协调能力，这为我在广播站开展各项工作打下了良好的基础。

此外，我也具有很强的事业心和进取心。在播音部日常的工作事务中，在各位同学的配合下，我准确无误地完成了广播站各项工作，赢得了老师和同学的一致好评。

广播站是学校的主要宣传平台之一，担负着及时向广大师生宣传党和国家各项方针政策、传达学校重要指示精神的重大责任。广播站除了弘扬中华优秀传统文化，介绍当今国内外风云变化，及时报道校园生活中大事小情、先进人物的典型事迹，丰富和繁荣校园文化生活，还是学校与学生交流的平台。假如有幸当选广播站站长，我将在上一届干部的建设基础上，带领大家全面建设广播站，吸取经验教训，取长补短，进一步完善广播站各个部门。

播音部是广播站最重要的部门。首先，要注重播音质量，加强播音员的培训工作；其次，丰富播音内容，持续丰富《学习强国》和《青年大学习》栏目的内涵，让同学们通过日常听广播培养爱国情怀、学习新知识。

秘书部在正常有序开展日常工作的同时，加强网络建设，加大网络宣传，为广大师生提供更丰富的网络资源。

编辑部提高稿件的质量，开通投稿新渠道，使稿件内容多样化，避免空洞无趣的稿子。

此外，要加强广播站和学校各组织的联系，多开展对外交流。

如果有幸当选"经贸之声"广播站站长，我将进一步提高自身修养，做好本职工作，起到一名学生干部的表率作用。

当然，在工作中肯定会碰到许多新问题、新矛盾。面对这些问题和矛盾，我会用"与时俱进，开拓创新"的思想来指导自己，用新眼光、新思路来解决。我相信在广播站全体成员的团结协作、共同进步下，"经贸之声"广播站定会更上一层楼。感谢各位评委给我这个展示自己的机会，为了"经贸之声"，我定会加倍努力，请大家支持我，投出你宝贵的一票吧！

💬 本章训练

一、填空题

1. 求职信是无业、待业或停薪留职者写给_____的信，目的是让对方_____、相信自己、录用自己，是一种_____并有求于公的信函。

2. 正文是求职信的_____，形式_____，但内容都要求说明_____的来源、应聘职位、个人基本情况、工作成绩等事项。

3. 求职简历最重要的就是_____，即如实地表达自我经历，不要遗漏_____及其以后任何一段经历，不能_____、伪造学历和经历，不要夸大自己的能力和业绩。真实的简历就是自己的诚信记录。

4. 述职报告是指机关、团体、企事业单位的_____或者_____，就履行岗位职责，完成_____的成绩、存在的问题、设想，向上级主管部门、专家组或下属群众陈述任职情况，进行_____、评估、鉴定的报告。

5. 述职报告具有如下特点：_____、内容的规定性、_____。

6. 述职报告包括_____、称谓、_____和署名四个部分。

二、判断题

1. 求职信的基本格式与书信无异，主要包括收信人称谓、正文、结尾、署名、日期和附录六个部分。（　　）

2. 由于不同的单位、不同的职位有不同的要求，因此写作求职简历时要进行认真分析，有针对性地进行设计和准备。（　　）

3. 竞聘报告是演讲稿的一种，比较全面地反映出竞聘者的基本情况和素质，向在场的听众"营销"自己。它既是竞聘者能否被聘用的重要文字依据，也是组织人事部门用于考核干部的重要档案资料。（　　）

4. 竞聘报告的特点包括目标的明确性、内容的竞争性、主题的集中性、材料的实用性、思路的程序性、措施的条理性、语言的准确性。（　　）

5. 写作竞聘报告时，除了观点鲜明、内容充实、语言通顺，还要求：实事求是，明确具体；调查研究，有的放矢；谦虚诚恳，平和礼貌。（　　）

三、改错题

以下是某校高三年级学生参加自主招生时写给南京航空航天大学的自荐信，在语言得体方面有 4 处不当，请找出并修改。

感谢您在百忙之中抽出时间拜读我的申请材料。我是刘乙，来自××中学，成绩优异，爱好广泛，在写作、发明创造等方面都有建树。南京是一座美丽的历史文化名城，南京航空航天大学在全国大学航空航天专业领域鹤立鸡群。我向往到贵校学习，实现我的航空航天梦，务必给我一次机会。

四、写作题

假设你是应届毕业生，请根据自己的情况写一份求职简历。

第九章　经济类文书

 **学习目标**

❈ **知识目标**

了解经济类文书的定义及分类。

了解各种经济类文书的写作要求。

❈ **能力目标**

掌握各种经济类文书的写作注意事项。

能够区分各种经济类文书并了解其特点及用途。

❈ **素质目标**

提高全面思考能力，培养逻辑思维。

思政目标

通过学习本章内容，学生可以加深对市场经济的理解，提高经济思维能力。

第一节　可行性研究报告

课程导入

××职业技术学院的学生张××希望与同校的三名学生合伙开一家校园咖啡店，但又不知道会不会创业成功、可行性如何。于是想请你通过调查，帮他们撰写一份可行性研究报告，你将如何进行？

一、可行性研究报告的含义与作用

可行性研究报告是在调查研究的基础上，分析论证某个建设或改造项目的有效可行性，并通过比较，提出技术上合理、经济上合算的最佳方案的书面报告。

可行性研究报告是上级领导进行科学决策的依据，也是决定投资项目命运的关键。

二、可行性研究报告的分类

以工程项目的性质为标准，可以把可行性研究报告分为三类：新建项目可行性研

究报告、扩建项目可行性研究报告和改造项目可行性研究报告。

课堂思考

"课程导入"中的可行性研究报告属于哪一类？

三、可行性研究报告的格式与写作要求

可行性研究报告一般包括标题、项目及承办者、正文、附件四个部分。

（一）标题

标题主要有以下两种形式：一是由编制报告单位、工程项目和文种三个因素构成，如《××钢铁公司关于引进×××的可行性研究报告》；二是由工程项目和文种两个因素构成，如《关于新建"南方食品罐头厂"的可行性研究报告》。

（二）项目及承办者

项目及承办者包括项目名称、承办单位、承办单位负责人、可行性研究技术负责人和可行性研究经济负责人等，以上内容分行拟写。

（三）正文

正文主要包括概论、市场研究、技术论证、经济分析和结论五大模块。有的可行性研究报告还有实施计划或进度。在实际写作中，应根据工程项目的大小和复杂程度来决定内容的繁简。对于工程复杂的大、中型项目，技术论证和经济分析还可再分题拟写。

1. 概论

概论主要写项目提出的依据、原因、目的及可行性论断。依据是指可行性研究是接受哪个部门下达的任务，接受哪家企业的委托，或按照哪个单位批准的项目建议书进行的。项目提出的原因通常由对现状的评述引出。目的则是解决实际问题，提高经济效益，满足人们需求。可行性论断是研究者对该项目所做的概括评价，由于详细的分析论证将在以下几个部分展开，所以此处应当写得简明、肯定。如有必要，概论部分对承办单位的基本情况，特别是承办该项目所具备的条件，也要作较详细的交代。

2. 市场研究

市场研究的主要内容是国内外市场的供求状况及变化趋势，以及产品的成本、价格、销售渠道、推销办法及竞争对手等方面的情况。产品在国内市场销售的，要写出预计的国内年销量；有打入国际市场设想的，要写出预计每年打入国际市场的数量。

3. 技术论证

技术论证是运用各种数据来证明该项目在技术上是可行的，所以其内容随工程项目的不同而有所不同，概括起来大致包括以下几个方面：

（1）能源、水、原材料等的供应：对所需原材料、能源等的名称、规格、数量及来源一定要交代清楚。

（2）厂址及交通运输条件：新建项目必须写明所需场地的面积和土建、安装工程情况，扩建项目应把新车间的占地面积及土地来源交代清楚。

（3）技术与设备：在技术方面要写明工艺流程及解决关键问题的措施。如果技术需要引进，则还应说明技术的来源、先进性、转让费用等。在设备方面，要提供一份所需设备的清单，该清单上要注明设备的名称、规格、数量、金额和设备来源。如果清单较长，一般作为附件放在正文之后。

（4）生产规划与组织：内容主要有产品的名称、规格、性能、用途；项目完成后的生产能力，以及生产组织、人员配备、培训计划等。

（5）环境预测与保护：需要预测投产后是否有废水、废气、废渣产生，如果有，则要说明解决的办法，并保证达到我国的环保要求。

4. 经济分析

经济分析要通过投资匡算、收益估算和投资回收分析来证明该项目将获得经济利益。

（1）投资匡算：应囊括项目所需的全部资金，并说明资金来源。

（2）收益估算：需要预测新产品的成本、售价、销量、利润等。

（3）投资回收分析：需要计算投资回收年限、投资回收率等。

5. 结论

结论要在市场研究、技术论证、经济分析的基础上，对该项目的经济效益进行综合评价，或提出投资少、建设周期短、经济效益好的最佳方案。如果最佳方案已经在技术论证和经济分析中分别表述清楚，关于项目的可行性论断也已在概论中讲得比较充分，那么不写结论也可以。

（四）附件

常用的附件主要有以下几种：①厂矿地址选择报告；②厂区平面规划图；③资金、能源、原材料等来源的落实情况，如已签订的合同、有关主管部门的意见书等；④有关部门对引进技术、设备的审核，或对自行研究的新技术、新设备的鉴定，如意见书、鉴定书等；⑤设备清单；⑥各种技术测试数据；⑦各种财务测算报告；⑧聘请国内外专家开展培训的计划等。若附件不止一种，则应将其编号，如"附件1""附件2"等。

🖥 **例文欣赏**

中国D-泛酸钙项目可行性研究报告

尚普咨询公司

第一章 总论

　　第一节 D-泛酸钙项目概况（略）

　　第二节 可行性研究报告的编制依据（略）

第二章 D-泛酸钙项目建设的可行性和必要性（略）

第三章 拟建项目市场分析

　　第一节 D-泛酸钙行业发展规划、产业政策及行业准入分析（略）

第二节　招标书、投标书

课程导入

　　新上任的李主管现在要负责公司的一个项目的采购，由于采购数量较大，需要发布一份招标书，但自己又不知道如何撰写，请你帮李主管查阅一下招标书需要填写哪些内容。

一、招标书

（一）招标书概述

　　招标书是招标单位兴建工程或进行大宗商品买卖时，公布标准和条件，提出价格，招人承包或承买时使用的一种文书。招标书也称为招标通知、招标公告、招标启事，是一种告知性文件。

　　招标书按其内容可划分为以下几种：生产经营性招标书，如工程招标书；产品购买招标书，如设备采购招标书；科学技术性招标书，如技术引进招标书。

　　招标书按时间可以分为长期招标书、短期招标书。

（二）招标书的格式

　　招标书一般由标题、正文、结尾三个部分组成。

1. 标题

　　招标书的标题可以采用以下几种形式：一是介绍招标单位名称、招标项目内容和文种，如"××大学修建宿舍楼招标书"，使读者快速了解招标内容；二是只写招标项目内容和文种，如"××工程招标通告"；三是只写文种名称"招标书"。

2. 正文

正文由引言、主体两个部分组成。

（1）引言：也可称为导语，主要写明招标单位的基本情况和招标目的。

（2）主体：即招标书的主要内容，要逐条写明文件编号、招标项目名称、招标要求、招标方式（公开招标、内部招标、邀请招标）、招标时限、招标地点、应知事项等。

3. 结尾

结尾应写明招标单位的名称、地址、电话、传真号码、联系人、邮政编码、发文日期等，以便投标者联系。

（三）撰写招标书的注意事项

撰写招标书应该做到以下几点：

（1）招标方案应切实可行。

（2）招标标准应当明确，表述必须准确。

（3）规格应当准确无误。

（4）多用谦和的语言，行文简洁明了。

课堂思考

所有的买卖关系都可以使用招标书吗？

例文欣赏

××市政府采购招标公告

××市政府采购中心按市政府采购管理办公室下达的政府采购计划，拟对××市××区××××职业中专学校汽车实训设备项目进行公开招标方式采购，欢迎符合条件的供应商积极参加投标。

1. 文件编号：QSGK20××－004

2. 项目名称：××市××区××××职业中专学校汽车实训设备项目。

3. 项目内容及技术要求：发动机拆装实训设备、底盘实训设备等，具体要求及详细内容详见招标文件。

4. 投标要求：投标人不得对标段拆分投标。本项目拒绝进口产品。

5. 投标人资格要求：符合《中华人民共和国政府采购法》第二十二条规定，具备该项目经营资质且信誉良好的供应商。

二、投标书

（一）投标书概述

投标书是对招标书的回答，是投标人在承包建筑工程或承买大宗商品时，愿意接受招标人在招标书中提出的条件和要求，向招标人申请承包或承买并报出价目时使用的一种文书。

投标书按其内容可分为以下几种：生产经营性投标书，如工程投标书；产品购买投标书，如设备采购投标书；科学技术性投标书，如技术引进投标书。

投标书按时间可以分为长期投标书、短期投标书。

投标书按范围可以分为内部投标书、国内投标书、国际投标书。

（二）投标书的格式

由于招标单位印制了专门的表格，因此投标书一般由标题、正文、落款三个部分组成。

1. 标题

投标书的标题有三种：一是由投标方和文种组成，如"××信托投资公司投标书"；二是由投标项目名称和文种组成，如"××工程项目投标书"；三是只写文种，如"投标申请书"。

2. 正文

投标书的正文一般包括前言、主体、结尾三个部分。

（1）前言：也可称为导语，主要介绍投标的依据和目的，本单位的基本情况，以及对该投标项目的态度。

（2）主体：可以分析现状，介绍预计的开工、竣工日期，目标及依据，具体措施，报价等内容，也可以附上对本单位优势的分析。

（3）结尾：可以写具有号召性、感召力的语句；也可以不写结尾，主体部分自然结束。

3. 落款

落款要写出投标单位名称及法人代表姓名，并加盖印章；同时写明投标日期。

（三）撰写投标书的注意事项

（1）要坚持实事求是的原则，不虚夸，不溢美，实实在在分析问题，讲明措施。

（2）要有很强的针对性，抓住招标者和听众最关心的问题，突出重点，切中要害。

（3）要语言简练、准确，通俗易懂，令人信服。

课堂思考

投标书是否具有法律效力？

例文欣赏

××区政府物品采购投标书

招标编号：

一、本单位可为发标方提供以下产品，具体商品报价如下：

购置单位	商品名称	规格型号（配置）	数量	商品报价

投标总报价为（大写）：　　　　　　　　　　　　（￥：××××）

二、上述所列投标报价包括运输费用和安装调试费用等，此外不加收其他任何费用。

三、所提供的产品保证是全新货物，符合国家相关部门规定的技术标准和质量规范，如是假冒伪劣产品，接受发标方一切处罚，包赔一切损失。

四、如被确定为中标单位，2019年×月×日前向购货方提供所购物品，并在3天内完成安装调试。

五、如被确定为中标单位，与购货单位签订供货合同，保证严格履行协议条款。

六、售后服务及有关说明。

七、投标日期为2019年×月×日×午××时前。

投标方：××设备制造有限公司（盖单位章）

法人代表：

联系人：×××

联系电话：××××××××××

传真号码：×××××××

第三节　经济合同

课程导入

我校医药健康学院的一名学生，毕业后在一家名为"A药品公司"的单位任职。该公司法人代表李××和B园艺场法人代表卢××准备于7月10日签订一份红枣购销合同，具体货物是山东乐陵一级金丝小枣，数量为200千克，每千克价格为8元，2023年7月10日之前由B园艺场直接运往A药品公司，运费由B园艺场负责，货品检验合格后，A药品公司于收货7天内通过银行托付货款。金丝小枣必须用大塑料外包，纸袋内装，外用纸箱包装。包装费仍由B园艺场负责。

B园艺场地址为山东省××县，开户银行是××县农业银行，银行账号为×××××××××××××××××××××，联系电话为××××××××××。

A 药品公司地址为广州市××区××路××号，开户银行为广州市工商银行，账号为×××××××××××××××××××××，联系电话为×××××××××××。

合同签订后，如双方不履行，在正常情况下拒不交货或拒付款都须处以货款 20％的罚金，迟交货或迟付款，则每天罚万分之三的滞纳金，数量不足，按不足部分的货款计赔，仍按 20％的比例赔偿。质量不合格，则重新酌价。如遇特殊情况，则提前 30 天通知对方，并赔偿损失费 10％。本合同由山东省××县工商行政管理所鉴证。

请问这份经济合同该如何拟定？

一、经济合同概述

《中华人民共和国民法典》指出，合同是民事主体之间设立、变更、终止民事法律关系的协议。经济合同则是指在经济活动中，具有平等民事主体的自然人、法人和其他组织之间为实现一定的经济目的，明确相互权利与义务关系而订立的协议。

1. 经济合同的特点

（1）经济性

经济合同最大的特点就是有经济目的。

（2）平等有偿性

签订合同的当事人法律地位平等，同时贯彻平等互利、协商一致、等价有偿的原则。

（3）合法性

当事人订立、履行合同，应当遵守国家法律、行政法规，尊重社会公德，不得扰乱社会经济秩序，损害社会公共利益。

2. 经济合同的作用

经济合同是市场经济下各类经济组织之间通过沟通、协调、制约进行良好合作的重要措施和手段，对保证国民经济宏观和微观的正常运行具有重要作用。

（1）有利于保护当事人的合法权益，维护社会经济秩序。

《中华人民共和国民法典》规定，依法成立的合同，对当事人具有法律约束力。

任何一方合同当事人如发生违约，就必须承担违约责任甚至法律制裁。因此，合同的当事人既是合同的执行者，又是合同的直接受益者。订立合同的当事人在按照合同规定履行自己的义务的同时，也享有合同规定的权利。这样既有利于保护当事人的合法权益，又有利于建立和维护正常的社会经济秩序。

（2）有利于促使当事人加强管理，提高经济效益。

经济合同是合同当事人经过充分协商之后签订的，必须兼顾当事人的利益。合同签订后，当事人为完成合同规定的各项指标，就必须加强经营管理，加强经济核算，降低成本，提高劳动生产率。

（3）有利于促进和加强社会生产的专业化协作与经济联合。

在当今这个互动与交换日益频繁的商品经济时代，合同的订立是有序开展经贸往来、发展市场经济、获得经济效益的有效形式。不同的民事主体之间为了一定的经济目的而通过合同进行经济合作，有利于优势互补，扬长补短，加强协作，使社会形成良性循环，从而达到双赢或多赢的目的。

二、经济合同的格式

经济合同一般由标题、当事人名称、正文和落款四个部分组成。

1. 标题

经济合同的标题一般由合同的内容或性质加文种组成，如"购销合同""货物运输合同"等。标题写在首行正中间，字迹要醒目，表达要具体明确。如果经常签订合同，为了便于登记和统计，应在标题右下方写明合同编号。

2. 当事人名称

在标题之下，分行并列写签订合同当事人名称。合同签约各方的名称应写全称，为方便表述可以在各方前面或后面注明"甲方""乙方"或"供方""需方"。例如，购销合同可用"供方""需方"，建筑工程承包合同可用"发包方""承包方"等。

3. 正文

正文是合同的主体内容，通常包括缘由、主体和附则三个方面的内容。

（1）缘由。

缘由是正文的开头，通常需要写明双方签订合同的依据或目的。常见的写法是"为了……经双方（或多方）协商，签订本合同，以资共同恪守"等。根据不同的合同内容，这一部分的应用十分灵活。

（2）主体。

主体即合同的具体内容和条款。经济合同应具备以下主要条款：

①标的。标的是合同当事人双方权利义务共同指向的对象，是合同的中心内容，即合同双方要达到的共同目的。不同性质的经济合同的标的各不相同，如借款合同的标的是货币，购销合同的标的是货物，加工承揽合同的标的是劳务，租赁合同的标的是出租物，建筑工程承包合同的标的是工程项目等。在签订合同时，标的应该明确具体。对产品来说，除产品名外，还应标明规格、型号。如果是涉外商品交易，那么还应标明出产国和制造商。

②数量。数量是指标的的计量，是以数字和计量单位来衡量标的的尺度。数量要具体、精确。在不同性质的经济合同中，应根据不同的标的物使用相应的计量单位，同时应按国家有关的统一规定和方法计量。

③质量。质量是标的在质的方面的规定，是标的内在素质和外观形态优劣的综合体现。它要求准确写明标的物的内在素质和外观形态的优劣程度，以及标的物的名称、品种、型号、规格等项目。标的的质量标准一般应写明国家、部颁、省级标准字样。如确需特殊标准，则应由当事人议定并在合同相应条款中注明。某些合同中标的的质量还应规定验收时间、验收办法、验收标准和允许的误差。

④价款或者酬金。价款或者酬金是指当事人获取标的物（产品、劳务或智力成果

等）所应支付的货币。在这一项中，一定要写明计算标准、结算方式和时间。

⑤履行的期限、地点和方式。履行的期限是指合同双方相互向对方履行义务的具体时限，即合同具有法律效力的期限。如在货物加工承揽合同中，既要写明承揽方完成劳务的具体时限，又要写明定做方支付酬金的具体时限。若属分期完成劳务或分期支付酬金，则应写明分期履行时限。

履行地点是指当事人履行合同规定义务的地点。凡是合同履行与地点有密切关系的，必须注明履行的确切地点。如货物运输合同中，装货和卸货地点就非常重要。无论是装货还是卸货，一旦地点出现差错就可能给承运方带来损失，引起合同纠纷。为了避免因地点同名、同音出现错误，地点应写明省、市、县名称。

履行方式是指合同当事人履行义务的具体方法。不同的合同标的有不同的履行方式。

常见的合同履行方式有三种，即货物交付方式、价款结算方式和任务完成方式。货物交付方式应明确规定货物是一次交付还是分期交付，是自提还是代办托运。价款结算方式应明确规定是委托银行收款还是支票转账，是一次付清还是分期付清。任务完成方式则应明确规定是由当事人自己履行还是委托他人代为履行等。不管采用哪种履行方式，都需要合同双方当事人协商一致确定。

⑥违约责任。违约责任又称罚则，是指因当事人过错不履行或不完全履行合同规定的义务而应承担的经济制裁措施。这些措施包括支付违约金和赔偿金，承担因违约而造成合同履行增加的费用等。违约金和赔偿金的数额有法定标准的应按法律规定签订，没有法定标准的则由当事人双方协商约定。违约责任的签订对于督促合同当事人履行合同义务，并在违约发生后依法解决经济纠纷，维护正常经济秩序具有重要的作用。为了确保经济合同顺利实施，当事人双方还可协商采用司法公证和担保的方式。担保的形式有违约金、定金、保证金、抵押和留置等。

⑦解决争议的方法。解决争议的方法是指合同当事人事先约定的，在履行合同的过程中双方发生争议时解决的方法。常用的解决争议的方法有协商、仲裁、法院调解、审理等。

（3）附则。

合同的附则中应注明合同的份数和保存方式，合同执行过程中发生的意外情况的处理办法，包括自然灾害、非人为因素造成无法履行合同的情况；合同中未尽事宜的补充规定；合同的附件，如表格、图纸、样品等的名称、数量等。

4. 落款

这部分包括署名、日期和附项，即署上双方当事人单位名称、法定代表人的签名，并加盖公章或合同专用章。署名或用印要端正、清晰。日期要以签订合同的日期为准。附项则写明双方当事人单位的地址、邮编、联系电话、开户银行、银行账号等。

 **课堂思考**

合同的生效时间应如何确定？

三、撰写经济合同的注意事项

1. 要符合国家有关经济合同的法律法规和现行条例

《中华人民共和国民法典》是签订合同的根本依据。经济合同能不能成为合同当事人双方行使权利和履行义务的法律依据，关键就在于它的签订是否符合国家的法规和政策。不符合国家法规的经济合同从它签订的开始就已是无效的，一旦出现合同纠纷，司法机关也不会予以受理。

2. 要坚持平等自愿、互惠互利和协商一致的原则

合同当事人双方在法律上是平等的。当事人中的任何一方均不得将自己的意志强加给另一方。在不损害国家和社会公共利益的前提下，合同内容要照顾到双方的合法权益，做到互惠互利。在合同当事人双方出现有争议的问题或合同中未能涉及的问题时，当事人双方应该通过协商来达成一致的协议。

3. 内容表述要具体明确、严密完整

经济合同内容的表述必须具体、明确、严密、完整，既不能含糊不清或出现疏漏，也不能产生歧义。合同涉及钱、物等数字应大写，标点符号也要准确到位，否则可能会引起合同纠纷。

4. 文面要整洁美观

合同书写要正确工整，字迹要端正、清楚，最好用正楷，不写潦草字。尽量不在正式合同上进行修改，如有修改，应在修改处加盖双方印章，以示认可。

例文欣赏

房屋租赁合同

出租方（以下简称甲方）：　　　　　　　　承租方（以下简称乙方）：
身份证：　　　　　　　　　　　　　　　　身份证：
联系电话：　　　　　　　　　　　　　　　联系电话：

根据《中华人民共和国民法典》及相关法律法规的规定，甲、乙双方在平等、自愿、协商一致的基础上，就房屋租赁达成如下协议：

第一条　房屋基本情况

甲方房屋（以下简称该房屋）坐落于_____；位于第_____层，共_____（套）（间），房屋结构为_____，建筑面积为_____平方米。

第二条　房屋用途

该房屋用途为_____。

除双方另有约定外，乙方不得改变房屋用途。

第三条　租赁期限

房屋租赁期自_____年_____月_____日起，至_____年_____月_____日止。

第四条　租金

该房屋租金为（人民币）_____仟_____佰_____拾元整。

租赁期间，如遇到市场变化，双方可另行协商调整租金标准；除此之外，甲方不得以任何理由任意调整租金。

第五条　付款方式

乙方应于本合同生效之日向甲方支付定金（人民币）_____仟_____佰_____拾元整。租金按（月）（季）（年）结算，由乙方于每（月）（季）（年）的第_____个月的_____日交付给甲方。

……

……

第十四条　合同份数

本合同共_____页，一式两份，甲、乙双方各执一份，均具有同等效力。

甲方（签章）：　　　　　　　　　乙方（签章）：

授权代表（签字）：　　　　　　　授权代表（签字）：

　　　年　月　日　　　　　　　　　　年　月　日

第四节　营销策划书

课程导入

　　××职业技术学院的学生张××希望与同校的三名学生租用学校场地合伙开一家校园咖啡店。该咖啡店的面积为 25 m²，但是开业一段时间后，咖啡店的营业额不是很理想，张××负责咖啡店的营销，他决定拟一份营销策划书。

　　根据上述情况，张××应该怎样撰写这份营销策划书？

一、营销策划书的含义

　　所谓策划，就是企业的策略规划，是为了企业整体性和未来性的策略进行的规划。营销策划包括从构想、分析、归纳、判断，一直到拟定策略、实施方案、评估效果的全过程，目的是达到预定目标或解决一个营销难题。把营销策划的过程用文字完整地书写出来，就是营销策划书。

二、营销策划书的格式与写作要求

（一）标题

　　营销策划书的标题通常由两部分构成：策划的对象名称和文种。例如，《××木芯板××地区营销策划书》，策划的对象名称为××木芯板，文种为营销策划书。营销策划方案的标题必须清楚、具体，使人一目了然。

（二）策划说明

　　策划说明通常包括策划的缘起、背景资料、问题与机会点、创意的关键等。

（三）市场状况分析

市场状况分析一般包括两个方面，即宏观环境分析和微观环境分析。

宏观环境分析主要包括以下几方面内容：①政治法律环境。政治环境主要包括政治制度与体制、政局、政府的态度等，法律环境主要包括政府制定的法律、法规。②经济环境。构成经济环境的关键战略要素有国内生产总值、利率水平、财政货币政策、通货膨胀率、失业率水平、居民可支配收入水平、汇率、能源供给成本、市场机制、市场需求等。③社会文化环境。影响最大的是人口环境和文化背景。人口环境主要包括人口规模、年龄结构、人口分布及收入分布等因素。④技术环境。技术环境不仅包括发明，还包括与企业市场有关的新技术、新工艺、新材料的出现和发展趋势，以及应用背景。

微观环境分析主要包括以下几方面内容：①企业自身分析，包括企业及其产品所面临的机会、威胁、优势和劣势等。②供应者分析，包括供应商竞争力量的强弱、供应商行业的市场状况，以及它们所提供物品的重要性等。③营销中介分析，包括各营业渠道的销售量与销售值的比较分析等。④竞争对手分析，包括潜在的行业新进入者和替代品在内的各种竞争品牌的市场占有量比较分析、促销活动比较分析、公关活动比较分析等。⑤顾客分析，包括消费者年龄、性别、职业、学历、收入、家庭结构等的分析。

以上内容可作为策划方案提出的依据，有选择地写入市场状况分析部分。

（四）策划方案

策划方案是公司未来的经营方针策略，一般包括产品开发、销售目标、定价策略、销售渠道、推广计划、效果测评等。推广计划或促销计划又包含广告策略、公关策略、促销活动策略、直接营销策略、人员促销策略、媒介策略等，这些内容应根据营销策划方案所达到的目标或要解决的问题酌情写入。

课堂思考

"课程导入"中张××的策划书应该如何撰写？

例文欣赏

××市××品牌市场营销策划书

一、××市市场背景分析

（一）××市市场基本概况

××市位于广东省中南部，现辖××个镇区，户籍人口156万，常住人口640多万，拥有各类学校650所。××市始终坚持以经济建设为中心，是中国综合经济实力30强城市之一。由于优惠的招商政策和便利的交通条件，吸引了众多的劳动密集型企业，因此相对来讲，当地外来人口多，商业环境显得个性繁荣。据不完全统计，适合

××产品销售的终端在100家左右。

（二）各品牌市场销售状况

目前，××市市场销售较好的是"a""b"，其他各品牌的销售量远在其后。究其原因，其他品牌均为二级代理商经营，而"a""b"两大品牌一开始进入××市市场，厂家就重金投入，以此树立终端样板市场，再加上经销商多年对市场的精耕细作，已经和商家建立起较深厚的客情关系，因此，该经销商对××市终端市场绝对拥有把控权。

（三）××品牌××市的市场现状

××在广东地区原实行总代理制，直到××××年才将××市的销售独立出来，××进入××市市场即寻求与"a"产品代理商的合作，期望以此来整合该代理商的终端网络资源，但后期由于该代理商在经营过程中出现了一些问题，××市的业务也由此无法正常运作，因此，在××市出现市场真空状态实际上已近半年。

二、××产品SWOT分析

（一）优势（略）

（二）劣势（略）

（三）机会（略）

（四）威胁（略）

三、××市市场操作方案

（一）市场特点（略）

（二）终端网络状况（略）

（三）总体市场推广策略（略）

（四）树立终端样板市场约10家（略）

（五）建立一批形象终端约25家（略）

（六）业务开拓时间（略）

四、管理团队（略）

五、资金需求（略）

六、销量评估（略）

七、财务分析（略）

附：××市市场销售模式探讨

第五节　市场调查与预测报告

课程导入

近年来，"大众创业、万众创新"持续向更大范围、更高层次和更深程度推进，创新创业与经济社会发展深度融合，对推动新旧动能转换和经济结构升级、扩大就业和改善民生、实现机会公平和社会纵向流动发挥了重要作用，为促进经济增长提供了有力支撑。

我校一年一度的"5＋3"创业大赛又要开始了，同学们踊跃报名参加。2022级软件开发技术专业的朱××同学和2022级物流专业的王××同学跃跃欲试，他们准备与其他几个同学合作组成一个创业团队，承接职教城基地13所院校12 000多名学生的快递揽收业务。但是市场前景如何？他们准备先进行市场调查。

请问：这份市场调查报告应该如何写？

一、市场调查与预测报告的含义及作用

市场调查与预测报告是反映市场调查与预测的简要过程及其成果的书面报告。市场调查的目的是预测，市场预测的前提是调查。市场调查报告以写现状为主，市场预测报告以写未来为主，二者只是侧重点不同。为了方便使用，本书把两种报告一并阐述。概括起来说，市场调查与预测报告就是运用科学的方法收集、分析市场营销情况和资料，并进一步预测供求变化趋势，提出应对措施的书面报告。

市场调查与预测报告的主要作用是为企业和经济部门的领导提供决策的依据：其一，为制订供应总量计划和品种计划提供依据；其二，为研究和生产适销对路的产品提供依据；其三，为确定合适的产品价格提供依据；其四，为选定有效的销售方案和合理的分销渠道提供依据。

二、市场调查与预测报告的分类

市场调查与预测报告按照不同的标准，可以分成不同的类型。

按调查、预测的品种宽窄分类，有宏观市场调查与预测报告、微观市场调查与预测报告。前者调查、预测的是某类产品（如共享单车）在国内外市场的供求状况，后者调查、预测的是某类产品中一种品牌（如摩拜单车）在国内外市场的供求状况。

按调查、预测的项目宽窄分类，有狭义市场调查与预测报告、广义市场调查与预测报告。前者调查的内容和预测的依据只是消费者的意见、要求和购买动机；后者调查的内容和预测的依据除消费者的情况外，还包括与市场营销有关的其他情况，如分销渠道、竞争结构等。

按调查、预测的地域宽窄分类，有国际性市场调查与预测报告、全国性市场调查与预测报告、地方性市场调查与预测报告。

按调查、预测的行业名称分类，有五金、服装、书刊等市场调查与预测报告。

三、市场调查与预测报告的写作准备

（一）调查市场实况，搜集文字资料

1. 市场调查的内容与方法

一切有关市场经营销售的情报都是市场调查的内容，如市场供求情况、购买者情况、竞争者情况、本企业产品及销售情况等。

调查的方式主要有全面普查、重点调查和随机抽样调查。随机抽样调查花费较少，

客观性、时效性较强，所以被广泛采用。调查的具体方法主要有询问法、观察法和试销法。询问法是直接向被调查人提问的方法；观察法是在销售现场旁观的方法；试销法是用改变了样式、包装、价格、陈列方式等的商品做销售试验，以观其效的方法。

2. 文字资料的来源和种类

（1）企业内部资料，即企业内部的会计报表、年度总结报告、业务往来函件等。

（2）企业外部资料，包括政府和上级主管部门下达的有关文件、报纸或杂志上的有关文章、国内外经济情报机构出售的有关资料、同类企业的统计资料和总结材料、用户或专家的意见等。

（二）整理并分析资料

整理资料即根据报告的目的对调查材料和文字资料进行取舍与编排，以表现一定的主题。

分析资料一般有三个深浅不同的层次：一是找出出现目前这种销售状况的相关因素，二是弄清影响的主要因素及影响程度，三是预测市场需求量的变化趋势。分析方法主要有定性分析和定量分析。定性分析所用的资料一般不易用确定的量来表示，所以需要借助分析者的主观判断。定量分析依靠数量完整准确的统计数据，分析的结论是计算出来的，而不是主观推断出来的。在实际分析中，应根据对象的性质选用合适的方法，如果可能，宜将两种分析方法综合使用。

四、市场调查与预测报告的格式

（一）标题

标题的形式主要有三种：①规矩的标题，即由调查单位、调查内容和文种名称（"报告"二字常被省略）组成，如《××洗衣机厂关于洗衣机市场的调查与预测》；②二因素标题，一般省去调查单位，如《全国自行车产销预测》；③题中见意式的标题，即直接指出调查对象的状况，并常以句子的形式出现，如《××牌羽绒服在北京市场畅销》《武汉妇女喜用蛋白洗面奶》。

（二）前言

前言一般扼要地说明调查与预测的目的、时间、地点、对象、范围、方式等。如不需要，也可省略。

（三）主体

主体通常由市场情况、市场预测、建议三个部分组成。

1. 市场情况

对市场情况的叙述要简洁、清晰，材料要有代表性。具体情况可用数字和图表加以说明。文字叙述和数字图表说明的顺序前后不拘，也可互相穿插。有些报告在叙述市场现状时，还会简要地谈到历史。

2. 市场预测

预测正确与否与分析方法的科学性有密切的联系。运用定性分析，要对影响需求的因素做出合乎逻辑的判断；运用定量分析，统计数字要交代清楚，计算过程不必太详细，若计算过程复杂，且有写明的必要，则可以作为附件放在正文之后。

3. 建议

市场调查与预测报告的最终目的是根据已经判断出来的市场发展变化的趋势，并结合本企业、本系统存在的问题，或与此发展趋势不相适应的状况，提出相应的措施。建议要说到点子上，并且具体可行，为清晰起见，可分条拟写。

（四）结尾

结尾可重申主要观点或概括全文内容，但必须简洁。若在建议完后能自然收束，不写结尾也可以。

（五）落款

在一般调查与预测报告中，调查人（或单位）、调查时间写在正文之后；发表在报纸或杂志上的这类文章，作者姓名放在标题之下。

课堂思考

在编写市场调查与预测报告前，应该做好哪些准备工作？

五、市场调查与预测报告的写作要求

（1）应围绕市场营销中的一个突出问题组织材料，集中分析和解决主要问题。

（2）必须有充分的材料，并且用经过核实的数字作为推论的依据，用真实典型的材料反映市场营销的规律。

（3）要正确运用分析方法，以保证分析的客观性与科学性。

（4）要及时完稿，服务决策，不要因拖延而让它变成派不上用场的过时的东西。

例文欣赏

2017 年中国木制儿童摇椅市场调查研究报告

北京××投资咨询有限公司

第一章 木制儿童摇椅相关概述

第一节 木制儿童摇椅的定义及分类（略）

第二节 分类产品介绍（略）

第二章 木制儿童摇椅市场环境分析

第一节 国内宏观经济环境（略）

第二节 我国木制儿童摇椅产业政策分析（略）

第三节 木制儿童摇椅行业发展波特五力模型分析（略）

第四节 木制儿童摇椅行业发展影响因素分析（略）

第三章 国际市场现状

应用文写作

第十六章　木制儿童摇椅行业发展前景及趋势预测

　　第一节　木制儿童摇椅发展趋势和预测（略）
　　第二节　木制儿童摇椅行业发展未来总体趋势（略）
　　第三节　2017—2021年我国木制儿童摇椅发展趋势分析（略）

本章训练

一、填空题

1. 可行性研究报告是上级领导进行_____的依据，也是决定_____的关键。

2. 招标书是招标单位兴建工程或进行_____时，公布标准和条件，提出价格，招人承包或承买时使用的一种文书。招标书也称为_____、招标公告、招标启事，是一种_____文件。

3. 投标书按时间可以分为_____、_____。

4. 所谓策划，是企业的_____，是为了企业_____和_____的策略进行的规划。营销策划包括从构想、分析、归纳、判断，一直到拟定策略、_____、评估效果的全过程。

5. 营销策划方案的标题通常由两部分构成：策划的对象_____和_____。

6. 在一般调查与预测报告中，调查人（或单位）、_____写在正文之后；发表在报纸或杂志上的这类文章，作者姓名放在_____。

二、判断题

1. 可行性研究报告一般包括标题、项目及承办者、正文、附件四个部分。（　　）

2. 可行性研究报告的正文主要包括概论、市场研究、技术论证和结论四大模块。（　　）

3. 投标书主体部分可以分析现状，介绍预计的开工、竣工日期，目标及依据，具体措施，报价等内容，也可以附上对本单位优势的分析。（　　）

4. 经济合同是市场经济下各类经济组织之间通过沟通、协调、制约进行良好合作的重要措施和手段，只对保证国民经济宏观的正常运行具有重要的作用。（　　）

5. 经济合同正文是合同的主体内容，通常包括缘由、主体和附则三方面的内容。（　　）

6. 市场调查与预测报告是反映市场调查与预测的简要过程的书面报告。（　　）

三、写作题

1. 帮助第一节"课程导入"中的张××和他的同学，完成可行性研究报告。

2. 查阅资料，完成第三节"课程导入"中经济合同的草拟。

第十章 传播类文书

学习目标

✽ 知识目标
了解各种传播类文书的定义和特点。

了解各种传播类文书的分类。

✽ 能力目标
掌握各种传播类文书的作用。

掌握各种传播类文书的写作要求。

能够对各种传播类文书进行编辑。

✽ 素质目标
提高对信息的理解和分析能力。

思政目标

通过学习本章内容，学生可以提高对信息的辨别能力，培养良好的政治思想素质。

第一节　消息

📖 课程导入

北京的晚高峰一直是上班族的噩梦，水泄不通的车流，一眼望不到头的高架，都是北京的写照。某日在晚高峰期间，北京的交通非常通畅，如果你是北京市的一名记者，你会如何编写这一消息呢？

一、消息的定义和特点

新闻有广义和狭义之分，广义的新闻包括消息、通讯、特写、新闻评论、新闻图片等文体形式，而狭义的新闻就是指消息。

消息是以简要明快的语言及时报道新闻事实的新闻体裁。消息具有以下几个特点：

（一）用事实说话

消息是以事实作为基础的，必须用事实说话。事实是消息的主体，而不是例证或

者案例分析。消息的任务是报道新闻事实，主要靠事实材料来说服受众。缺乏具体事实的消息，光有空洞的议论，也就失去了消息最本质的特征。请看以下这条消息：

江西森林和湿地生态价值 1.49 万亿元

本报讯（记者郑荣林）被誉为中国"最绿省份之一"的江西，绿水青山价值几何？记者 5 月 30 日从省政府新闻办、省林业厅召开的新闻发布会上获悉，我省历时两年完成了全省森林和湿地生态系统综合效益总体评估，算出一本详尽的"生态账"——2016 年，全省森林和湿地生态系统综合效益为 14 951.34 亿元，其中森林生态系统综合效益为 13 510.22 亿元，湿地生态系统综合效益为 1 441.12 亿元。

森林和湿地不仅为我们提供了丰富的物质产品，还可以在净化空气、制造氧气、涵养水源等方面发挥重要作用。这些功能的价值如何判断，又到底值多少钱？国家林业和草原局华东林业调查规划设计院组织专家，分别从物质量和价值量两个方面，对江西森林和湿地生态系统的生态效益、经济效益和社会效益进行了科学评估。结果显示：2016 年，我省森林和湿地的生态、经济和社会效益分别为 10 867 亿元、3 145 亿元、938 亿元。其中森林生态效益最为明显，估值达 10 096 亿元，主要体现在森林涵养水源、保育土壤、固碳释氧等方面。全省森林年调节水量、净化水质达 631.15 亿立方米，相当于将近两个三峡水库的蓄水量。

……

据了解，此次我省发布的森林和湿地生态系统综合评估结果与 2011 年评估结果相比，仅森林的生态效益就增加了 1 863.22 亿元，增幅达 23%。同期中央和省级财政共投入林业建设资金 181.4 亿元，投入产出比达到 1∶10.3，充分说明有限的财政投入换来了丰厚的生态回报。

这条消息写作采用了客观报道的方法，就是用事实和数据来阐明主要思想，而作者的态度和观点寓于平实的事实叙述当中。作者并没有通过议论或者例证的方法传达信息，而是依靠事实本身，通过叙述事实来发表意见，使读者自然而然地接受。

（二）时效性强

消息比其他任何新闻报道体裁都更要求快捷。新闻界曾流传这样一句话：今天的消息是金子，昨天的消息是银子，前天的消息是垃圾。这句话生动地反映了消息的独特魅力正是通过对新闻事实的迅速、及时捕捉来表现的。消息的报道必须尽量做到"当日事当日报"。

重大事件一般发当日新闻，甚至几分钟之内就要发出新闻，然后用其他新闻文体报道。对于非事件性新闻，一般运用消息体裁抢发内容新鲜的独家新闻。一般来说，今天发生的事实明天就可以见报。而对晚报来说，一般早上发生的事情，晚上就可以见报。

在时效性上，广播、电视及网络媒体显得比报纸更有优势。它们不仅可以把几分钟之前的消息播出去，还可以做到重大事件的随时播出和同步播出。有些新闻台做到了每个正点做一次新闻播报，甚至分频道、频次滚动播出不同领域发生的新闻事实。

（三）短小精悍

消息使用尽量少的文字传递尽可能多的信息，这既符合消息讲究时效性的要求，也迎合了人们接受新闻的习惯，同时节约了版面，媒体可以在同样的时间内传达更多的信息量。

消息是新闻体裁中篇幅最短的一种，历届"中国新闻奖"的评选标准就明确规定了字数和时间：文字消息在 1 000 字以内，广播、电视消息在 4 分钟以内。随着生活节奏的加快和社会信息量的丰富，人们对消息的篇幅提出了更高的要求。一般来说，消息字数为 300～500 字，简讯、短讯则更短，基本上在百字以内，甚至几十个字、一句话。

短是新闻改革的一项重要内容。要使信息凝练，记者在认识事物、提炼主题、剪裁取舍、谋篇布局等方面都要有较强的能力。

二、消息的分类

按照不同的标准，消息可以分为不同的类型。

根据所报道事件的性质，可将消息分为事件性新闻和非事件性新闻。事件性新闻是对新近发生事件的报道，时效性强，如动态消息等。非事件性新闻与事件性新闻相对，报道的是一个阶段持续发展的事物，如经验性消息、述评性消息等。

根据报道内容的不同，可将消息分为政治新闻、经济新闻、科技新闻、军事新闻、体育新闻、教育新闻、文艺新闻、社会新闻等。

根据播报的媒体载体，可将消息分为报刊消息（文字、图片、图文）、广播消息、电视消息、网络消息等。

课堂思考

前面的《江西森林和湿地生态价值 1.49 万亿元》属于哪一种消息？

三、消息的基本结构

消息的结构是指作者对新闻材料进行总体安排和布局，实质上就是怎样组织材料的问题。材料组织要求符合事物内部联系和发展规律，以更好地阐明事实，表现主体，取得较好的报道效果。消息一般由标题、导语、主体、背景材料和结尾五个部分组成。导语和主体是最重要的组成部分；标题来源于导语和主体；结尾是主体内容的终结；而背景材料无规定格式，各个部分皆可穿插。

消息内容的丰富性决定了消息结构形式的多样性。国内外新闻记者在长期的新闻事件中摸索出了很多结构方法，常见的有以下几种：

（一）倒金字塔结构

倒金字塔结构是一种头重脚轻的结构，把最重要的材料或事件总体情况介绍放在篇首，主体部分依照材料的重要性依次安排段落，叙述事件的详细内容或其他相关情

况。这要求我们在写作标题时应当提炼全篇的精华，并把最重要、最精彩、最新鲜的事实放在最前面，稍次要的事实放在第二段，更次要的事实放在第三段……最不重要的事实最后写。倒金字塔结构的消息如图 10-1 所示。

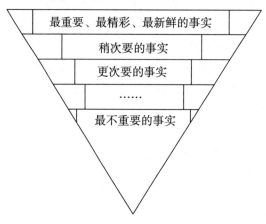

图 10-1 倒金字塔结构的消息

这种消息的开头通常就是"一句话新闻"。

本节"例文欣赏"部分的例文一运用的就是倒金字塔结构。例文一共七段。第一段交代了最主要的新闻事实——流量漫游费被取消；接下来介绍三大运营商的计费方式暂未调整，这是消费者关心的点，是较重要的内容，进一步说明新闻导语报道的新闻事件，使之更加清晰和准确；最后介绍了国务院、工业和信息化部（以下简称工信部）、国有资产监督管理委员会（以下简称国资委）等部门的举措促进了这个结果的产生，突出新闻事件的重要性。从七个段落的内容可以看出，从上到下，新闻的重要性依次减弱，头重脚轻，是典型的倒金字塔结构。

（二）金字塔结构

与倒金字塔结构相反，金字塔结构往往按时间顺序来安排事实，先发生的放在前面，后发生的放在后面。这种结构虽然开头平淡，消息重点也不突出，但是叙事条理清晰，现场感强，符合受众的接受习惯。早期的新闻写作多采用这种结构形式。

本节"例文欣赏"部分的例文二保持了新闻事件故事的完整性。这条消息从两岁半的麦肯罗来到室外开始说起，再提到他被发现送进医院，后来被抢救复活，将故事情节步步推进，故事的结果和高潮都在最后才出现，使受众的兴趣和情绪逐渐加深，达到引人入胜、真相大白的效果。

（三）倒金字塔和金字塔相结合的结构

这种结构形式通常在第一段使用倒金字塔结构，开门见山，通过标题和导语突出主要事实，之后一般按照时间顺序组织材料，给人以具体、完整的感觉。因此，这种结构发挥了倒金字塔和金字塔两种结构形式的优点，既能在开头点明事件的重要意义，又能够让人们了解到事件的完整真相。

本节"例文欣赏"部分的例文三就开门见山地指出比赛的结果，然后以时间顺序讲述巴西和墨西哥比赛的过程，以及上、下半场的比分，全篇内容完整简单、意义突出。

四、消息的构成要素

消息通常由标题、导语、主体、背景材料、结尾组成。

(一) 标题

标题是消息内容的形象概括和高度浓缩，也是揭示消息内容的简明醒目的文字。好的消息标题不仅要符合新闻事实，而且要有好的思想内容。标题不仅要有很强的表现力和吸引力，还要有一定的感染力。

消息的标题一般有三种类型：一是正题，或叫母题、主题、大标题，是标题的骨干和核心，用来高度概括消息的中心内容。二是引题，又称肩题、眉题，一般用来交代背景、说明原因、烘托气氛、解释意义等。引题一般作为虚题。三是副题，又称子题、副标题，一般用来补充、注释和说明、印证主题。副题一般作为实题。

在写作消息的标题时，可以将这三种类型的标题进行组合。既可以使用单一型标题，也可以组合成复合型标题。无论哪种类型的标题，都不可缺少正题。

1. 单一型标题

单一型标题通常使用正题，一般只有一行文字，用来揭示消息最主要的内容。例如：

国家主席习近平发表二〇二四年新年贺词

（《人民日报》2024 年 1 月 1 日）

2. 复合型标题

(1) 引题＋正题（双层标题），例如：

北京师范大学 光明日报社 中国教育学会共同设立（引题）

"四有好老师"奖励计划重奖能教善育大国良师（正题）

（《光明日报》2018 年 6 月 25 日）

(2) 正题＋副题（双层标题），例如：

武汉与英国斯旺西结为友好城市（正题）

有望共同打造国际化长江新城（副题）

（《湖北日报》2018 年 2 月 1 日）

(3) 正题＋引题＋副题（多行标题），例如：

习近平在中央外事工作会议上强调（引题）

坚持以新时代中国特色社会主义外交思想为指导 努力开创中国特色大国外交新局面（正题）

李克强主持 栗战书汪洋王沪宁赵乐际韩正王岐山出席（副题）

（《人民日报》2018 年 6 月 24 日）

(二) 导语

导语是消息特有的概念，是消息区别于其他新闻体裁的又一重要特征。导语通常是消息开头的第一句话或第一段话，用最简明的语言把消息基本的、核心的内容概括

出来，一开始就为读者提供主要的新闻事实，以顺应读者的阅读心理，为其提供方便。通常记者在采访之前、采访中间和采访之后，头脑中始终在思考一个问题：所采新闻的核心内容是什么，以及如何恰当地来表现它。这种思索一旦成型并付诸文字，最先落实的部分往往就是新闻的开头——导语。导语完成了，新闻标题的拟定和新闻正文的写作就会比较顺畅。导语的前面一般还会有电头，如"新华社北京 10 月 10 日电"或者"本报讯"。

新闻导语的写作强调直入主题，但这并不是说所有的导语都采用千篇一律的"开门见山"模式。新闻消息导语的写作主要有以下几种形式：

1. 叙述式

这种导语以凝练的语言，扼要而直接地将消息中主要的事实叙述出来，是最基本、最常见的写法之一，是最典型的"开门见山"模式。叙述式导语在倒金字塔结构新闻写作中用得最多。

例如，新华社驻美国记者任毓骏、王如君报道："2001 年 9 月 11 日上午 9 时 48 分，一架飞机撞到了纽约世界贸易中心大楼，飞机把大楼撞了个大洞，在大约距地面 20 层的地方冒出滚滚浓烟。就在楼内人员惊慌失措之际，18 分钟后，又有一架飞机撞上了世贸大楼，这架飞机是从大楼的一侧撞入，由另一侧穿出，并引起巨大爆炸。"

这一类导语开门见山，一语中的，把最重要的信息首先传递给受众，用词凝练、笔法简约，很少运用感情色彩强烈的词句，满足受众渴望获得信息的需要。

2. 渲染式

这种导语先进行概括性陈述，营造背景，再进入对最新动态事实的报道。与渲染式导语类似的还有点题式导语、故事式导语、比兴式导语等，它们大都以不同的方式由"外"及"内"、由"表"及"里"开头，然后把最新鲜的、最重要的新闻内容和盘托出。这类做法的得失利弊是需要根据具体情况来分析判断的。渲染式导语的分寸感比较难掌握，编辑可以通过大量阅读导语和消息来慢慢体会。

例如："历来被称作'隔夜愁'的只能冷冻出口的福建梭子蟹，现在却八足挥舞、神气十足地出现在国际市场上。近两个月来，由福州出口的 28 万斤梭子蟹，成活率高达 90％，日本商人称之为奇迹。"

3. 设问式

这种导语首先提出问题或者摆出困惑，引起受众的关注和兴趣，激发他们继续阅读下文的欲望。

例如："一架飞机能从宽仅 14.62 米的巴黎市中心的凯旋门门洞飞过吗？巴黎的英雄们正在做着他们的试验。"

4. 引语式

直接引语用作导语是传统媒介常见的样式之一。首先，所用引语一定是加引号的严格的直接引语，转述的间接引语已经等于改编。其次，所用引语应尽量挑选"掷地有声"的"点睛"之语，能起到一语胜千言之效，否则引语的使用反而会给人笨拙的印象。最后，所用引语应该让受众很容易解读其语言含义，不要让人感到费解。

例如："'中方绝不打第一枪，但如果美方实施征税措施，中方将被迫进行反制。'在今天上午商务部例行新闻发布会上，面对中美贸易战是否将'一触即发'的问题，商务部新闻发言人高峰做出回应。"（《中国青年报》2018 年 7 月 6 日）

5. 评论式

评论式是对所报道的事实进行评论，揭示其意义。

例如："一部《我在故宫修文物》带火了故宫文物修复师这一群体，如今，公众可以亲自去故宫看他们如何修文物。昨天是'2018 年中国文化和自然遗产日'，故宫文物医院首次试行开放，首批 40 名观众走进了故宫文物医院。……开放文物医院，是一道充满科技吸引的风景，展现出的不只有专业和自信，还有对社会对公众的尊重和关爱，值得肯定。"（《中华读书报》2018 年 6 月 27 日）

（三）主体

消息的主体，又称正文、消息躯体或者展开部分，是导语之后的主要部分。消息主体主要担负着两大任务：一是解释和深化导语；二是补充导语所没有涉及的新闻事实。第一项任务表明，对导语所涉及的新闻事实，主体部分必须进一步提供必要的细节和有关材料（包括背景），以便受众对新闻事实有更清楚、更具体的了解。这就是所谓的解释和深化。第二项任务表明，导语一般只涉及最重要和最新鲜的事实，而且简明扼要，不能扩及多个有关方面，这就要求主体补充导语尚未涉及而又应当涉及的内容。新闻事件最重要的部分在消息的主体中不仅要加以突出，还要有详有略。

在安排和组织主体时可以参考以下几种顺序：

（1）按照重要程度的顺序安排层次，即倒金字塔结构方式，是消息写作中最常用的写法，尤其适用于事件性新闻，即动态消息。

（2）按时间顺序安排：根据事情发生的先后来安排消息的相关内容，根据事件进展娓娓道来。这种顺序比较适用于内容较复杂但是线条单一的消息写作，或报道在某个时间段内发生的事情，如节日庆典活动、重大赛事或者灾祸等。

（3）按逻辑顺序安排：根据事物的内在联系和发展来安排材料，不受时间顺序的约束，比较适用于非事件性的新闻，如经验性消息、综合消息和述评性消息。

（四）背景材料

狭义的新闻背景仅指写作过程中涉及的与新闻人物和事件发生、发展相关的历史、原因及环境等方面的材料。广义的新闻背景，除此之外还包括对导致新闻事件发生、发展的广阔时代背景的了解，以及向记者提供消息、介绍情况的人的背景。

背景材料是为主题服务的。使用背景材料的目的在于突出和深化主题，丰富所报道的内容，达到更好的宣传效果。背景材料一般用来介绍知识、补充情况，帮助读者了解消息中涉及的人或事物。恰当地使用背景材料能表达记者对新闻事实的看法、观点和意见，并增强消息的知识性和趣味性。

需要注意的是，不是每篇消息都需要背景材料。背景材料在消息中位置灵活，可独立成段，也可穿插于导语、主体或结尾之中。可以根据背景材料的类型来了解什么时候使用它。

　　（1）对比性材料，主要通过对比衬托来突出新闻事实的意义，阐明某一主题，表明某种观点。通过对比，可以突出矛盾和差异，显出特点和价值。对比性材料通常有两种情况：一是纵比，即今昔对比、前后对比。例如，写农民富裕了，收入增加了，可用背景材料"改革开放之前，这里农民的平均收入只有二三十元"加以突出。二是横比，即此地和彼地对比、先进与落后对比。例如，同样写资源开发问题，可将东南沿海地区与西部地区的情况进行比照。

　　（2）说明性材料，往往是对与新闻事实相关的政治背景、地理背景、历史背景、思想状况或物质条件等情况进行介绍，用以说明事物产生的各种因素，揭示事件发生或变化的意义。

　　（3）注释性背景材料，往往对产品（物品）的性能特点、科技成果、技术性问题、名词术语、文史知识、风俗人情等进行注释，以帮助受众掌握消息内容，增长见识。

（五）结尾

　　结尾是消息的最后部分，但是它并不是指一篇消息写完了，还要在整篇报道之末另起一段。消息的结尾主要有以下几种形式：

　　（1）自然式结尾，随着主体的结束而自然地结束，要素交代完毕也不需要另起一段增添结尾。

　　（2）概括式结尾，概括主体的内容。

　　（3）议论式结尾，对消息的内容发表自己的看法。

　　（4）背景式结尾，介绍相关背景材料。

📖 例文欣赏

【例文一】倒金字塔结构消息
三大运营商取消流量漫游费 计费方式暂未调整

　　本报讯（记者石飞月）7月1日，中国移动、中国联通和中国电信正式全面取消流量漫游费，原有套餐中的省内通用流量直接升级为国内流量，但并不包含港澳台地区。

　　北京商报记者发现，目前原来的本地流量已经转化为国内流量。对于本地流量转化为国内流量后价格是否会出现调整，三大运营商的客服人员均表示，目前流量套餐价格和流量额度并未接到改变通知，仍然采用现行计费方式，但未来是否会发生变化尚不得而知。

　　同时，对于目前剩余流量能否按照国内流量升级，中国移动客服人员称，2018年6月剩余的本地流量将自动转为国内流量，消费者可以继续使用。

　　值得一提的是，并非所有流量套餐都能享受"本地"升"国内"的待遇。校园套餐、地铁流量包、机场流量包等均不在本次调整范围内，依然在原有范围内使用。据了解，校园套餐的价格非常低，已经享受优惠资费。而机场、地铁等套餐多数为关联固定的信号基站，不适合调整适用范围。

　　资深通信专家项立刚认为，取消流量漫游费对运营商并无太大影响。虽然价格下降会造成运营商整体收入降低，但完全可以通过别的方式进行调整，如今后不再赠送流量等。对不同省市的运营商来说，也只是少了一种促销方式，还可以发展其他优惠政策吸引用户。

取消流量漫游费，是近年来对电信行业提速降费的进一步落实。2017年3月，在国务院政策例行吹风会上，工信部副部长表示，拟定于2017年10月1日起正式在全国范围取消手机国内长途和漫游费。此后，三大运营商纷纷响应，并于去年9月1日提前取消了这一费用。

4月4日，国务院常务会议上强调，7月1日起取消流量漫游费，确保今年流量资费降幅30％以上，推动家庭宽带降价30％、中小企业专线降价10％～15％，进一步降低国际及港澳台漫游资费；5月17日，工信部、国资委联合发布的《关于深入推进网络提速降费加快培育经济发展新动能2018专项行动的实施意见》再次强调了取消流量漫游费的日期。

【例文二】金字塔结构消息
冻死的孩子重新复活

美国威斯康星州一个名叫麦肯罗的孩子，今年只有两岁半。1月29日，在家里人没有注意的情况下，他穿着一身睡衣，只身来到零下二十九度寒冷的室外。家里人发觉后把他抱回屋里时，麦肯罗的一部分血液已经"冻结"，手脚也都僵硬了。当他被送往医院时，体温已下降到15.5度。但是，在经过了包括使用心肺泵等先进设备抢救以后，麦肯罗竟然奇迹般地复活了。像这样处于低温状态下的人能够死而复生，在世界上是没有先例的，参加抢救麦肯罗的医生对此惊叹不已。

现在，除了他的左手可能会有冻伤后遗症以外，其他恢复都很正常，估计三四周内即可恢复健康。

【例文三】倒金字塔和金字塔结构相结合的消息
巴西淘汰墨西哥进八强

华商报讯（记者梁军）北京时间7月2日晚间，世界杯八分之一决赛战罢一场，凭借下半场内马尔和菲尔米诺的进球，巴西队2∶0击败墨西哥队，晋级八强。

这是两队第5次在世界杯交手，巴西此前4次取得3胜1平，并且不失球。双方历史交锋40场，巴西23胜7平10负占据优势。

双方开场后打出快节奏，墨西哥通过全场紧逼限制了巴西的攻防效率。开赛后，墨西哥队咄咄逼人，巴西队则收敛锋芒，不急于发力。上半场双方0∶0互交白卷。下半场，巴西队投入进攻的人数增多，明显加大了进攻的力度。第51分钟，内马尔禁区内包抄到位，将边路来球射入球门，巴西队一球领先。一球落后的墨西哥队改变了防守反击战术，全线压上，后防线的漏洞暴露在巴西队面前。第88分钟，巴西队断球后快速反击，菲尔米诺为巴西队攻入第二粒进球，彻底"杀死"了比赛。

值得一提的是，巴西队的胜利也打破了网上的所谓"魔咒"，此前，德国、阿根廷、葡萄牙、西班牙这四支在微博世界杯球队势力榜投票中呼声最高的队伍都惨遭淘汰，关键还是按榜单上的顺序！而巴西排名第五，英格兰排名第六。

第二节　新闻评论

课程导入

阅读下面这段话，说一说讲了哪些内容。

××××年3月，××区车陂街城管对占道摆摊小贩进行劝告，城管××被一名男性小贩连砍，惨不忍睹。对此，我不禁要问：在日益繁华的社会里，正义怎会如此脆弱？

在繁华的大街上，小贩占道摆摊随处可见。他们风雨不变，始终在摊位上忙碌着。他们乐意这样吗？他们甘于这样被城管东赶西跑吗？其实，他们都是为了养家糊口。如果政府能把他们集中起来，为他们建立一个市场，或发放津贴，也许就不会酿成这样的悲剧了。

也许有人会问，我国是发展中国家，怎样才能筹集那么多资金呢？如果国家和地区能建立一个跳蚤市场，酌情收取些许摊位费，路边的摊档少了，治安亦将有所改观。

国民的素养亟须提高。无论是城管，还是小贩，他们的素养都亟须提高。以前有几段报道，有的城管将小贩打得遍体鳞伤仍旧理直气壮，亦有城管把一个摆报摊的老人用车碾死。对此，政府部门应在各地区开展培训班，重点培养城管的素养，同时，城管亦应当用心配合，努力提高自己的素养。

另外，小贩也应当有自己的道德善恶观，树立起心中的良知标尺，不做违法犯规之事，有较强的自控力，如果各方能做到以上几点，状况就会有相当大的改观。

这天，国家提出中国梦，社会亦需要为此作出贡献。为了中国梦，需要每个人从点滴做起，先提高自身的文化素养、道德素养，并且身体力行，将礼貌践行于生活，积攒起社会的正能量！

为了防止悲剧的再次发生，我们应携手相伴，提高自身素养，让素养引领正义大道。用我们的言行去证明，用我们的努力为公理而奋斗。

一、新闻评论的含义

新闻评论是针对现实生活中新近发生的重要事实或者人们思想中的突出问题，在新闻媒体上发表的具有政治性倾向的论说性文体，是新闻机构所发表言论的总称。新闻评论是社会舆论的集中反映，又反过来有力地引导社会舆论。

二、新闻评论的特点

（一）时效性

新闻评论所揭示与促进解决的问题应该是人们迫切需要了解的、实际生活中迫切需要解决的问题。新闻评论并不是单纯地求快，而是要根据形势和评论内容的需要及时发表意见。发言要适时，以求取得最佳的社会效果。

（二）政治性

新闻评论的政治性主要表现在它针对具有政治意义的问题发言，围绕重要的政治场景及在贯彻党的方针政策过程中出现的各种问题，进行实事求是的分析，阐明党的立场和主张。

有些专业问题，如文学艺术问题、体育问题，如果是需要评论的，也要从思想、政策、理论的高度探索其普遍的政治意义，而不能就事论事或空发议论，而要就事论理，把准确鲜明的思想观点与具体有力的论据、入情入理的论证有机结合起来。

（三）群众性

新闻评论的内容是实际工作中的重要问题和广大群众迫切关心的问题。新闻评论应及时反映人民的愿望、要求和意见，为党立言，为民立言，因而具有广泛的群众性。

如今，新闻媒介越来越注重吸引和鼓励广大群众关心和参与评论工作，如参加评论的写作，这样可以使新闻评论拥有更广泛的作者，使评论的内容更贴近生活，更经常地反映群众的要求和呼声，更符合群众的特点和需要。

三、新闻评论的分类

从不同的角度，可以把评论分成多种类型。

（一）政治评论、军事评论、经济评论等

按评论对象的内容分类，有政治评论、军事评论、经济评论、社会评论、文教评论、国际评论。应当说明的是，文艺评论、体育评论等专业性较强的评论文章一般不当作新闻评论，因为这些评论内容更侧重于讨论艺术、技术层面的问题，时效性较弱。

（二）解说型评论、批评型评论、鼓舞型评论等

按评论的性质功用分类，有解说型评论、批评型评论、鼓舞型评论、论战型评论等。

（三）社论、评论员文章、述评等

按作者身份进行划分，可分为两类：一是由媒体专职人员（编辑、记者、评论员）撰写的评论，包括社论、评论员文章、述评、编者按、短语等；二是由非媒体专职人员（时评写手、特约评论员、专栏作家和自由撰稿人等）撰写的评论，包括时评、专栏评论、杂谈等。

四、新闻评论的作用

（一）引导作用

作为新闻媒介的重要宣传手段，新闻评论运用马克思主义的立场、观点、方法，对现实生活中的新闻事实和重要问题进行分析，可以旗帜鲜明地表彰先进，针砭时弊，帮助群众明辨是非，区分先进和落后、正确和错误；可以就群众中某些疑惑不解、莫衷一是的问题进行释疑解惑；还可以使人们正确认识当前的形势，为他们指明方向。

（二）监督作用

新闻宣传要以正面宣传为主，坚持正确的舆论导向。正面宣传应该包括舆论监督的内容，两者的目的是一致的，都是为了取得积极的社会效果。鞭挞假恶丑正是为了弘扬真善美。因此，新闻评论在弘扬先进思想和精神的同时，还要不断揭露和抨击各种腐败现象与不正之风，对其形成强大的舆论压力。

（三）表态作用

作为一种直截了当的发言方式，新闻评论可以代表新闻媒介对当前的重要事件和问题表明态度。对于国内外的重大事件，全国性的新闻媒介有时还可以通过发表评论的方式，表明党和政府及广大人民群众的态度。

（四）深化作用

新闻评论的政治性决定了它要尽可能从思想、政策及理论高度提出问题、分析问题和解决问题，而不应局限于就事论事。新闻评论要善于务虚，就是要用马克思主义的立场、观点、方法对客观事物进行分析，把理论和实践结合起来，把摆事实和讲道理结合起来，说明事物的实质和意义。

课堂思考

> 新闻评论的编写对编写人员有哪些要求？

五、新闻评论的写作要求

（一）选题要恰当

选题是解决写什么的问题。对新闻评论来说，选题就是选择要评价的事物或所要论述的问题，也就是确定一篇评论所要评论的对象和论述的范围。具体来说可从以下三个方面着手寻找选题：

（1）当前的客观形势、舆论动向和宣传任务，以及中央新近发布的重要决定、工作部署和最新的政策、精神。这些不仅是选题的重要来源，而且有助于选题和立论体现坚定正确的政治方向，引起人们的重视。

（2）实际生活中层出不穷的新情况、新变革、新矛盾、新风险，以及来自广大群众和社会基层的呼声与要求。这是新闻评论选题取之不尽、用之不竭的源泉。

（3）重要的新闻事件和新闻典型。这是社会舆论关注的热点，是结合实际引导舆论、发挥教育功能的好教材，有助于评论选题富有新闻性和时代感。

根据以往的经验和教训，在选题立论上，必须警惕和避免几种不良倾向：一是不动脑筋，照搬照抄文件，孤立地从文件中找题目，而不联系实际，不做具体分析，不解决任何问题；二是反过来，不了解全国工作大局，自以为是，标"新"立异，致使选题立论有意无意地跟中央精神"唱反调"；三是随大流，"凑热闹"，人云亦云；四是不讲究时效，缺乏预见性。总之，选题立论务必要遵循科学的思想路线，一切从实际出发，实事求是，理论结合实际。

（二）立论要突出

论点是评论的灵魂，论点不新鲜、不突出、没有时代感，就无法吸引读者。立论理应具备针对性、新颖性、准确性和前瞻性。立论能够针砭时弊，针对不良社会风气和倾向性矛盾，针对偏颇乃至错误的思想，善于触及社会性的思想问题及其实质，运用正面引导或批评论辩的方式对症下药，以促使矛盾转化，帮助人们提高思想认识，产生积极的社会效应。

（三）标题要精当

评论的标题以提示论题或作者的见解、意向为目的，通常直接表达作者的立场、观点、态度和倾向，具有较为强烈的感情色彩。评论的标题可以概括论题的范围，也可以昭示中心论点、吸引受众注意。

评论的标题多为单一型结构，只有一行主题。可以利用句式或者语气的转换，如把陈述句转换为假设句、疑问句或者感叹句，或把成语、俗语、谚语直接引入或者加以修改后用作评论的标题，或采用易字、变结构、谐音等方法，尽量使标题生动有趣。

（四）论据要典型

评论的论据是用来阐明论点、具有说服力的新闻事实和有关材料。论据既是论点的依据，又是评论判断和推理的基础，因此，精心挑选作为论据的新闻事实至关重要。采用事例来证明论点是一种有效的论证方法。因为一种观点、一个结论往往是通过许多事实得来的，所以选择最有说服力的事实，揭示出事实与论点之间的关系，从而证明论点，自然有很强的说服力。

（五）论证要充分

一篇评论，论证是否充分，说理有无深度，往往关系到它的成败。可以根据不同的论点来选择立论、驳论、阐述性评论、解释性评论、提示性评论等多种论证方法。

破立结合是使用较多的论证方法。从说理角度来看，写评论总要破除一种观点，并树立一种新观点。但为了树立正确的观点，在分析论证的过程中，需要澄清与之有关的模糊观点，纠正错误；反之，为了批驳错误观点，也需要阐明正确的主张。在破立结合的论证中，只有把深刻的思想内容和平易通俗的论述结合起来，把对立面和立论结合起来，论述才能层层展开，步步深入。

六、常见新闻评论简介

（一）社论

社论代表媒体和同级党委就国内外的政治、经济、思想、文化领域中的重大问题进行分析评论，及时表明党的态度和立场，阐释党的路线、方针和政策，提出解决问题的指导思想和措施，指出今后的任务和奋斗的方向等，具有极高的权威性。

社论是报纸的重型评论，常用于表示欢迎、纪念、庆祝之类的场合。

社论是媒体的灵魂和旗帜，体现了媒体的方向，以及某种立场、观点，常常及时地评述当前社会上的重大事件或问题，以言辞明快、犀利，论理深刻、透辟等特点来吸引和影响读者，起到号召的作用。社论必须执行送同级党委审查的制度。

（二）编辑部文章

编辑部文章专门就国内外政治、经济、思想、文化、军事等领域的重大现实问题及理论问题，系统地论述党的理论思想，既有现实性，又有理论意义。它代表媒体编辑部和同级党委对某个重大问题的立场和观点。编辑部文章内容含量一般比社论更大，规格更郑重，篇幅比社论更长，涉及和论述的问题更全面，但时间要求不如社论迫切。这种形式一般不宜多用。同社论一样，编辑部文章也必须执行送审制度。

（三）评论员文章

评论员文章论述内容的广泛性和重要性介于社论与短评之间。评论员文章大多根据党的方针政策，就当前政治生活和实际工作中的某个方面进行分析与评论。在写作上，评论员文章的论述面要比社论小。

评论员文章的规格和重要性仅次于社论与编辑部文章，评论论述的范围广泛。不署名的评论直接代表编辑部集体的意见。以"本报评论员"或者"本报特别评论员"署名的评论，形式上虽然不直接代表编辑部集体的意见，但由于内容的重要性和发表的郑重程度，仍有较高的权威性。本报评论员文章可不送审，但是提出新问题而又把握不准的应该送审。

（四）短评

短评是一种简短的评论形式，要求密切配合当前形势和中心工作，一般论述一个范围较小的问题或者某个重大问题的一个点，借以加深对重大问题宣传的影响或者比较具体地指导工作。短评是一种短小精悍、内容单一、分析扼要、新鲜独到、运用便捷的评论体裁，在报纸、广播、电视中都可以使用，其中在报纸上最常见。短评在发表时有署名与不署名两种。

短评代表编辑部集体意见，一般都配合新闻报道发表，针对性、思想性、及时性较强。报纸上的短评属于小型评论文章，起着画龙点睛的作用。

（五）编者按

编者按是一种最简短、最轻便的评论形式，是编者对所发表的新闻报道所做的提示、评论或者说明。编者按可以表明编者的态度和意见，也可以提示要点，还可以交代背景、补充材料或者借题发挥，一般起强调重点、表明态度的作用。编者按是一种依附于新闻报道或者文稿的画龙点睛式的简短的编者评论，是报刊、通讯社、广播、电视等各类新闻传播媒介的编者对新闻或者文稿所加的评价。批注、建议或者说明性文字，是新闻媒介的编者专用及常用的一种发言方式。

编者按的写作要求旗帜鲜明、一针见血、逻辑严密、文字精练。

编者按正式表明编辑部的态度，多用于较郑重的场合和必要之处，以引起读者的注意，加强宣传效果和指导意义。写作编者按的基本要点如下：

一是立足依托，有所超脱。编者按以新闻报道为主要依据，有提炼、评价、补充或升华的作用。

二是配合及时，运用灵活。编者按需要迅速对报道或文稿作出分析与评价，但要注意不同按语形式的灵活运用与配合使用。

三是文字精练，点到即止。

四是旗帜鲜明，讲求分寸。

根据在文中的位置，编者按可分为以下三种：

（1）文前按语，又称题下按语，在广播、电视中称为编前话，通常居于文前或栏前。文前按语要求提纲挈领，并要直接表态，不必署名与拟制标题，在报刊上发表时，文前按语常用楷体或比正文大一号的字体，有时还加框或加线处理，以突出其重要地位。文前按语不必复述所依附的报道或文稿的内容，可直接提出编者的看法和观点。例如，某报纸在制作的教师节专题栏目前采用了这样的编者按："又到了金秋九月，第21个教师节向我们缓缓走来。对每一个人来说，成长的历程中总是少不了老师的身影。师恩难忘，在教师节来临之际，祝所有的老师节日快乐。"

（2）文中按语，又称文间按语，是报刊上独有的按语形式，与新闻报道既融合又渗透，可以随时对新闻场景进行点评，易读易懂。它通常直接插入文中，附在报道或文稿的某句话、某段文字之后，就报道或文稿中的词语、提法、内容等做出评点批注，诠释补充，或修正错误、提出希望等，以帮助读者领会文意、加深认识。

文中按语与所依附的报道相互配合又相互融合，编者可以直接分析、评价文中的内容和提法，议论的针对性很强。它是作者有感即发、有疑即注、有错即批的文字，可以随时评点，使用方便，运用灵活，有助于避免传播中的副作用。文中按语在写作上要求文字精练、鲜明泼辣，与上下文衔接自然，易于理解，适合读者的认识规律和接受习惯。

（3）编后，又称编余、编后小议、编辑后记等，在广播、电视中称为编后话。编后一般配合新闻报道发表，起深化主题、强调重点的作用，是编者依托报道有感而发的一种抒情、联想与议论性文字。其作用在于补充和深化报道主题或文稿的中心思想，帮助受众理解报道或文稿的同时，增加新闻报道的内涵的深度、力度。

编后与前两种按语的不同之处主要体现在以下四个方面：

第一，从发表形式来看，编后位于新闻报道或文稿之后，结构更完善，可以有标题，也可以署名。

第二，从写作要求来看，编后更接近随感短评，需要必要的分析议论，也可以抒情、联想和借题发挥。

第三，从功能来看，文前按语冠于文首，大多起强调、提示的作用；文中按语穿插于字里行间，大多起注释、点拨的作用；编后置于文末，大多起引申、深化的作用。

第四，从运用方式来看，编后比前两种按语灵活多样。

例文欣赏

坚定历史自信 保持历史主动 续写历史新篇
——热烈庆祝中国共产党成立一百零一周年

征途漫漫从头越，奋楫扬帆向未来。在全国上下喜迎党的二十大召开之际，我们迎来中国共产党成立101周年。一个走过百年光辉历程的马克思主义执政党初心如磐、使命在肩，在新征程上踔厉奋发、勇毅前进，正在信心百倍书写着新时代中国发展的伟大历史。

历史见证壮阔的行进。2021年我们党隆重庆祝成立100周年，开启了全面建设社会主义现代化国家新征程。百年来，党领导人民经过顽强奋斗，迎来了从站起来、富起来到强起来的伟大飞跃，迎来了从落后时代、跟上时代再到引领时代的伟大跨越，创造了人类历史上惊天地、泣鬼神的伟大史剧。在新征程上，从召开党的十九届六中全会并作出党的第三个历史决议，到巩固拓展党史学习教育成果；从经济发展和疫情防控保持全球领先地位、实现"十四五"良好开局，到成功举办北京冬奥会、冬残奥会，以习近平同志为核心的党中央团结带领全党全国各族人民乘势而上、砥砺前行，推动党和国家事业取得新的重大成就，极大增强了亿万人民奋进新征程、建功新时代的豪情和信心。

时间镌刻坚实的步伐。党的十八大以来这些年在党和国家事业发展进程中极不寻常、极不平凡，党面临形势环境的复杂性和严峻性、肩负任务的繁重性和艰巨性世所罕见、史所罕见。以习近平同志为核心的党中央统筹把握中华民族伟大复兴战略全局和世界百年未有之大变局，以伟大的历史主动精神、巨大的政治勇气、强烈的责任担当，统揽伟大斗争、伟大工程、伟大事业、伟大梦想，解决了许多长期想解决而没有解决的难题，办成了许多过去想办而没有办成的大事。十年自信自强、守正创新，创造了新时代中国特色社会主义的伟大成就，为实现中华民族伟大复兴提供了更为完善的制度保证、更为坚实的物质基础、更为主动的精神力量，实现中华民族伟大复兴进入了不可逆转的历史进程。

一路披荆斩棘、栉风沐雨，多少跌宕起伏、惊心动魄！党的百年奋斗史充分表明：没有中国共产党就没有新中国，就没有中国人民的幸福生活，就没有中华民族的伟大复兴。历史和人民选择了中国共产党，中国共产党也没有辜负历史和人民的选择，中国共产党无愧为伟大光荣正确的党！党的十八大以来的实践充分证明：党和国家事业取得历史性成就、发生历史性变革，最根本的原因在于有习近平总书记作为党中央的核心、全党的核心掌舵领航，在于有习近平新时代中国特色社会主义思想科学指引。党确立习近平同志党中央的核心、全党的核心地位，确立习近平新时代中国特色社会主义思想的指导地位，反映了全党全军全国各族人民共同心愿，对新时代党和国家事业发展、对推进中华民族伟大复兴历史进程具有决定性意义。

对百年奋斗历史最好的致敬，是书写新的奋斗历史。当前，世界百年未有之大变局加速演进，中华民族伟大复兴进入关键时期。我们比历史上任何时期都更接近、更有信心和能力实现中华民族伟大复兴的目标，我们深知中华民族伟大复兴绝不是轻轻松松、敲锣打鼓就能实现的，前进道路上必然会有艰巨繁重的任务，必然会有艰难险阻甚至惊涛骇浪。在新的伟大征程上，无论风云如何变幻，无论挑战如何严峻，我们都要大力弘扬伟大建党精神，牢记中国共产党是什么、要干什么这个根本问题，回答好"从哪里来、往哪里去"这个基本命题，以咬定青山不放松的执着奋力实现既定目标，以行百里者半九十的清醒不懈推进党和人民事业。

习近平总书记深刻指出："在新的赶考之路上，我们能否继续交出优异答卷，关键在于有没有坚定的历史自信。"百年来，我们党致力于为中国人民谋幸福、为中华民族谋复兴，致力于为人类谋进步、为世界谋大同，天下为公，人间正道，这是我们党具有历史自信的最大底气，是我们党在中国执政并长期执政的历史自信，也是我们党团结带领人民继续前进的历史自信。尽管百年变局和世纪疫情交织，外部环境更趋复杂严峻和不确定，但时与势在我们一边，这是我们定力和底气所在，也是我们的决心和信心所在。只要我们坚定历史自信、保持历史主动、坚持团结奋斗，就一定能风雨无阻向前进，继续考出好成绩，在新时代新征程上展现新气象新作为。

面对前进道路上的风险挑战，只有保持历史主动，继续发扬担当和斗争精神，才能在攻坚克难中不断从胜利走向胜利。我们要发扬历史主动精神，从党的历史中汲取战胜风险挑战的智慧和力量，在新时代的伟大实践中不断锤炼斗争精神和斗争本领，在机遇面前主动出击，在困难面前迎难而上，在风险面前积极应对，勇于担当，奋发有为，砥砺前行，继续把中华民族伟大复兴的历史伟业推向前进。勇于自我革命才能赢得历史主动，只要我们不断清除一切损害党的先进性和纯洁性的因素，不断清除一切侵蚀党的健康肌体的病毒，就一定能够确保党不变质、不变色、不变味，确保党在新时代坚持和发展中国特色社会主义的历史进程中始终成为坚强领导核心。

团结奋斗是中国人民创造历史伟业的必由之路。我们靠团结奋斗创造了辉煌历史，还要靠团结奋斗开辟美好未来。历史告诉我们，围绕明确奋斗目标形成的团结才是最牢固的团结，依靠紧密团结进行的奋斗才是最有力的奋斗。面朝中国发展未来，面向人类发展未来，我们要统筹推进"五位一体"总体布局，协调推进"四个全面"战略布局，立足新发展阶段、贯彻新发展理念、构建新发展格局、推动高质量发展，全面深化改革开放，办好发展安全两件大事，践行以人民为中心的发展思想，调动一切可以调动的积极因素，团结一切可以团结的力量，坚定不移做好自己的事情，不断满足人民对美好生活的向往，不断推动构建人类命运共同体，为人类文明进步贡献智慧和力量。只要14亿多中国人民始终手拉着手一起向未来，只要9 600多万中国共产党人始终与人民心连着心一起向未来，我们就一定能在新的赶考之路上继续创造令人刮目相看的奇迹。

世界上最大的幸福莫过于为人民幸福而奋斗。心中装着百姓，手中握有真理，脚踏人间正道，我们信心十足、力量十足。让我们更加紧密地团结在以习近平同志为核心的党中央周围，全面贯彻习近平新时代中国特色社会主义思想，深刻领会"两个确

立"的决定性意义，增强"四个意识"、坚定"四个自信"、做到"两个维护"，以实际行动迎接党的二十大胜利召开，在新时代新征程上续写新的历史篇章、创造新的时代辉煌！

第三节　广告

📖 **课程导入**

阅读下面的文字，并试着编写公益广告：

为深入开展中国特色社会主义和中国梦宣传教育，着力培育和践行社会主义核心价值观，突出公益广告宣传贴近地域特色和民族特色，进一步丰富和完善公益广告作品库，市委宣传部、市文明办决定在全市范围内组织开展"讲文明树新风"公益广告作品征集评选活动。

一、商业广告的概念

广告是通过一定的媒体公开向大众进行公益道德宣传，传播商务、商品信息，提供劳务服务的一种宣传方式和手段。商业广告是由商品广告和商务广告构成的经济广告。

为了规范商业活动，促进广告业的健康发展，维护社会秩序，保护消费者的合法权益，更好地发挥广告在社会主义市场经济中的积极作用，1994年10月27日第八届全国人民代表大会常务委员会第十次会议通过了《中华人民共和国广告法》。

二、商业广告的作用

（1）传播产品信息，促进生产销售。这是商业广告最基本、最重要的作用。

（2）加强信息沟通，促进竞争交流。广告可以通过信息的传播交流，扩大商品的流通范围和领域，促进销售、打开市场，增强企业的竞争力。

（3）指导大众消费，满足社会需求。消费者通过商业广告的宣传、介绍，可以加深对商品的认识，从而有目的、有选择地购买商品。

三、商业广告的分类

（1）按内容分：有企业形象广告、商品广告、劳务广告。

（2）按媒体分：有视听广告，如通过电视、电影、广播等发布的广告；出版物广告，如通过报纸、期刊、图书等发布的广告；邮寄广告，如通过明信片、贺年卡、信函等发布的广告；户外广告，如通过招牌、路牌、气球等发布的广告；交通广告，如通过车、船、飞机等发布的广告。

（3）按艺术形式分：有图片广告、表演广告、演说广告等。

课堂思考

如何提高商业广告的效益？

四、商业广告的创作要求

1. 真实可靠

真实是商业广告创意的首要原则，是指对商品的性能、功能、特点、工艺、质量、服务优势等的介绍必须真实可靠，不能有任何虚假之词。虚假广告不仅会坑害消费者，而且最终必将损害企业自身利益。

2. 心理效应

心理效应是指针对消费者的需求心理，突出宣传商品或业务的某方面特点，以激发消费者购买欲望的一种广告构思原则。广告制作者只有仔细揣摩消费者需求心理，决定广告内容的重点，才能使广告产生更强的宣传效应。

3. 新颖独特

构思新颖独特的商业广告，会给公众耳目一新的感觉，从而获得更强的宣传效应。

4. 思想健康

广告会对思想道德和社会风气产生潜移默化的影响，广告制作者不能单纯追求商业效应而不恰当地鼓吹消费、享乐至上思想，更不能出现思想庸俗、格调低俗的语句。

5. 容易记忆

广告宣传要深入人心，达到家喻户晓、人人明白的目的。另外，广告内容的表达应力求易于辨识和记忆。

五、商业广告的格式和写作方法

1. 标题

商业广告的标题是显示其基本内容、基本观点的关键。目前，广告标题常采用以下几种方式：

（1）标识名称：用企业和商品名称或企业和劳务事项直接作为标题。虽然这种方式可以使消费者一目了然，但缺少感染力和吸引力，如"××商业大厦诚招合作供应商"。

（2）揭示特征：将商品或劳务相对突出和独特的性能、功效、材料、价格、制作工艺等概括为标题，如"推陈出新价格优，购车请到××来"。

（3）发布消息：将广告主要内容作为消息发布可以给消费者以新奇的诱导，如"××××年全国成人高考系列用书已出版发行"。

（4）巧打比方：运用打比方来暗示广告内容特点，如"生命核能营养液·健康加油站"。

（5）一语双关：运用双关修辞格制作广告标题。这种方式幽默风趣，具有很强的

表现力，如"××口服液，喝了就见笑""××电梯，祝君升高"。

（6）提问引导：先提出消费者普遍感到苦恼的事或某种欲求心理，然后给予引导，如"异形钢管何处觅？北京××在顺义"。

2. 正文

商业广告的正文一般包括引子和中心段两部分。

（1）引子：是承接标题并对标题揭示的内容进行简要解释的部分。有的还可以根据情况在解释的同时创造一种氛围，表达某种承诺和关怀意愿，使消费者产生信任感。有的还可以对有关内容加以形象描绘，使消费者有亲临其境的感觉。

（2）中心段：是对广告内容进行全面介绍或对有关项目进行证实的部分，一般包括产品的性能、功效、材料、工艺、价格、技术指标、服务优势等。重点介绍哪部分内容，应根据商品和劳务的特点等来确定。

中心段的写作体式多种多样，如叙述、论说、描述、对话、布告、条款、表格等，采用什么方法应根据商品和劳务的特点，以及其表达效果的需要确定。

3. 结尾

商业广告的结尾一般要求写明企业名称、地址、联系电话。

4. 标语

标语又称广告口号，就是用朗朗上口的语言，对商品或劳务最具特征、最有诱惑力的内容进行揭示，如"喝了×××，吃饭就是香""天有不测风云，我有××保险"。

📖 例文欣赏

×××"月月新"抛弃型隐形眼镜

每月更新，清晰舒服更健康

美国×××突破传统，以全新高含水非离子聚合物制成"月月新"抛弃型隐形眼镜。

含水量高达66％，透气率极高，非离子材料不易吸附蛋白质。每月更新镜片，清晰舒服更健康。

免费试戴活动现已开始，详情请向各眼镜店咨询。

第四节　通讯

📖 课程导入

阅读下列通讯，并与第一节的"消息"进行比较，看看二者有何不同。

7月29日晚，××县绿坝水库除险加固工程发生新填坝前坡黏土斜墙大面积滑坡事故。事故发生后，××县迅速与总承包单位——××水利电力设计勘测设计研究院一起，共同采取有效措施进行处置。目前，事故基本稳定，未造成人员伤亡，当地群众生产生活秩序正常。

绿坝水库位于××县××河上游××镇××村，距××县城29 km。该水库兴建于1956年，于1962年12月建成并投入运行。

据了解，绿坝水库除险加固工程经省发展改革委、省水利厅批准立项，工程总投资6 678万元，于去年9月24日动工，设计总工期为16个月。该工程为我省水利工程总承包试点项目，总承包单位为××水利电力设计勘测设计研究院，设计单位为省水利电力设计勘测设计研究院，监理单位为××工程监理咨询公司，施工单位为省水电二局股份有限公司。此次除险加固工程中大坝加固工程主要是坝前坡建黏土斜墙。在完成围堰导流及清基后，黏土斜墙于今年1月10日起从高程315.0 m开始填筑，至3月20日填筑高程达到436.6 m。7月29日23时48分，大坝黏土斜墙填筑左坝段发生大面积滑坡。滑坡长度约280 m，宽约25 m，下滑高度接近3 m，填土仓面出现一条较大的纵向裂缝，已完成的混凝土护坡整体下滑，局部开裂，混凝土护坡底部及基坑槽内填土明显隆起。

事故发生后，××县委、县政府高度重视，迅速组织相关技术人员赶赴现场勘察，并召集专题会议，成立了现场处置组、综合协调组、事故跟踪调查协调组和应急抢险预备队等工作组，全力做好滑坡事故应急处置工作，防止次生事故的发生。目前，该县已撤离事故现场内的所有人员和机械设备，在事故现场设立了警示标志，封锁进入现场的施工道路，同时与承包单位、监理单位、设计单位等一起沟通联系，争取上级技术部门对事故进行调查分析，制订工程处理方案，尽快上报有关单位审定后实施。县水务、县三防等相关职能部门及相关镇、施工单位、监理单位、设计单位也正在严格执行工程建设应急预案，落实措施，加强监督检查，确保安全度汛。

一、通讯的含义和特点

(一) 通讯的含义

通讯是综合运用叙述、描写、抒情、议论等手法，详细地报道新闻事件或典型人物的一种报道形式。通讯是比消息更详细地报道具有新闻意义的事件、经验或典型人物的一种文体。它是新闻媒体进行新闻报道的一种主要题材，同消息一样应用十分广泛。

(二) 通讯的特点

1. 新闻性

通讯要求报道新近发生的有意义的事实，新时代涌现出来的新人、新事、新经验，紧密配合当前形势，为现实中心工作服务。通讯的新闻性还要求报道客观真实，通讯写作不能使用过多的议论或者推理来说明问题，必须用事实说话，观点可以融入事实的选择和描述当中，但是不宜做过于主观的宣传。

2. 形象性

通讯必须形象地报道真人真事，比消息更加生动。通讯常采用叙述、描写、抒情、议论相结合的手法，对人和事进行较具体形象的描写，人物要具有音容笑貌，事情要有始末情节，以此来感染读者。当然，这种形象思维必须建立在客观真实的基础之上，

与文学创作的形象思维大不相同。

3. 完整性

通讯常常被称为"详细的新闻""展开了的消息",这是因为它要报道事情发展的全过程,或者较全面地报道新闻事件的各个方面,或者对事件的某个具有特殊意义的部分进行集中突出的描述。也就是说,通讯在报道事实方面比消息更加具体、详细和完整。

二、通讯的分类

(一) 人物通讯

人物通讯是以具体、形象地报道各方面的先进人物的实际经历为主的通讯,即以表现人物为中心,从不同角度反映人物的事迹和思想。人物通讯着重写人的精神面貌,通过写人物的事迹写出人物的先进思想,表现时代精神,感染和激励人们积极向上,使之成为全社会共同的精神财富。

人物通讯有写一个人一生的,就是为人物全面立传;有写一个人的一个或几个侧面的,集中反映人物某方面的思想品质;也有写群像的。人物通讯多写正面人物,如先进人物、英雄人物、有突出贡献的人物等,也可以表现普通人的喜怒哀乐、成败得失。在进行宣传教育时,可选择反面典型或者转型人物。写作时,应尽量挖掘人物的内心世界,通过感人的矛盾冲突和故事情节来说明人物的不同之处,也要善于通过人物的行动、语言、心理和典型细节等来表现人物。

在歌颂先进人物或者先进集体的思想感情、性格风貌、精神境界时,应注意掌握分寸,褒贬恰当。不宜用"水落石出"的方法,压低一片,抬高一个,不能故意把群众写得特别落后、矮小,从而突出所写人物的先进、高大。应用"水涨船高"的方法,处理好"一"与"百"的关系。要正确反映党的领导和人民群众在先进人物成长过程中发挥的作用,不要孤立片面地强调先进人物个人的作用,避免"高、大、全"的空洞形象。为了塑造真实可信、丰满充实的人物形象,既要写关键性的"大"材料,也不能忽略日常琐事的"小"点滴。再伟大的人物也有与普通人生活相同的地方,也要食人间烟火。把新闻人物写成没有七情六欲、满口豪言壮语的"神"的做法不是实事求是的写作,如写先进人物坚守岗位、勤奋工作,不要动辄写他晕倒在岗位上、父母病危也不回家、子女住院亦不离岗……可以挖掘人物形象在生活小事上的闪光点,寻找更加个性化的素材。

(二) 事件通讯

事件通讯是详尽、具体而形象地描写新闻事件的通讯。事件通讯的主要特点是以记事为主,交代清楚事件的原委,从而表达某种思想。它以事件为中心,重点描绘社会生活中有倾向性和典型性的生动事件及具有普遍教育作用的新闻事件,其他人物或事件都围绕这个中心事件展开。事件通讯以写具有典型意义的正面事件为主,但也有揭露性的事件通讯。

事件通讯可以具体形象地写一件事的来龙去脉,也可以压缩成概括性的叙述,还可以放大新闻事件中的某个片段进行集中描绘。事件通讯所采写的事件要具有新闻性和典型性，对社会有教育或者警示意义，同时要善于用以小见大的方法来反映事件。撰写事件通讯要抓住一个或几个关键性场面或情节，把事件和人们的兴趣、社会的要求结合起来，做到人们喜闻乐见。在事件通讯写作中，除了叙事明确、过程完整之外，还要力求描绘事件的场面与情景，抓住关键情节，写好高潮。事件通讯虽以写事为主，但不能忽略写人，要通过人物来反映事件。

（三）工作通讯

工作通讯又称经验通讯，是以报道先进工作经验或某项工作的成就和存在的问题为主要内容的通讯，具有较强的针对性、政策性和指导性。工作通讯抓住当前带有普遍性的，需要解决的问题，通过抓取典型案例，传授经验，示范社会，探讨问题并干预生活。

工作通讯侧重于对工作中出现的新情况、新经验、新问题进行研究和探讨，也要反映新闻事实，往往带有现场活动，这是它区别于一般总结性文章并与其他新闻通讯体裁相同的方面。它与其他新闻通讯体裁相异之处在于：要将事实做经验性的概括，对问题发表议论，对矛盾提出解决的办法，有一定的评论色彩。

工作通讯首先要有现实针对性，符合当前工作需要。例如，社会发展过程中新出现的问题，实际工作中长期积累起来而未引起注意的问题，长期存在但悬而未决的问题，以及人们日常生活中经常要注意的问题等，都是具有现实性的问题。其次，工作通讯还要具体、透彻地阐述问题和经验，介绍经验要科学，有理论依据。经验要写得具体，使人看得见、摸得着、学得到。最后，在表达方式上，工作通讯可以夹叙夹议，或用议论作为点睛之笔，点出问题所在，或用背景材料同事实对比，进行有说服力的分析，或直接发表意见。无论采用哪种方式，议论都应力求深入浅出、有理有据。

工作通讯反映的内容一般包括以下几点：最先出现的典型的工作经验或者某些具有普遍意义的业务经验的介绍；当前实际工作中存在的关于某个重要问题的探讨；工作作风和与工作相关的突出思想问题的评述等。

（四）风貌通讯

风貌通讯也称概貌通讯或者综合通讯，是以反映社会生活、风土人情、自然风光和现实中的建设成就为主的报道。这类通讯取材广泛，气势大，笔墨重，给人以完整深刻的印象。

风貌通讯题材广泛，有的侧重于写社会风貌，有的侧重于写自然风貌，有的两者兼而有之，但都应当着眼于"新"和"变"，写出事物的新情况，揭示事物的新变化，这是此类通讯的重要特征。风貌通讯的报道对象既可以是全球、全国范围的大题材，也可以是某市、某县的小题材。风貌通讯要写"新"，要突出"变"，通常运用背景材料，选择事实和数字，作今昔对比，这是较常用的一种手法，有时还可用民谚、故事来衬托事物的变化。风貌通讯常运用历史、地理、文化、科学等方面的知识来增强知识性和趣味性，但应注意紧扣主题、关联现实、恰到好处。风貌通讯可灵活运用多种表达方式，可以夹叙夹议、叙议结合，也可以借景抒情、情景交融。

风貌通讯的表现形式灵活多样，有游记体、对话体、通信体、日记体等。报纸上

常见的风貌通讯有见闻、巡礼、纪行、侧记、参观记、访谈等。

三、通讯的写作要求

（一）选好典型，确立主题

典型是通讯的筋骨，主题是通讯的灵魂，选好典型、确立主题对通讯来说十分重要。通讯要选择那些具有代表性、普遍意义、宣传价值和教育意义的人与事，以及在一定时期内人们所关注的问题。通讯的主题要体现时代精神、表现时代风尚，以及反映人物和事物的本质与规律。

（二）写好人物

通讯和消息虽然都报道新闻事实，但是消息主要报道事件本身，而通讯往往集中报道人。写好人物是通讯写作的重要任务。不论是人物通讯还是事件通讯，都要把人物写好，工作通讯或者风貌通讯也都是通过人的活动来表现的。写人离不开事，因此，写人必写事，写人物自己所做的事，写能揭示人物内心世界的事。写人物还要用人物自己的语言、行为、活动来表现人物。人物要写得有血有肉，有内心活动。写事要具体形象，有原委，有情节。

（三）安排好结构

通讯有纵式结构、横式结构、纵横结合式结构三种。

纵式结构的通讯按时间顺序、事物发展顺序或作者对所报道事物认识发展的顺序来安排结构。如果采用这种结构，时间发展的顺序、情节展开的顺序、作者认识事物的顺序就成为行文的线索。在采用纵式结构时，要详略得当，巧妙布局，富有变化，避免平铺直叙。

横式结构的通讯用空间变换或按照事物性质来安排材料。这种结构概括面广，需要注意不同空间的变换，恰当地安排通讯所涉及的各个方面的问题。采用空间变换的方法组织结构时，要用地点的变化组织段落。按事物性质安排结构时，要围绕主题，并列地写出事物不同的几个侧面。

纵横结合式结构的通讯以时间顺序为经、以空间变化为纬，把两者结合起来运用。采用这种形式，要以时空的变化组织结构。

四、通讯与消息的区别

通讯与消息都是新闻的主要文体，都要求具有严格的真实性和及时性，都讲究时效，都具有传播信息、舆论宣传、传播知识的作用。二者的区别也很明显，主要表现在以下几方面：

1. 选择材料不同

消息选择广泛，可大可小。通讯要选择含量较大的真实典型材料、受到广泛关注的人和事，往往通过对事实的探究发掘，配合消息发表后续报道、花絮、细节、背景材料等，进一步深化报道任务，体现主流社会价值观。

2. 表述详略不同

消息的内容表述简单概括。通讯的内容表述比较复杂、详尽，讲究场面和细节描写。

3. 表达方式不同

消息多用叙述。通讯在叙述的基础上，还要运用描写、议论、抒情等手法。

4. 发稿顺序不同

消息通常先于通讯出现，但是通讯也应当注重时效性。

例文欣赏

【例文一】人物通讯
一个人，一辈子，一道渠
——贵州遵义老支书黄大发的无悔人生

你可曾想象，没有水的日子怎么过？你可曾思量，36年做一件事情，你会做什么？

贵州遵义草王坝村，一个被层峦叠嶂的山峰藏得死死的村庄。千百年来，这里的人祖祖辈辈吟唱着一首让人心酸的民谣："山高石头多，出门就爬坡，一年四季包沙饭，过年才有米汤喝。"

水是草王坝人的穷根，是草王坝人生生世世的想、年年岁岁的盼、日日夜夜的求。

村里有一位老人，今年82岁，他和大山较劲，用36年的时间只干了一件事：修水渠。

这条水渠，绕三重大山，过三道绝壁，穿三道险崖。这位老人，就是草王坝村的老支书，名叫黄大发。

这个横跨36年的故事，是一段注定流芳后世的佳话。

立誓
有条汉子不认命

"祖祖辈辈都是这么过来的，要有办法早就有了，老天爷不长眼，咱们村就是没水的命。"的确，草王坝没水不是一天两天了。石漠化严重，全村灌溉和人畜饮水，要不靠山坡自渗水，要不守着一口望天井不分昼夜地排队挑水，接一挑水往往需要等一个多小时，如果想要喝山谷小河里的水，那么上下山一趟就得4个多小时；没有水，种水稻就是天方夜谭，地里几乎都是苞谷、红苕和洋芋；没有白米饭吃，村里人就只能将玉米碾碎上锅蒸煮，俗称包沙饭……人人叫苦不迭，可就是没办法，很多人干脆认命。

但有条汉子不认命。

1935年出生于草王坝村的黄大发，自幼父母双亡。四处流浪的他，吃的是百家饭，住的是滚草窝和苞谷壳。23岁，黄大发光荣入党，这一年，他被全村推选为大队长。这一干，就干到了70岁。

"从我当大队长开始，我就决心为村民干三件事：引水、修路、通电。"正是意气风发的年纪，黄大发撂下了"狠话"。听说这个新上任的小伙子要引水，村里人都觉得他一定是疯了，无异于做白日梦。

可谁不渴望水？祖祖辈辈的草王坝人想水想得都要疯了。即使觉得是白日梦，但大伙儿还是愿意跟着这个年轻人一块儿做。

办法也不是没有。草王坝西侧有一条小河——螺蛳水，这条小河没流入草王坝村，而是流向了相距几千米远的野彪村，只要想办法把野彪村的水引过来，问题就解决了。

说得倒是轻巧。草王坝村和野彪村之间尽管只相隔几千米远，但这几千米并不是平坦大道，而是天路。螺蛳水河谷纵深切割，两岸的悬崖峭壁像一把锋利的刀，割断了草王坝村的引水路，也割断了草王坝人喝水的梦。

……

攻坚
人心齐，泰山移

在没有水的地方修水利，怎么修？和水泥灰沙得用水，浇湿渠基得用水，怎么办？只好将水引一截修一截……

在悬崖峭壁上修水渠，怎么修？人在腰间拴一条缆绳，从山顶一尺一尺试着往下放。人悬在半空中，从谷底看，像极了一只扑腾的鸭子……

故事远不止这么简单，而是充满了曲折和辛酸。

开工第一天，头炮就打"哑"了。石头砸烂了山下村民家的香火位，"村民骂我，要打我，还要拉着我跳崖。"黄大发只好挨家挨户赔笑脸、赔损失。

放炮需要炸材，黄大发就去很远的李村买了背回来。脚底磨破了皮，汗水湿透了衣，无论磕绊摔跤，不管刮风下雨，他都坚持如一。

……

多少年滴水贵如油，如今一渠春水流入草王坝家家户户。

多少年天黑孤村闭，如今这里夜晚如同掉下星星一片。

多少年山深人绝音，如今通村路将草王坝与外面紧紧相连。

青山不负英雄志，流水有情入心田，奔腾不歇的渠水悠悠长长，拍得悬崖直作响，崇山峻岭再难阻隔。阳光下的草王坝，像一只振翅欲飞的雄鹰。

【例文二】工作通讯
走近人民英雄纪念碑
浩气传千古 丰碑励后人
本报记者贺勇

编者按：屹立在天安门广场的人民英雄纪念碑是人民心中的一座丰碑，它铭记着为国家和人民壮烈牺牲的英雄们的丰功伟绩。纪念碑上毛泽东同志题写的"人民英雄永垂不朽"8个鎏金大字，将永远激励人们为祖国繁荣富强而奋斗。

在中国共产党97岁华诞到来之际，让我们走近人民英雄纪念碑，在重温英雄烈士光辉事迹的同时，了解纪念碑的建设过程，追忆那些鲜为人知的故事。

设计
公开模型征求意见

新中国成立前夕，为铭记革命先烈的奋斗精神，激励全国人民热爱新中国、建设新中国，建立一座纪念碑，纪念人民英雄，成为全国上下的共识。

1949年9月30日，中国人民政治协商会议第一届全体会议决定：在首都北京建造人民英雄纪念碑。

纪念碑的建筑设计如何才能达到周总理批示的"纪念逝者，鼓舞生者"的建碑目的？北京市政府天安门地区管委会副主任李宗泽介绍，当时来自全国的200多份设计方案汇集到京，有亭、台、堂、碑等多种形式，有单独、群像的雕塑，有高耸的塔形，也有低矮的园林。经过几次讨论，大家一致认为，要歌颂人民英雄的崇高事业、伟大功勋，纪念碑应该高而挺拔。平铺地面式的方案先被否决，巨雕塑像式和碑、塔的形式成了建筑形式争论的中心。

······

北京市政府天安门地区管委会主任费宝岐认为，现在回过头来看，整个碑体既有民族传统风格，又有鲜明的时代精神。它不仅表彰了人民英雄光芒万丈、千古不朽的功绩，而且是一座具有艺术价值的杰作。

碑石
百吨石材七个半月采运抵京

纪念碑由1.7万块花岗石和汉白玉砌成。按照设计，"人民英雄永垂不朽"8个大字要刻在一块长约15米、宽3米、厚约0.6米的整块碑心石上。

为了保证碑心石不折断，开采石料的毛坯厚度必须达到3米，这意味着这块毛坯石料将重达300吨，是中国建筑史上极为罕见的完整花岗石。去哪里开采如此巨大的石料？专家经过对全国各大山脉岩石的分析考察，认为青岛崂山最西端山峰浮山大金顶上的石料石质均匀、耐风化，是合适石材。

······

浮雕
塑造170多个人物形象

走近纪念碑，最吸引人的当属那10幅浮雕。这些浮雕高2米，宽2米至6.4米，共刻画了170多个人物形象。

······

殷双喜说，塑造170多个人物形象，第一步是做成泥塑。第二步，再由雕刻人员按照泥塑的形状雕刻在纪念碑上。

人民英雄纪念碑浮雕创作进展十分顺利，按计划完成了任务。

"人民英雄纪念碑是新中国成立之初难得的精品。细细品味，气壮山河的时代巨浪，都凝聚在史诗般的建筑里，气象万千，今日思之仍激动不已。"著名建筑学家、国家最高科技奖获得者吴良镛院士评价说。

【例文三】风貌通讯
广东对口支援新疆多措并举促民族团结
万里手相牵 援疆谱新篇
本报记者阿尔达克摄影报道

"帕米尔的月光，照着珠江的水。大亚湾的海风，听过昆仑的雷。我们来自岭南，

扎根西北……"

在位于新疆喀什市的广东援疆前方指挥部，正在播放的歌曲《一起飞》道出了许多广东援疆干部的心声。

新一轮对口援疆工作开展以来，广东省对口支援新疆喀什地区疏附县、伽师县和兵团第三师，以保障和改善民生为重点，精准施策，多措并举，着力把对口援疆打造成民族团结工程。

产业带就业
吸纳就业 2.04 万人，少数民族群众占 94%

6月初，走进喀什地区疏附县依锦诚服装有限公司的厂房，机器的声音此起彼伏。图妮萨姑丽·麦麦提正坐在一台印花机前，不停地忙碌着。

"我原先只会在灶台边上转悠，现在终于有了自己的工作。"今年30岁的图妮萨姑丽有3个孩子，曾经一家5口人只能靠着几亩地生活，生活非常困难。

广东援疆工业园区中的依锦诚服装有限公司让她的生活有了改变。如今图妮萨姑丽不仅能够熟练操作机器，还成了印花机组的组长，每月有2 800元的稳定收入，最高时工资能达5 500元。

……

扶志又扶智
发挥党员模范带头作用，不断增强凝聚力

在兵团草湖广东纺织服装产业园内，麦丽克扎提·亚库普刚从党群服务中心上完党课回来。

"我已经是一名入党积极分子了，正继续努力向党组织靠拢。"麦丽克扎提说，自提交申请书的那一天起，她就一直以党员的标准要求自己，"而少数民族党员，更应该在民族团结工作中承担起责任。"

……

文化促交流
醒狮表演进校园，伽师歌曲响南粤

走进疏附县明德小学的校园，三头"小狮子"正在进行醒狮表演，园内掌声不断，气氛热烈。

……

（资料来源：《人民日报》，2018年）

第五节　海报

📖课程导入

请你为第三节"课程导入"中的公益广告设计一幅海报，要求符合广告内容，体现公益性质，美观大气，具有宣传教育意义。

一、海报的含义

海报是向公众报道文化娱乐和体育消息等与群众生活密切相关的消息的一种招贴，如球讯、电影、演出、展览等活动的动态消息。随着社会的发展，海报的使用日益广泛。

二、海报的特点

1. 使用的限定性

海报只限于主办单位使用，个人事宜一般不用海报。海报只适用于告知举办文化娱乐、体育活动或报告会等方面的消息。

2. 功用的告知性

海报具有较明显的告知性特点。海报不具备商业性，所以与广告有所不同；海报也不要求得到公众的某种帮助，所以与启事也有所不同。它只是将举办某种活动的消息告知公众，起宣传作用，并不具有强制性和约束力。

3. 形式的吸引性

海报常用色彩鲜艳的纸张，文字有时也用彩色颜料笔书写，还可配上美术图案，以鲜明美观的文面吸引人，给人以热烈喜庆之感。

4. 传播的单一性

海报只用招贴的形式，只限于张贴在街头、公共场所的墙面上、影剧院门口的宣传橱窗内或临时制作的海报牌上。临时制作的海报牌有落地式、壁挂式、高架竖牌式三种。

三、海报的分类

（1）根据内容的不同，可将海报分为戏剧海报、联欢晚会海报、电影海报、体育赛事海报、报告会海报等。

（2）根据表现形式的不同，可将海报分为文字海报、图文结合式海报。

四、海报的格式和写作方法

海报的格式灵活多样，一般由标题、正文、尾部组成。

1. 标题

海报标题的位置可根据排版设计而灵活摆放。海报的标题常用以下三种形式：

（1）用文种名称作为标题，只写"海报"二字。

（2）用内容作为标题，如《球讯》《舞会》《中学生优秀书画作品展览》等。

（3）由主办单位和内容两个要素构成，如《××少年宫主办小提琴独奏音乐会讲座》《××杂技团演出精彩杂技大型魔术》。

2. 正文

海报的正文要用简洁的文字写清楚活动的内容、时间、地点、参加办法等。海报

正文的结构形式常见的有三种：一是一段式，通常只用几句话写一段即可；二是项目排列式，如报告会海报可将特邀××主讲，报告的主题、时间、地点，以及入场办法等事项分行排列写出；三是附加标语式，有的文艺演出海报在正文前或正文末加上排列整齐的标语，起渲染气氛、美化文面、吸引观众的作用，但应遵循真实的原则，不能哗众取宠、弄虚作假。

3. 尾部

海报的尾部一般分两行，一行写主办单位，另一行写海报制作的时间。如果正文或标题中已将主办单位写清楚，可不设尾部。

例文欣赏

【例文一】海报

本月20日下午3：00举行高中女子篮球决赛，由高二（1）班女队与高一（3）班女队争夺冠军。比赛地点为本校一号篮球场，如下雨改在室内球场。

欢迎广大师生光临！

××中学学生会体育部

××××年×月×日

【例文二】海报

根据李劼人著名小说改编的川剧《死水微澜》在成、渝两地上演以来，场场火爆，反响热烈，在青年学生中掀起了欣赏川剧艺术的热潮。我校部分师生日前已前往观看。

为了使广大学生更深入地领会川剧的精髓，了解该剧创作演出的甘苦和取得的成就，我系特邀请了该剧女主角饰演者及部分剧组成员到校座谈交流，欢迎广大师生参加。机会难得，切勿错过！

时间：4月3日晚7时

地点：学术报告厅

××学院中文系学生会

××××年×月×日

知识拓展

海报与启事的区别

海报和启事都具有告知性，都不具有约束力，都可以在公共场所张贴。但二者亦有明显的区别：①使用范围不同，海报以报道文化、娱乐、体育消息为主；启事可以反映政治、经济和生活等多方面的内容。②在制作形式上，启事以文字说明为主；海报除文字说明外可进行美术加工，配备图片、图画、图案，运用美术装饰材料及手段。③公布方式不同，启事除张贴外，可登报刊，用广播、电视传播；海报只在公共场所张贴或悬挂。

第六节　内容提要

课程导入

　　每个人都有自己独特的兴趣爱好，请你根据自己喜欢的图书、电影或电视剧，写一篇简介，介绍该作品的大致情节、艺术特点等。

一、内容提要的含义与功能

　　图书、电影、戏剧等文艺作品的内容提要亦称内容简介、内容摘要、内容说明、内容梗概等，是针对文艺作品的一种辅助性文体，是用来扼要介绍文艺作品内容及特色的概括性文字。内容提要具有概括功能和引导功能，甚至可以起作品征订、宣传推广的作用。

　　内容提要是对原作品的高度浓缩和概括，可以全面提示原作品的内容要点。从概括作品全部要素的要求出发，简短的内容提要包含四个方面的内容，即探讨（反映）了什么问题，根据（使用）什么理由（材料），运用了怎样的分析方法（采用了什么创作手法），以及得出了什么样的结果（获取了什么样的效果）。有故事情节的文艺作品的内容提要包括故事起因、经过、结果，展示的是故事主人公的主要矛盾和冲突。

二、内容提要的特点

（一）以小博大

　　文艺作品的内容提要一般仅两三百字，却忠实地反映了原作品的总体面貌。其意义在于供阅听人和发行机构观看、选购或预订时参考，并作为图书馆、文化馆、影剧院等文化、收藏机构储存的信息资料。

　　内容提要是文艺作品的"窗口"、导读的"路标"、选购的"指南"、文艺作品资源信息的"基础"，是从选题、策划、创作，到编辑制作、发行销售等产业链中不可忽视的重要一环。

　　内容提要是主创人员、制作者、受众共同关注的焦点之一。优秀的内容提要不仅可以扩大发行和提高上座率，产生良好的经济效益，还可以扩大社会影响，产生良好的社会效益。内容提要不似广告，却起着独特的宣传作用。可见，约占三分之一版面的内容提要，看似只占整个作品的极小部分，却有着深刻内涵与广博外延。

（二）提纲挈领

　　内容提要以简明扼要的语言介绍该文艺作品的基本内容（或故事梗概）、性质、用途、特点、价值及其推荐受众等。

（三）就实避虚

　　撰写内容提要应避免空洞浮泛，言不及义。在语言方面，一字之差可能导致经济

效益锐减，一句之差可能影响作品的社会效益。同时，切忌为单纯追求市场效果而夸大其词，损害创作者和出版发行单位的形象；更不能使用虚无缥缈、漫无边际的语言，造成不良的社会影响。推荐受众一定要准确，专业类作品切忌将读者对象泛化。

三、内容提要的写作方法

（一）平铺直叙法

平铺直叙法亦称三段论法，即内容提要的整体结构为"谓什么""是什么""为什么"三部分。在"谓什么"中表述书名或书名及作者，在"是什么"中介绍该书的基本内容并简要评价，在"为什么"中推荐读者对象。这是一种最常见也最普通的方法。

（二）目录浓缩法

目录浓缩法是将目录中的基本内容浓缩、升华为内容提要，常用于科技类专业教材内容提要的撰写。撰写时需要先将教材中的篇、章目录进行提炼，概括介绍本书共几篇、几章及重点篇章，篇章的名称是什么，这样各章所涉及的重点内容便一目了然。同时，该类内容提要一般都要讲明此教材针对的是哪类学校、什么课程，甚至读者对象，方便教师或学生选用教材。例如，清华大学出版社 2018 年 7 月出版的高等学校教材《汽车工程概论》（第二版）的内容简介如下：

本书是按照教育部关于车辆工程专业本科和"卓越工程师教育培养计划"的总体目标，并结合汽车类专业的实际需求编写的。本书共分 10 章，紧紧围绕汽车工程，在简要介绍汽车发展史、汽车分类与性能、汽车基本构造等内容的基础上，重点阐述汽车工程材料、汽车设计工程、汽车试验工程、汽车制造工程等内容，对汽车认证与新车评价以及汽车报废回收与循环经济等相关知识也做了充分的介绍，是一本内容较广泛、简明扼要地反映当代汽车及汽车工业新知识的教材。本书可作为普通高等院校车辆工程（汽车）类专业教材，也可作为高等工程专科学校、高等职业技术学院以及自学考试、成人教育类汽车运用、汽车服务、汽车维修类专业教材，还可作为广大汽车工程技术人员和汽车爱好者的参考读物。

（三）突出主创者法

突出主创者法以独特的视角、新锐的理念，突出此作品为主创人员倾心倾力所作，以吸引读者，对已经发表过较有影响力作品的创作者更为适宜。

（四）开门见山法

开门见山法是突出作品的精髓、亮点，开门见山地表达主题。华夏出版社 2012 年 4 月出版的《心性灵明论：人文精神与心性本体论的研究》（大道哲学通书　第四卷）的内容提要如下：

这是一部研究人文精神与心性本体论的著作。天下之根本，莫过于人心；然欲唤醒人心，就要倡明学术。治国平天下，全在教化人心。唯有人心正，才能天下定！人心邪妄，物欲汹汹，君子失义，小人犯刑，是没有安定、持续发展可言的。本部论著，旨在唤醒国家民族良知之心，重建国家民族文化精神。它的研究全部是围绕心性本体与精神创造展开的。全书共 10 章，前 4 章主要是研究心性本体与精神创造的基本理论；后 6 章围绕立心立命、继绝学、开太平问题研究了圣治之道与重建华夏礼仪之邦的文化哲学基础。

（五）书名定睛法

书名定睛法在撰稿时以书名为主线，书名的玄妙在于一目了然或扣人心弦，以书名之主题为主，以书名之精华涵盖全书，以书名之魅力锁定读者。例如，电子工业出版社 2015 年出版的《工业 4.0 大革命》一书的内容简介直接将读者定睛于此书名。该书的内容简介如下：

本书深入而客观地解读了工业 4.0 的起源及现存状况，用通俗易懂的方式梳理了与工业 4.0 相关的各种最前沿科技成果，如可穿戴设备、物联网、大数据、云计算、智能设备等，同时不仅针对德、美、日等强国进行了优势分析与对比，而且重点针对我国面对工业 4.0 的优劣势与切入点、现状与出路等进行了详尽的分析和讨论，继而引发人们对工业 4.0 将可能带来的种种机遇与挑战的思考。

（六）设问回答法

设问回答法就是根据作品提出简要问题并巧妙作答。采用此法可达到事半功倍的效果。四川文艺出版社 2018 年 6 月出版的《空谷幽兰》的内容简介就运用了设问回答法：

空谷幽兰，常用来比喻品行高雅的人，在中国历史上，隐士这个独特的群体中就汇聚了许多这样的高洁之士，而今这些人是否还存在于中国广阔的国土之上？这是一直在困扰着比尔·波特的问题。因此，他于 20 世纪 80 年代末，亲自来到中国寻找隐士文化的传统与历史踪迹，并探访散居于各地的隐修者，借此表达他对中国传统文化的高度赞叹和无限向往，从而形成风格独特的"文化复兴"之旅。

（七）悬念法

悬念法就是依照作品内容制造悬念，以引起受众的兴趣。该方法多应用于影片介绍。例如：

继《辛德勒的名单》和《拯救大兵瑞恩》等关于第二次世界大战的题材后，导演史蒂文·斯皮尔伯格把目光转向第一次世界大战。电影《战马》讲述了一个男孩与一匹马之间非同寻常的友谊，他们被分离的命运因为第一次世界大战又重新交织在一起。

影片以一匹名叫乔伊的农场马的视角展开。1914 年，第一次世界大战爆发，少年阿尔伯特的父亲为了维持农场，无奈之下将乔伊卖给军队，为前线运送军火物资。阿尔伯特和他心爱的马不得不分离。身处在凄凉的战壕，乔伊的勇气却感动了它身边的士兵和人们，因为它能够寻找到温暖和希望。乔伊的内心一直惦记着它的小主人阿尔伯特，最终他们能否重逢呢？

 课堂思考

内容提要可以理解为"简介"吗？

本章训练

一、填空题

1. 新闻有广义和狭义之分，广义的新闻包括＿＿＿＿、＿＿＿＿、特写、＿＿＿＿、新闻图片等文体形式，而狭义的新闻就是指＿＿＿＿。

2. 消息通常由＿＿＿＿、导语、＿＿＿＿、背景材料、＿＿＿＿等组成。

3. 新闻评论的作用如下：＿＿＿＿、监督作用、＿＿＿＿、深化作用。

4. 商业广告的标题是显示其＿＿＿＿、＿＿＿＿的关键。

5. 通讯与消息都是新闻的主要文体，它们的共同点是都要求具有严格的＿＿＿＿和＿＿＿＿，都讲究时效，都具有＿＿＿＿、舆论宣传、＿＿＿＿的作用。

6. 根据内容的不同，可将海报分为＿＿＿＿、联欢晚会海报、＿＿＿＿、＿＿＿＿、报告会海报等。

二、判断题

1. 消息具有几个特点：①用事实说话；②时效性强；③短小精悍。（　　）

2. 新闻评论的特点包括时效性、真实性、群众性。（　　）

3. 广告是通过一定的媒体公开向大众进行公益道德宣传，传播商务、商品信息，提供劳务服务的一种宣传方式和手段。（　　）

4. 商业广告按内容可分为政府广告、商品广告、公益广告。（　　）

5. 通讯是综合运用叙述、描写、抒情、议论等多种手法，详细地报道新闻事件或典型人物的一种报道形式。（　　）

6. 海报是向公众报道文化娱乐和体育消息等与群众生活密切相关的消息的一种招贴。（　　）

三、写作题

1. 根据下列资料，请为××市东风商场写一份商品广告。

××市东风商场最近购进一批由××市××食品厂生产的"爱心牌"方便面，有番茄味、虾仁味、肉松味、麻辣味等几个品种。方便面价廉物美、老少皆宜。用沸水泡5分钟即可食用。东风商场在××市西区××街66号。电话：×××8776×××××。联系人：王华。

2. 请你根据东风商场的大致情况，制作一份海报，帮助其宣传。

3. 请你浏览本校官方网站，为学校的"校园介绍"书写一份内容提要。

第十一章　学术实践类文书

 **学习目标**

✽ 知识目标

了解各种学术实践类文书的含义与作用。

了解各种学术实践类文书的特点及格式。

✽ 能力目标

掌握各种学术实践类文书的格式及写作方法。

掌握各种学术实践类文书的写作要求。

✽ 素质目标

提高自主创新素质，加强科研精神。

思政目标

通过学习本章内容，学生可以创新思想，并将创新与学习充分结合。

第一节　毕业论文

课程导入

登录中国知网，根据自己感兴趣的话题，寻找一篇论文，并将论文的大致内容、论述重点、论证思路、论证方法等，通过表格的方式记录下来，熟悉论文的大致格式。

一、论文概述

（一）论文的概念

学术论文，又称科学论文，简称论文。它是在科学研究、科学实验和工程技术设计的基础上，对社会科学、自然科学领域中的课题进行科学分析和论证、描述与概括、阐释与说明，运用判断、推理、证明、诠释、图示等手段，阐明各种问题的本质、特点、原理、定律的一种实用文体。

毕业论文，是学术论文的一种，是高校应届毕业生为检验学习成果，锻炼独立分析问题和解决问题的能力，根据专业培养目标，选择某个课题，在教师的指导下，综

合运用所学基础理论、专业知识和基本技能，撰写的用于表达科研成果和阐述学术观点的论理性文章。

（二）论文的特点

（1）学术性。学术性是学术论文与其他议论文的根本区别。

（2）科学性。科学性是一切学术论文的灵魂和生命。

（3）创造性。创造性又称创新性、独创性，是衡量学术论文价值的根本标准。

（4）专业性。专业不同，论文的写作就会有所区别。

（5）规范性。学术论文在体式上有固定的格式和规范，这是其与文学创作和其他一般文体进行区分的一个显著特点。（毕业论文还具有自身独特的特点。）

（6）时间性。毕业论文必须在学校安排或指导教师规定的时间内写作和完成。

（7）程序性。毕业论文一般要经过前期准备、选题、拟定提纲、写作、修改、定稿、提交答辩、成绩评定、院校审核等程序环节才能最后通过。

二、毕业论文的创作

（一）毕业论文的选题

1. 选题的意义

（1）确定研究和探讨问题的方向与目标。

（2）有利于提高论文的学术价值和写作的成功率。

（3）有助于作者主观能动性的发挥和研究能力的提高。

2. 选题的原则

（1）时代性原则。选题要顺应时代潮流、富有时代气息、体现时代特征。

（2）法律性原则。选题一定要在社会主义法制允许的条件下进行，不得选取违背社会主义法制的题目。

（3）科学性原则。选题必须符合基本的科学原理，只有如此才能保证毕业论文创作的成功。

（4）理论性原则。选题要具有理论性，不能过于感性，感性的题目直接影响论文创作。

（5）创新性原则。选题要有新意，尽量向人所未到或人所不能到领域进军。

（6）可行性原则。选题要有可完成性，要结合自身实际，难易适中。

3. 选题的步骤

（1）大处着眼，统观全局。选题要着眼于整个专业领域和其他相关科学领域。

（2）小处扫描，具体选定。找准需要进一步研究和探讨的问题，并选定题目。

4. 选题的途径和方法

（1）从专业领域中选题。首先，论文选题要瞄准专业领域中研究的热点课题。其次，要从专业领域中的空白领域选题。另外，还可以从具有争鸣性的课题中选题。

（2）从实践中寻找。可以选择社会实践中期待解决的课题，也可以选择社会实践中作者十分熟悉的课题。

（3）到文献中挖掘。在阅读和研究大量资料的基础上继承和发展前人的成果，并进行思考，从中获得启迪，找到所需要的课题。

（4）从自己感兴趣的课程中选题。选题还可以瞄准自己感兴趣的话题。

（5）在开拓性领域或学术前沿性问题中选题。

课堂思考

毕业论文在选题时应该注意哪些？

（二）撰写毕业论文

毕业论文的创作需要大量的资料、较多的层次、严密的推理，因此整个论文的构思谋篇显得十分重要。毕业论文的撰写过程如下：

1. 制订计划

制订科学、具体、可行的写作计划，对完成毕业论文的帮助很大。由于所选题目的不同，计划也有所差异，很难统一，且没有统一的格式。现举例如下：

确定选题 2 周；收集资料 3～4 周；确定提纲 1 周；完成初稿 2～3 周；修改论文 1 周；定稿装订 4～5 天；准备答辩 3 天。

2. 收集、整理资料

在选好论题和制订好计划后，就可以开始收集资料了，这是一个很重要的环节。资料与选题相互联系、相互影响，是论文写作的基础，是产生和表现主题的基础。

搜集材料要有明确的目的：一是选择突出主体的材料；二是选择真实、准确的材料；三是选择新颖、生动、典型的材料。

搜集材料的方法主要有以下几种：一是通过原始文献查找；二是通过学术刊物查找；三是通过社会实践获取资料（即调查研究）；四是通过工具书查找；五是向专家请教。

3. 编写提纲

提纲体现的是论文的总体构思。从整体着眼，先对观点和材料进行编排，使之成为次序清楚、思路清晰、足以说明某个问题的论文轮廓，然后用文字依照顺序将其记录下来，就成了提纲。

提纲的编写主要是确定以下几方面内容：一是文章的标题及副标题；二是论文的中心思想、写作意图、选题理由、题材价值等；三是内容纲要，一般包括绪论、本论、结论；四是主要参考资料。

4. 确定论文构成形式

（1）论文的标题。要求简单明了（一般不要超过 20 个字）、宜小不宜大，概括中心内容、引人注目。标题一般采用"论……""试论……""浅谈……""浅议……""浅析……""……初探""……断想""……研究""……探讨"等形式。

在毕业论文的写作过程中，为了点明论文的研究对象、内容、目的，可对总标题加以补充，常常需要副标题，特别是一些商榷性的论文都有一个副标题。

（2）署名。在标题下方要署上真实姓名、所在学校、院系、专业、班级、联系方式，以及导师的姓名和头衔。署名表明作者是论文的法定主权人，并对其内容负责。

（3）目次（目录）。如果是分章节、篇幅较长的论文，则要求写目次。论文的目次与一般书籍的目录一样，前面写内容，后面标注页码。

（4）摘要和关键词。摘要又称概要或内容提要，是对论文基本内容的提炼、总结，要求完整、精练，一般在300字左右。另外，需要将中文摘要翻译成英文。

关键词又称主题词，是论文中起关键作用，最能说明问题，以及代表论文主要内容的术语，一般为3～8个，要求把几个词排列在一起，不要求有语法结构。

（5）写作提纲。写作提纲要写明标题、总纲、细目。

（6）正文。一般本科论文字数在8 000字左右，主要包括以下内容：

①前言，又称引言、导言，是论文的开头部分，主要交代课题的由来、目的、意义及结论，要求顺序井然、条理清晰、表述客观、简明扼要，300字左右为宜。

②本论，要阐明观点、分析问题、旁征博引、层次清晰。

③结论，本论阐述的必然结果，这部分要写得简明扼要，得出答案、提出意见、摆出设想等。

（7）致谢，感谢对论文作出贡献的组织和个人，一般包括参与指导、讨论及协助过论文工作的人员，论文资料的提供者，经费、物质提供单位和个人，以及提出建议乃至批评的人员等。

（8）参考文献（参考资料），包括论文、专著及其他资料，要求是公开发表的，要标明作者姓名、书名、文章名称、出版单位、版次、时间、页码等。

（9）附录，正文以外的需要说明的事项。

三、毕业论文的修改

修改论文是完成毕业论文不可缺少的重要环节。毕业论文不可能一次性达到完美境界，初稿的起草过程不可能滴水不漏，所以论文的修改过程也是作者再思考、深化认识的过程。

修改毕业论文主要从以下几个方面入手：

（1）推敲论点。论点是论文的灵魂和统帅，要从事实方面和逻辑方面反复推敲，确定论点是否成立和正确，检查论据是否能充分支持自己的论点。

（2）调整结构。结构是论文的组织和安排形式，结构失当会让读者感到论文推理不严谨。编写提纲时已经确定好文章的整体结构，一般不轻易做大变动。小的调整是常见的，如层次、段落的重新划分，开头、结尾及文章各部分之间的呼应、衔接等方面。

（3）检验材料。材料不恰当，会使论点失去产生结论的基础，无法使人信服。论文中引用的材料可以进行必要的增加、删除、调换，从而使论证更准确、更有力。

（4）修改语言。论文中不能出现含糊不清的表述，要求语言要准确、鲜明、生动、简洁。

（5）其他修改。标点是文章的五官，是表意的重要手段，直接关系到文章的通畅度与连贯性，在修改时需要特别注意。注释是论文科学价值的重要标志，是论点及论证过程正确性的保证，在修改时要逐一校对，确保准确无误。

四、毕业论文的答辩

毕业论文的答辩是对已完成论文的最后审核和检验，也是对学生学术水平和研究能力的综合考核。它是由问、答、辩构成的一种有目的、有计划的教学形式，是教师和学生之间的双向教学活动。

(一) 答辩前准备

在答辩前需要注意以下几点：一是要有心理准备，千万不要有怯场心理，要做到成竹在胸；二是要事先写好毕业论文的简介，主要包括论文的题目、中心思想、论点、论据、写作体会；三是要重点把握论文的主体部分和结论部分，明确论文论述的基本观点和主要论述的问题；四是要了解和掌握自己所写论文的相关知识及材料。

(二) 答辩流程

答辩委员会一般由5～9个人组成，下设若干答辩小组，由3～5个人组成。具体的答辩步骤如下：

(1) 答辩组长宣读答辩纪律，宣布答辩学生姓名和论文题目。

(2) 指导教师介绍学生简单情况。

(3) 答辩人做几分钟的自述报告，要求简明扼要，重点突出。

(4) 答辩组长准备好答辩问题，并宣读给答辩人。

(5) 答辩人一般有几分钟的准备时间。

(6) 开始答辩。

(7) 答辩委员会投票决定学生论文答辩是否合格。

(8) 答辩委员会主席宣布答辩结果。

(三) 答辩的简单技巧

(1) 准时参加，千万不要迟到。

(2) 注意仪态与风度。

(3) 做好自述报告，不要照本宣科地读报告，最好以讲解的形式完成，语言要简练生动，重点要突出。

(4) 认真听取答辩老师的问题，同时用笔做记录，如果没有听清楚，可以平心静气地举手请老师重复。

(5) 抓紧准备时间。答辩老师提问后，一般给学生几分钟的准备时间，这个时间要集中精力，边想边写，草拟问题答案。

(6) 正式回答问题的时候，要开头简洁，主体清楚，结尾自然。

(7) 在辩驳过程中，要勇敢面对，机智灵活，大胆谨慎，坚持论文论点，能自圆其说。

(8) 自我小结，强调论题，表谦致谢。

例文欣赏

积极情绪对操作思维影响的实证研究

作者　××
指导老师　×××

摘要：研究目的为验证积极情绪对操作思维具有积极的促进作用，实验设计为2（积极情绪、中性情绪）×2（男生、女生）×2（文科、理科）被试内设计。以普通大学生为被试，通过唤起被试情绪进行操作思维实验研究，发现被试在积极情绪状态下完成操作思维实验任务，比在中性情绪状态下完成操作思维实验任务所需要操作步数和操作时间少。

······

关键词：操作思维；中性情绪；积极情绪

引言

目前，随着社会发展的需要和对心理学研究的深入，积极心理学与认知心理学成为心理学领域研究的重要内容。

操作思维是个体直观行动思维发展的高级形式，协调感知和动作，使动作与外界环境保持平衡的一种思维，与体育竞技密切相连。在社会科技快速发展与广泛普及的今天，人们的体力劳动逐步减少，取而代之的是各种各样的体育运动。从时间周期较规范、高水平的国际比赛，到省市、学校等组织单位在各种节庆举行的运动赛事来看，体育运动已成为人们进行身体锻炼、培养兴趣爱好及展现自我的重要平台，与个人生活及发展都联系紧密。

······

1.1 积极情绪概念界定

积极情绪的定义应包含两个方面，一是积极情绪是与某些需要的满足相联系的、使人愉悦的感受或主观体验，主要包括兴趣、爱、满足、快乐、自豪、希望、感恩等[1]；二是积极情绪一般与愉快的主观体验一起产生，与需要的满足相联系，能使个体的活动积极性和能力提高。

······

1.2 操作思维概念界定

操作思维又称动作思维，是人在完成一系列动作的同时，伴随动作进行而进行的思维过程[2]。

······

1.3 积极情绪对认知的影响作用

20世纪中叶，肯塔基大学的心理学家 Danner 等对老龄化、老年痴呆症进行研究，查阅了19世纪30年代天主教修女的日记，发现表达积极情绪最多的人比最少的人多活10年[3]。

······

1.4 积极情绪对体育运动的作用效果

美国心理学家彼得斯曾指出，人的情绪有助于增强或抑制一定的操作行为[14]。1982 年，Weiner 指出很多的经验表明，特殊的认知诱发了情绪，并且情绪的状态很容易因认知的改变而改变。

……

1.5 研究评述及实验假设

综上所述，积极情绪的作用主要体现在以下几个方面：一是对认知过程的促进作用，能够提高认知过程的积极性和灵活性；二是对健康的影响，能够提高个体的抗压性、自我效能感，有利于促进个体积极健康发展；三是在积极情绪状态下，运动员在体育竞技比赛中可以获得更好的比赛成绩。

……

2 研究目的和假设

2.1 研究目的

研究旨在通过唤起被试情绪对操作思维的影响，同时为多数因对操作思维与逻辑思维概念混淆不清，得出性别差异、文理分科差异的研究结论进行验证。

……

2.2 研究假设

在积极情绪状态下，能够减少被试完成操作思维实验所需要的步数和时间，即积极情绪对操作思维的发挥过程具有积极的促进作用。

……

3 材料和方法

3.1 实验变量

本实验的自变量是情绪（积极情绪、中性情绪）、性别和文理分科，因变量是完成操作思维实验的操作步数和操作时间。

……

3.2 实验设计

本实验为实验室试验，采用 2（积极情绪、中性情绪）×2（男生、女生）×2（文科、理科）被试内设计。通过观看不同的视频短片，唤起被试不同的情绪，包括积极情绪和中性情绪；然后进行操作思维实验，测量被试在不同情绪状态下完成实验任务所需要的操作步数和操作时间，分析实验结果。

……

4 结果与分析

4.1 积极情绪对操作思维实验步数的影响结果分析

步数的主体内效应检验表明：情绪的主效应显著，$F(1, 35) = 15.072$，$p = 0 < 0.05$；情绪与性别交互作用不显著，$F(1, 35) = 1.858$，$p = 0.182 > 0.05$；情绪与文理交互作用不显著，$F(1, 35) = 2.571$，$p = 0.118 > 0.05$。

步数的主体间效应检验表明：性别的主效应不显著，$F(1, 35) = 0.606$，$p =$

0.441＞0.05；文理的主效应不显著，$F(1，35)=2.204$，$p=0.147＞0.05$。

……

4.2 积极情绪对操作思维实验时间的影响结果分析

时间的主体内效应检验表明：情绪的主效应显著，$F(1，35)=9.096$，$p=0.005＜0.05$；情绪与性别的交互作用不显著，$F(1，35)=2.510$，$p=0.122＞0.05$；情绪与文理交互作用不显著，$F(1，35)=0.970$，$p=0.331＞0.05$。

时间的主体间效应检验表明：性别主体效应不显著，$F(1，35)=0.089$，$p=0.768＞0.05$；文理主体效应不显著，$F(1，35)=0.738$，$p=0.396＞0.05$；性别与文理交互作用不显著。

……

5 讨论及建议

5.1 积极情绪对操作思维具有积极促进作用

与中性情绪相比，积极情绪对操作思维发挥具有积极促进作用，因为积极情绪能够扩展个体瞬间的思维活动序列，扩大注意范围，增强认知灵活性，在操作思维主导的快速反应协调动作中，帮助被试快速收集分析信息，结合已有经验做出行为选择。

……

6 研究不足

实验有效地证明了积极情绪对操作思维过程的促进作用，取得预期结果，但也存在研究不足。

一方面是样本存在局限性。由于条件有限，本研究的被试选取范围狭小，均为在校大学生，年龄跨度小且特性单一。因此，实验结果更主要的是反映大学生群体的操作思维受积极情绪影响的特点；实验结果是否具有广泛的代表性，还需要选取更多不同社会职业、不同年龄阶段的样本进行研究。

……

7 结论

（1）积极情绪对操作思维水平发挥具有积极的促进作用。

（2）操作思维受性别不同影响的差异不显著。

（3）操作思维受文理分科不同影响的差异不显著。

……

参考文献

［1］……

［2］……

……

附录

情绪唤起鉴定表……

第二节　学术论文

课程导入

通过网络、图书馆等查阅资料，了解学术论文的相关知识，总结学术论文与毕业论文的区别和联系。

一、学术论文的含义与作用

学术论文是科学研究成果的书面表达形式，是对哲学、社会科学和自然科学领域中的某些现象与问题进行比较系统的研究，从而探讨其本质特征和发展规律的理论性文章。这些文章是研究人员提供给学术性期刊发表或向学术会议提交的，反映了该学科领域最新的、最前沿的科学水平和发展动向，以报道学术研究成果为主要目的。

写作与发表的学术论文是科技工作者之间进行科学思想交流的永久记录，也是科学的历史，不仅可以记载探索真理的过程，还可以记载各种观测结果和研究结果。科技工作者通过论文写作与发表进行学术交流，能促进研究成果的推广和应用，有利于科学事业的繁荣与发展。

二、学术论文的特点

（一）创新性或独创性

学术论文报道的主要研究成果应是前人（或他人）所没有的。没有新的观点、见解、结果和结论，就不能将其称为学术论文。学术论文的创新程度是相对于人类已有的知识而言的。至于某一篇论文，其创新程度可能大些，也可能很小，但总要有一些独到之处，总要对丰富知识宝库和社会发展起到一定的积极作用。"首次提出""首次发现"当然是具有重大价值的研究成果，但这毕竟为数不多。

对某一点有发展，应属于创新的范围；而基本上重复他人的工作，尽管确实是作者自己研究所得的"成果"，也不属于创新之列。在实际研究中，很多课题是在引进、消化、移植国内外已有的先进科学技术，以及应用已有的理论来解决本地区、本行业、本系统的实际问题，只要对丰富理论、促进生产发展、推动技术进步有效果、有作用，报道这类成果的论文就应视为有一定程度的创新。

（二）理论性或学术性

理论性是指一篇学术性论文应具有一定的学术价值，主要包括两个方面的含义：

（1）对采用实验、观察或其他方式所得到的结果，要从一定的理论高度进行分析和总结，形成一定的科学见解，包括提出并解决一些有科学价值的问题。

（2）对自己提出的科学见解或问题，要用事实和理论进行符合逻辑的论证、分析或说明，总之，要将实践上升为理论。

写作学术论文，如果仅仅说明解决了某个实际问题，讲述了某项技术或某个方法，是远远不够的。

（三）科学性和准确性

有了创新性和理论性只能说学术论文已经具备了一篇论文最主要的东西，在具体的研究及写作阶段，还必须使论文具有科学性和准确性。

所谓科学性，就是要正确地说明研究对象所具有的特殊矛盾，并且要尊重事实，尊重科学。具体来说，包括论点正确，论据必要且充分，论证严密，推理符合逻辑，数据可靠，处理合理，计算精确，实验可重复，以及结论客观等。

所谓准确性，是指表述与客观事物（即研究对象）的运动规律和性质的接近程度，包括概念定义、判断、分析和结论要准确，对自己研究成果的估计要确切、恰当，对他人研究成果（尤其是在做比较时）的评价要实事求是，切忌片面和说过头话。

（四）规范性和可读性

撰写学术论文是为了交流、传播、储存新的科技信息，让他人利用，因此，学术论文必须按一定的格式写作，必须具有良好的可读性。在文字表达上，要求语言准确、简明、通顺，条理清楚，层次分明，论述严谨。在技术表达方面，包括名词术语、数字、符号、计量单位的使用，图表的设计，以及文献的著录等都应符合规范化要求。

三、学术论文的格式

（一）学术论文的撰写顺序

（1）从绪论写起，接着写本论、结论。这是学术论文最常见、最基本的写作顺序。这种写作顺序符合人们的思维规律。人们在思考问题时，总是要先提出问题，然后分析问题，最后解决问题。

（2）从本论写起，在写好本论、结论之后再回过头来写绪论。因为本论部分所写的都是研究者自始至终悉心考虑的问题，已经成竹在胸，写起来较为顺手。本论这个主要部分有了，其他部分也就迎刃而解了。

（3）从结论写起，写好结论之后再从多方论证这个结论是否正确。这种写法在语言研究或考古研究中较常见。

绪论、本论、结论是论文的基本结构。后面两种顺序虽然没有按照基本结构依次来写，但仍包含绪论、本论、结论这三个部分。

（二）学术论文的写作格式

为了便于学术论文所报道的研究成果这一信息系统的收集、储存、处理、加工、检索、利用、交流和传播，《学位论文编写规则》（GB/T 7713.1—2006）、《学术论文编写规则》（GB/T 7713.2—2022）、《科技报告编写规则》（GB/T 7713.3—2014）对科技论文的撰写和编排格式做了规定。尽管各篇论文的内容千差万别，不同作者的写作风格各有千秋，但格式可以统一。

有了论文的编写格式，对于一篇论文应该先写什么，后写什么，各个部分要写什么内容，以及表达中有什么要求，编排应符合哪些规定，都有章可循。但是，论文的主题如何确立，论据如何选取，论证如何进行，结构如何安排，节、段如何划分，层次标题如何拟定，具体材料如何到位等，则要根据研究对象、研究目的和研究方法，以及论文内容的不同（即根据实际情况）来处理。

一般来说，学术论文的组成部分和排列次序为题名、作者署名、摘要、关键词、中图法分类号、绪论、本论、结论（和建议）、致谢、参考文献和附录。

四、学术论文各个部分的写作要求

（一）题名

题名又称篇名、题目、文题、标题（或称为"总标题"，以区别于"层次标题"）等，位于全文之首，是能反映论文最主要的特定内容的最恰当、最简明的词语的逻辑组合，是读者了解全文的窗口。

题名的一般要求是准确得体，简短精练，便于检索，容易认读。题名一般用以名词或名词性词组为中心的偏正词组，如《生态伦理学的三个难题》。题名一般不宜超过20字。一般把"20字"视为上限，在保证能准确反映"最主要的特定内容"的前提下，题名字数越少越好。

（二）作者署名

作者姓名、工作单位及所在地和邮政编码，一般列于题名之下。不同的学术期刊对署名的要求不同。有的作者姓名在上，工作单位名称、所在地及邮政编码用圆括号括起来，放在下方；有的作者工作单位名称及邮政编码在前，姓名紧跟其后；有的题名下方仅署作者姓名，而将与作者有关的信息（如工作单位、地址、邮政编码、职务、职称等）放在同页，以脚注的形式标出。

学术论文的署名不宜太多。学术论文的署名必须署真名、全名，不能署笔名。凡是署名的作者及致谢的对象，均应征得本人同意，不可强加于人。

（三）摘要

摘要是对论文的内容不加注释和评论的简短陈述。一般来说，只有少于300字的简报、简讯等才可不附摘要。在科技信息量迅猛增长的今天，摘要的重要性日益突出。为此，国家专门制定并颁布了《文摘编写规则》（GB 6447－1986）。

摘要置于作者署名之后、正文之前。一篇完整的论文都要求撰写随文摘要，从而让读者尽快了解论文的主要内容，以补充题名的不足；同时为科技情报人员和计算机检索提供方便。

摘要的撰写包含以下四方面要求：其一，应包括研究目的、方法、结果和结论等内容，基本上涵盖论文的主要信息，是一篇可供单独引用的完整的短文；其二，读者只看摘要，不看全文，就能看懂；其三，离开原文能独立存在，可作为文摘单独使用；其四，行文精练，简明扼要，一般不超过300字。

另外，作为一种可供阅读和检索的独立使用的文体，摘要只能用第三人称来写，

而且尽可能用规范术语，不用非共知共用的符号和术语。摘要不得简单地重复题名中已有的信息，切忌罗列段落标题来代替摘要。除实在无变通办法可用以外，摘要中一般不出现插图、表格，以及参考文献序号，也不用数学公式和化学结构式。摘要通常不分段。

（四）关键词

关键词是为了满足文献标引或检索工作的需要而从论文中选取的词或词组。关键词包括主题词和自由词两部分：主题词是专门为文献的标引或检索而从自然语言的主要词汇中挑选出来并加以规范的词或词组；自由词则是未规范化的，即还未收入主题词表中的词或词组。

每篇学术论文中应专门列出 3~8 个关键词，这些关键词应该能反映论文的主题内容。其中，主题词应尽可能多一些，可以从综合性主题词表（如《汉语主题词表》）和专业性主题词表（如 NASA 词表、INIS 词表、TEST 词表、MeSH 词表等）中选取。那些能反映论文的主题内容但现行的主题词表还来不及收入的词或词组可以作为自由词列出，以补充关键词个数的不足或更好地表达论文的主题内容。

关键词作为论文的一个组成部分，通常列于摘要之后。

（五）分类号

分类号通常是指《中国图书资料分类法》或《中国图书馆图书分类法》（第四版）的分类表中的分类代码。分类语言由符号体系、词汇和语法组成。符号体系即分类语言类名所使用的代码系统，这种代码系统通常由字母和阿拉伯数字组成，如 "F" 表示 "经济" 类图书文献。"F223" 表示主题为 "投入产出分析" 的文献。

一篇涉及多门学科的论文，可以给出多个分类号，其中，主分类号排在首位。分类号通常在关键词的下方。

（六）绪论

绪论是学术论文的开头部分，又叫引言、引论、序论。绪论通常用于提出问题，交代背景，阐明课题研究的目的、意义、学术价值，介绍课题研究的范围、方法，概括学术论文的基本内容。一篇学术论文的绪论应根据其课题研究特点而有所侧重，不必面面俱到。绪论要力求简明扼要、高度概括、直截了当、重点突出。写绪论的目的是向读者交代研究的来龙去脉，从而唤起读者的注意，使读者对论文先有总体的了解。绪论大致包括如下几项内容：

（1）研究的理由、目的和背景，主要包括问题的提出，研究对象及其基本特征，前人对这个问题做了哪些工作，存在哪些不足，希望解决什么问题，该问题的解决有什么作用和意义，研究工作的背景是什么。

因为要回答的问题比较多，所以只能采取简述的方式，通常用一两句话把某个问题交代清楚，无须赘言。

（2）理论依据、实验基础和研究方法。如果是沿用已知的理论、原理和方法，则只需要提几笔，或注明有关的文献。如果要引出新的概念或术语，则应加以定义。

（3）预期的结果及其地位、作用和意义。这部分要写得自然、概括、简洁、确切。

（七）本论

本论是学术论文的主体、核心部分，担负着表述科研成果，以及体现学术论文水平和价值的重要任务。这部分要对绪论中提出的问题展开充分的论证和分析，运用丰富翔实的材料，进行条理清晰、逻辑严密的论述。本论部分内容丰富，篇幅较长，必须采用恰当的结构方式加以安排。本论部分常用的结构有以下四种：

（1）并列式。并列式就是对绪论中提出的问题分别从几个方面进行论述，这几个方面可以是一个问题的几个角度，也可以是一个问题的几个组成部分，相互之间是并列关系。

（2）递进式。这是一种逐层深入、逐步推进的论证方式。

（3）综合式，即在一篇学术论文的本论中综合运用上述两种结构，以一种为主，另一种为辅。这种结构适用于篇幅较长、内容复杂的学术论文。

（4）交错式，即利用某种新的理论、原理，对某个问题进行分析、研究。例如，周尚意、姜苗苗和吴莉萍的学术论文《北京城区文化产业空间分布特征分析》（《北京师范大学学报（社会科学版）》2006年第6期）就是先介绍文化产业空间分布的效益分析理论，然后根据北京基本单位调查数据，利用洛伦兹曲线、集中化程度指数、文化企业年产值的等值线图来刻画北京城区范围内文化产业现有空间分布状况，最后利用文化产业空间分布理论对该状况进行分析。

（八）结论

结论是学术论文正文的结尾，是本论部分论述的自然发展结果，是对全文的概括总结，可以用高度概括的语言归纳出全文内容要点，或写出结论性意见，也可以对课题提出自己的探索性看法。结论不是研究结果的简单重复，而是对研究结果更深一步的认识，是从本论部分的全部内容出发，并涉及绪论的部分内容，经过判断、归纳、推理等过程，将研究结果升华为新的观点。其内容要点如下：

（1）本次研究结果说明了什么问题，得出了哪些规律性的东西，解决了哪些理论或实际问题。

（2）对前人有关本问题的看法做了哪些检验，哪些与本次研究结果一致，哪些与本次研究结果不一致，作者做了哪些修正、补充、发展或否定。

（3）本次研究的不足之处或遗留问题。

对于一篇学术论文的结论，上述第一点是必需的，第二点和第三点视论文的具体内容而定，可以有，也可以没有；如果不可能导出结论，也可以没有结论而进行必要的讨论。

如果结论段的内容较多，可以分条来写，并加以编号，如使用"（1）""（2）""（3）"等，每条成一段，包括几句话或一句话；如果结论段内容较少，可以不分条写，整个为一段。结论应包括必要的数据，但主要用文字表达，一般不再用插图和表格。

（九）致谢

致谢不是论文必需的组成部分。致谢是作者对在本课题研究中参与部分工作，或协助完成本课题的研究工作，或对论文撰写提供帮助和指导，或提供样品、器材及其他支持的单位和个人表示感谢的一种方式。其主要作用是对合作者的劳动表示尊重，同时为读者介绍与本课题有关的合作者、资助者、指导者、协作者的情况，从另一个侧面反映论文工作的有关信息。

致谢的对象包括：①协助完成本课题研究工作或提供各种帮助的组织和个人；②对研究工作提出建议和给予某些指导的专家；③为研究工作提供实验样品、材料和仪器者；④为论文写作提供某些资料者；⑤帮助审阅、修改论文者和帮助论文做统计学处理者；⑥对本课题研究给予资助或支持的有关组织和个人；⑦其他应感谢的组织和个人。

（十）参考文献

参考文献是指"文后参考文献"，主要内容为撰写或编辑论文而引用的有关图书资料。所引文献必须是作者直接阅读过的文献，不可从他人文献中转引文献。所引文献必须是在公开发行的正式出版物上刊载的文献，保密资料、内部刊物或者尚未发表的文献不得引用。所引文献要忠于原意，著录时要仔细核对。引用文献应以原著为主，译文、文摘、转载一般不应作为参考文献引用。应尽可能引用近期（3～5年）的、主要的、与本课题密切相关的文献，少用年代久远的、次要的或教科书之类公知的文献。引用文献应突出重点，少而精。

我国制定的《信息与文献 参考文献著录规则》（GB/T 7714－2015）规定，参考文献采用顺序编码制和著者－出版年制。目前，我国科技学术期刊大多采用顺序编码制，只是不同的杂志采用的著录方法略有差异。这里重点介绍顺序编码制的标注方法。

参考文献著录格式包括文内标注格式和文后参考文献表两种编写格式。

采用顺序编码制时，在引文处按照它们出现的先后用阿拉伯数字连续编码，并将序码置于方括号内，视具体情况把序码作为上角标或者语句的组成部分。在文后参考文献表中，各条文献按照在论文中的文献序号排列顺序，项目应完整，内容应准确，各个项目的次序和著录符号应符合规定。

1. 专著的基本著录格式

［序号］主要责任者. 题名：其他题名信息［文献类型标志］. 其他责任者. 版本项，出版地：出版者，出版年：引文页码［引用日期］. 获取和访问的路径.

示例：［1］余敏. 出版集团研究［M］. 北京：中国书籍出版社，2001：179-193.

2. 析出文献的基本著录格式

［序号］析出文献主要责任者，析出文献题名［文献类型标志］. 析出文献其他责任者∥专著主要责任者，专著题名：其他题名信息，版本项，出版地：出版者，出版年：析出文献的页码［引用日期］. 获取和访问路径.

示例：［1］程伟根. 1998 年长江洪水的成因与减灾对策［M］∥许厚泽，赵其国.

长江流域洪涝灾害与科技对策，北京：科学出版社，1999：32－36.

3. 连续出版物的基本著录格式

〔序号〕主要责任者．题名：其他题名信息〔文献类型标志〕．年，卷（期），出版地：出版者，出版年〔引用日期〕．获取和访问路径．

示例：〔1〕中国图书馆学会．图书馆学通讯〔J〕．1957（1）－1990（4）．北京：北京图书馆，1957－1990.

4. 专利文献的基本著录格式

〔序号〕专利申请者或所有者．专利题名：专利国别，专利号〔文献类型标志〕．公告日期或公开日期〔引用日期〕．获取和访问路径．

示例：〔1〕姜锡洲．一种温热外敷药制备方案：中国，88105607，3〔P〕．1989－07－26.

5. 电子文献的基本著录格式

〔序号〕主要责任者，题名，其他题名信息〔文献类型标志/文献载体标志〕．出版地：出版者，出版年（更新或修改日期）〔引用日期〕．获取和访问路径．

示例：〔1〕pacs-l：The Public-Access Computer System of Forum〔EB/OL〕. Houston，Tex：University of Houston Libraries，1989〔1995-05-171〕. http://info. lib. uh. edu/pacsl. html.

文献类型代码表，如表11－1所示。电子文献载体和标志代码，如表11－2所示。

表 11-1　文献类型代码表

文献类型	标志代码	文献类型	标志代码
普通图书	M	报告	R
会议录	C	标准	S
汇编	G	专利	P
报纸	N	数据库	DB
期刊	J	计算机程序	CP
学位论文	D	电子公告	EB

①参考文献表中各著录项之间的符号是"著录符号"，而不是书面汉语或其他语言的"标点符号"，所以不要从标点符号的概念上去理解。

表 11-2　电子文献载体和标志代码

载体类型	标志代码	载体类型	标志代码
磁带（magnetic tape）	MT	光盘（CD－ROM）	CD
磁盘（disk）	DK	联机网络（online）	OL

五、英文摘要

为了扩大我国科学技术成就和信息传播的范围，加强国际学术交流与合作，目前我国绝大多数的科技学术期刊对投寄的论文都要求附有英文摘要，即将论文中的中文摘要译成英文。

一篇完整的英文摘要应包括以下几个部分：①题名；②作者及其工作单位、地址、邮政编码；③论文摘要正文；④关键词。

（一）题名

与中文题名一样，英文题名应撰写得简单、明了、醒目，一般要求包含研究目的、方法和对象，或研究对象、处理因素和反应效应三个要素，并且符合英语规范。英文题名一般不宜超过 10 个实词。原则上是比照论文的中文题名译成英文，使两者保持基本一致。但这并不等于字字对译，必要时可以加译、减译和意译。

题名中单词字母的大小写目前尚无统一规定。一般题名的第一个词的第一个字母为大写，其余除专有名词外一般为小写，这种方式为绝大多数科技学术期刊所采纳。也有的除介词、连词或冠词外，每个词的首字母均大写。

（二）署名及单位名称

在题名之下，另起一行，居中写作者姓名。中国作者的姓名，将姓和名各作为一个词按汉语拼音拼写，两者首字母皆大写。在作者的姓名之下，另起一行列出作者单位名称、所在地和邮政编码，单位名称次序正好与中文相反，即先小单位后大单位。

（三）摘要

与中文摘要一样，英文摘要也要以最精练的文字介绍论文的精华和主要观点。通常将中文摘要直接翻译成英语作为英文摘要，即英文摘要也主要反映研究目的、方法、结果和结论四项内容。如果中文摘要是结构式的，则写英文摘要更方便。

课堂思考

毕业论文与学术论文有何区别与联系？

例文欣赏

【例文】塔里木盆地沙尘天气的气候特征

马禹 肖开提 王旭

（新疆环境气象中心，乌鲁木齐，830002）

摘要：利用塔里木盆地周边 28 个气象站 1961—2003 年逐日地面观测资料，分析沙尘天气的空间分布特征和时间演变规律，在构建多元线性回归影响因子模型的基础上，探讨气温、地温日较差、气压、平均风速、降水量 5 个气候因子对沙尘天气的影响程度，建立沙尘指数。塔里木盆地沙尘天气有着明显的地域分布特征和季节变化，春季是高发期，沙尘日数与气候因子季节变化的关系非常密切。沙尘日数年际变化呈明显的减少趋势，具有6～9a的振荡周期。3—9月盆地沙尘天气的主要影响因子依次是平均风速、降水量和地温日较差。春季降水量占主导地位，6—9月平均风速占主导地位。选取各月对沙尘天气影响有意义的气候因子建立沙尘指数，它在时间序列上对沙尘天气有很好的反映，可用来做沙尘天气出现日数的气候预测。

关键词：沙尘天气；变化趋势；相关分析；影响因子；沙尘指数

沙尘天气分沙尘暴、扬沙和浮尘3类。中国西北地区沙漠、戈壁广布，植被稀少，沙生物质极其丰富，风蚀强烈，是中国沙尘天气出现的高频区域。而浩瀚的塔克拉玛干沙漠是沙尘天气的高频中心之一。沙尘天气的发生机制、影响因素一直是热点问题，特别是气候因子对沙尘天气出现频率的影响。全林生等分析了中国沙尘天气与降水、气温及扰动漩涡的相关关系。翟盘茂通过相关关系着重分析了中国北方大风、降水、相对湿度、地表温度及积雪对沙尘天气形成的影响。王小玲等利用EOF和SVD方法分析了近半个世纪中国春季沙尘天气频数与近地面风速和海平面气压的关系。何清等指出，塔里木盆地沙尘暴、扬沙、浮尘总日数与温度、降水量在春季有相对较好的相关关系。可见，多数研究工作集中在沙尘频数与大风、降水和气温等气象要素的多年变化及时空分布相互关系的统计分析上，其结果偏重状态演变的统计描述，定量研究是一个比较薄弱的环节。针对这一情况，利用风速、降水、蒸发量、相对湿度、大风日数基本气象资料，提出了风速影响指数W和土壤湿润指数H的计算方法，在此基础上建立气候指数D模型，并选取北京4个郊区县站1961—1990年的风速、降水量、蒸发量、相对湿度、大风日数的月平均值和沙尘暴发生日数，回归分析了气候指数D与沙尘暴发生频率的关系。这些方法旨在用气候指数定量反映沙尘天气的发生日数，并没有反映气候因子对沙尘天气影响的复杂性及程度。况且到目前为止，对于源区沙尘天气发生频次的变化趋势及其与气候因子相互关系的定量研究非常有限。

本文以塔里木盆地周边28个气象站1961—2003年逐日地面气象观测资料为依据，从沙尘天气和与其关系密切的气候因子的季节及年际变化入手，通过构建影响因子模型研究气温、地温日较差、气压、平均风速和降水量这5种气候因子对沙尘天气的影响程度，并建立沙尘指数模型，为沙尘天气的预测工作提供参考依据。

1. 资料和方法（略）

2. 沙尘天气的时空变化（略）

2.1地理分布、季节变化（略）

2.2沙尘天气的变化趋势和周期分析（略）

3. 沙尘天气的主要影响因子（略）

4. 沙尘指数和指数模型（略）

5. 结论（略）

参考文献

[1] 中国气象局.地面气象观测规范 [M].北京：气象出版社，1979：21-27.

[2] 全林生，时少英，朱亚芬，等.中国沙尘天气变化的时空特征及其气候原因 [J].地理学报，2001，56（4）：477-485.

[3] 王式功，王金艳，周自江，等.中国沙尘天气的区域特征 [J].地理学报，2003，58（2）：193-200.

[4] 翟盘茂，李晓燕.中国北方沙尘天气的气候条件 [J].地理学报，2003，58（增刊）：125-131.

[5] 王小玲，翟盘茂.中国春季沙尘天气频数的时空变化及其与地面风压场的关系 [J].气象学报，2004，62（1）：96-103.

······

第三节　实习报告

🖥 课程导入

孙佳在实习单位的实习即将结束，回校后需要上交实习报告。为了能够顺利地完成毕业实习，递交实习报告，孙佳查询了很多资料也不知道该如何完成，请你帮帮孙佳吧。

一、实习报告的概念

实习报告是学生对实习情况所做的翔实记录的全面总结，是学生实习过程、体会、收获的全面反映，是表述学生实习成果、代表其专业综合水平的重要资料。它主要由实习周记和实习报告两大部分组成。

二、实习报告的特点

（一）实践性

实习报告取材于实习活动。实习活动是学生将所学的专业理论知识运用于实践，在实践中结合理论并加深对其认识的过程。因此，在写作中要突出其实践性，以翔实的实习业务素材为依据进行写作。

（二）真实性

真实性是实习报告的重要特点。实习报告应如实反映实习真相，用确凿的事实分析基本理论知识，验证和丰富课堂所学理论知识，陈述和总结自己的体会。实习报告中切忌出现虚构、编造、想象、夸张和自相矛盾的语句。

（三）独创性

实习报告虽然不像毕业论文那样要求提出明确的理论观点，但要有鲜明的主题，能在归纳总结的基础上提出独特的见解，揭示专业工作规律，反映事物的发展规律。

三、实习报告的格式和写作方法

实习报告一般由标题、目录、正文、致谢、参考文献组成。

（一）标题

标题应当简短、明确、有概括性，符合实习报告任务的要求，能体现实习报告的核心内容和专业特点。

（二）目录

目录是实习报告各组成部分所处页码的具体显现。目录可以使实习报告的层次更分明，方便指导老师、读者阅读。目录一般单独设页。

（三）正文

实习报告的正文主要由前言、主体组成，一般为 3 000～6 000 字。

1. 前言

前言主要以实习时间、地点和任务为引子，把实习的感受、结果用精练的语言概括出来以引出实习报告的内容。

2. 主体

实习报告的主体是学生实习成果的展示和表述，是整个实习过程的再现，必须以实习单位及实践岗位为背景进行剖析，应当层次分明、语言流畅、结构严谨，符合专业要求；用语、表格、插图应规范准确，符合统一标准，引用他人资料要有标注。

主体主要包括以下几方面内容：

（1）实习目的：涵盖的内容是实习在整个学习生涯中的地位和作用、实习与就业岗位的关系、以怎样的态度去面对和进行实习等。

（2）实习单位概况：包括实习单位的地理位置、规模、产品概况、管理概况、人才需求情况、目前行业发展地位、与专业相关的岗位、设施设备、实习岗位及技能要求等情况的介绍。可绘出单位组织结构图及生产流程图。

（3）实习内容及过程：是重点部分，主要描述对岗位的认识和工作过程、实习期间的工作任务、任务完成情况等。

实习内容及过程主要包括以下几点：

①实习过程中做了些什么，即个人完成的主要工作任务和取得的主要成绩。

②实习过程中发现了什么问题，有什么建议，准备采用什么方法和措施来解决发现的问题，即着重结合所学专业技术知识提出解决实际问题的方案。

③实习收获与体会，主要包括在实习过程中发现的问题、解决问题的办法、实习期间的收获、对未来工作的期望等。特别是针对自己所学的专业技术知识与岗位实践内容差距的认识和思考，找出自己的差距和不足，以及今后学习、工作努力的方向。

（四）致谢

致谢就是以简洁的字句对实习单位提供实习实训指导和帮助的老师、师傅、同事及相关人员表示谢意。

（五）参考文献

（1）参考文献按先后顺序用阿拉伯数字连续编号，符号置于方括号内。若同一文献在实习报告中被反复引用，则用同一序号表示。

（2）参考文献的著录项目要齐全，即注明序号、作者、题目、刊名、出版年份、卷号（期号），起止页码。

（3）参考文献的类型以单字母方式标识：M 表示专著，C 表示论文集，N 表示报纸文章，J 表示期刊文章，R 表示研究报告，S 表示标准，P 表示专利，其他未说明的文献类型采用字母"Z"标识。

✐ 课堂思考

实习报告是不是越详细越好？

四、实习报告的写作要求

（1）实习报告必须资料翔实、内容简明扼要、层次清楚，能反映学生的实习情况、体会和感受。

（2）实习报告要紧扣专业工作内容，有独特见解，重点突出，条理清晰。

📖 知识链接

怎样写好实习报告

实习报告必须以实践和研究为基础，在指导教师的指导下进行写作。实习报告的写作步骤如下：

（1）收集资料。

从开始实习起就要注意广泛收集资料，并以各种形式记录下来，如写实习日记等。丰富的资料是写好实习报告的基础。

（2）根据收集的资料，构建报告框架。

构建报告框架要做好四个综合：综合实习材料，分类取舍；综合同类材料，提炼观点；综合成功经验，找出规律；综合实习过程，思考得失。

（3）归纳感想体会，写作初稿。

在写作时，首先要重点思考如何将理论和实践相结合，如何用理论指导实践，将在学校学到的理论知识、方式方法变成实践。

其次要细心观察，体验在学校没有接触的知识，了解它们以什么样的方法和怎样的形态、面貌出现。例如，原先你不了解部门职能，在实习过程中是什么问题引发了你对职能部门的了解。又如，在工作中碰到的一些问题与在学校所学理论知识有什么区别、能否用在学校所学的知识来解决问题、在解决问题过程中你的体会和理解是怎样的等。

（4）修改定稿。

实习报告
目录

前言

实习是为了让学生毕业后能更好地适应社会和工作岗位。我觉得实习既辛苦又充实。辛苦是因为刚踏上工作岗位，有很多方面不能很快适应；而充实则是在这段时间里，我学到了在校园无法学到的知识和技能，提高了自己各方面的素质，同时实习也给了我一定的工作经验，为将来谋求一份好工作打下了基础。现在为期六个月的实习结束了，我在这六个月的实习中受益匪浅。下面对这六个月的实习做一个总结。

一、实习概况

（一）实习目的

通过理论与实际的结合、个人与社会的沟通，将在校所学专业知识转化为实际工作能力，提高实践能力及待人处世技巧、团队协作精神等职业素养，为毕业后的就业打下基础。

（二）实习时间

20××年7月1日—20××年12月30日。

（三）实习地点

××事务所有限公司，位于××市××路××号。

（四）实习岗位

本次实习，我主要从事代理记账的相关工作。

二、实习单位概况

××事务所有限公司（以下简称事务所）成立于 2011 年 4 月 19 日，秉承"全心全意做到最好"的企业文化，是为中小型企业提供注册、工商变更、记账、报税、年审一站式服务的专业代理机构。在代理记账的过程中，也会涉及与银行、工商局之间的业务往来，以及国税和地税的申报纳税。成立至今，事务所在执业活动中从未涉及任何诉讼或行政处罚。

三、实习内容

（一）常用办公设备的使用

如同所有的实习生一样，我刚进入公司时，首先接触的也是"打杂"工作。每天上班，除了基本的工作任务之外，还要帮同事打印、复印资料，因此，一些常用办公设备的使用也就成了我学习的重要内容。经过三个月的实践操作，我已经熟练掌握打印机、复印机、传真机、扫描仪和碎纸机等办公设备的使用方法。

……

四、实习体会与建议

（一）实习体会

通过此次实习，我受益匪浅，不仅巩固了专业知识，还对事务所的工作有了新的认识。

……

致谢

我要感谢我的母校——××职业技术学院，感谢三年来我身边的良师益友，感谢实习公司能给我这么宝贵的机会，感谢所有在工作中帮助过我的人，谢谢你们。

参考文献

……

第四节　教学计划

📖 课程导入

无论是中小学生的老师，还是博士或硕士的导师，在日常中，都需要按部就班地去执行教学。因为教学是一个系统的过程，所以必须先制订教学计划，再根据教学计划执行教学任务。由此可见，教学计划是教学任务顺利实施的关键。

一、教学计划的含义

教学计划是根据一定的教育目的与培养目标制定的教育和教学工作的指令性或指导性的教学文件。它决定着教学内容总的方向和总体结构，并对有关学校的教学、实验、实习、社会实践活动等做出全面安排，具体规定学校的学科设置、各门学科的教学顺序、教学时数及学年编制（包括学年阶段的划分、每学年或学期的教学总时数、学生参加社会实践的总时数、节日放假及假期的天数）等。一个完整的教学计划主要包括培养目标、培养要求、修业年限、主干学科和主要课程、课程设置、教学安排与时间分配、成绩考核及学位授予等内容。

本节的教学计划，是指教师为完成教学任务、实现教学目标而拟定教学程序、教学内容和教学方法等的一种文书形式。

二、教学计划的分类

按管理层次可将教学计划分为学校总体教学计划、年级组教学计划、教研组（室）教学计划。学校总体教学计划由教务管理部门编制，就学校教育教学的总体情况做出规划与安排。年级组教学计划由年级组长负责编制，一般是就某个学年或某个学期的年级教学活动情况做出安排。教研组（室）教学计划由各门学科的教研组长负责编制，一般是对某个学年或某个学期的学科教学和教研活动做出具体安排。

按学科可将教学计划分为语文教学计划、数学教学计划、体育教学计划、音乐教学计划等。每个学科都要编写自己的教学计划，并以学科名称来称呼。

按形式可将教学计划分为条文式教学计划、表格式教学计划、条文与表格综合式教学计划。比较详细的教学计划都采用条文式，把计划的目的、意义、内容、步骤、措施等逐项列出，对执行者来说，条文式教学计划明确、具体。简略的教学计划的内容、步骤等可以用表格的形式来显示，对执行者来说，表格式教学计划简明、清楚，如教学进度就可以采用表格式。另外，也可以把条文式与表格式综合起来，取两者之长。

三、教学计划的编写要求

（1）要熟练掌握教育政策、法规和教育理论。
（2）要深入钻研教材和课程标准。
（3）要充分了解学生的学习状况。
（4）要条理清楚，简明扼要。
（5）要有利于实施，方便操作。
（6）要有一定的前瞻性和预见性。

例文欣赏

×××大学"人才培养模式改革和开放教育试点"
管理学科工商管理类会计学专业（专科）教学计划

一、培养目标及规格

本专业培养社会主义市场经济建设需要的，德、智、体、美、劳全面发展的，重点面向基层、面向业务第一线的应用型专业人才。

在政治思想道德方面，拥护党的基本路线，热爱祖国，具有全心全意为人民服务的精神；遵纪守法，有良好的社会公共道德和职业道德。

······

二、课程设置及教学管理

（1）教学计划中设必修课、限选课、选修课和实践环节。其中，必修课由学校统一开设，采用统一的教学大纲、统一的教材、统一的考试形式、统一的评分标准。采用集中辅导和巡教巡考等方式，加强教学过程管理。

（2）限选课由学校统一课程名称和教学大纲（或教学要求），并推荐教材，尽可能提供教学服务。

······

三、修业年限与毕业

实行学分制，学生注册后8年内取得的学分均为有效。

按3年业余学习安排教学计划。

本专业最低毕业学分为76学分。学生通过学习取得规定的毕业总学分，思想品德经鉴定符合要求，即准予毕业，并颁发国家承认的高等教育专科学历毕业证书。

四、课程说明

1. 政治经济学（略）

2. 经济数学基础（略）

3. 基础会计（略）

4. 统计学原理（略）

本章训练

一、填空题

1. 毕业论文是_____的一种，是高校应届毕业生为_____，锻炼独立分析问题和_____的能力，用于表达_____和阐述学术观点的论理性文章。

2. 毕业论文搜集材料的方法主要有几种：一是通过_____；二是通过学术刊物查找；三是通过_____获取资料（即调查研究）；四是通过工具书查找；五是向专家请教。

3. 一般来说，学术论文的组成部分和排列次序为_____、作者署名、_____、关键词、中图法分类号、_____、本论、结论（和建议）、致谢、_____和附录。

4. 参考文献著录格式包括_____和_____两种编写格式。

5. 实习报告主要由实习_____和_____两大部分组成。

6. 教学计划是根据一定的_____与_____制定的教学和教育工作的_____或指导性的教学文件。

二、判断题

1. 毕业论文的创作需要大量的资料、较多的层次、严密的推理开展论述，因此整个论文的构思谋篇显得十分烦琐。（　　）

2. 学术论文是科学研究成果的书面表达形式，是对哲学、社会科学和自然科学领域中某些现象和问题进行比较系统的研究，从而探讨其本质特征和发展规律的理论性文章。（ ）

3. 实习报告的主体是学生实习成果的展示和表述，是整个实习过程的缩影。（ ）

4. 一个完整的教学计划主要包括培养目标、修业年限、主干学科和主要课程、课程设置、教学安排与时间分配、成绩考核及学位授予等内容。（ ）

5. 按管理层次可将教学计划分为学校总体教学计划、年级组教学计划、教研组（室）教学计划。（ ）

三、写作题

请根据自己的兴趣和专业方向写一篇论文。

第十二章　口语交流类文书

 学习目标

❋ **知识目标**

了解各种口语交流类文书的含义及分类。

了解各种口语交流类文书的特点及作用。

❋ **能力目标**

掌握各种口语交流类文书的写作要求。

掌握各种口语交流类文书的格式。

❋ **素质目标**

提高口语交流能力及素质。

思政目标

通过学习本章内容，学生可以摆脱"书呆子"的标签，提高语言表达能力。

第一节　讲话稿

课程导入

张梦是一家公司的文员秘书。某一天，公司的总经理需要在例会上对员工最近的优异表现进行表彰，要求张梦为其写一篇讲话稿，请你帮帮张梦吧。

一、讲话稿的含义

讲话稿是为讲话人出席会议、典礼等而准备的发言稿。讲话稿一般专门就某个方面的问题发表意见，内容集中，中心突出。有些讲话稿起到报告的作用，成为反映会议精神的主要的文件。

二、讲话稿的分类

（一）导向性讲话

导向性讲话一般发表于会议开始时，或会议进行之中。会议开始时，多由会议主

持人或执行主席就召开会议的背景、缘由、目的、开好会议的要求发表讲话；会议进行中，他们常就讨论中提出的问题，结合有关文件精神进行有针对性的讲话，引导与会者用文件、上级指示精神统一认识。

（二）指导性讲话

指导性讲话一般发表在大会工作报告之后。这时讲话人通常会对会议的中心议题做重点阐发，结合当前形势和本地区、本单位的实际，向与会者提出应当怎样分析和认识一些具体问题。其中往往提出对某些实质性问题的处理原则，具有明显的指示、指导性质。

（三）总结性讲话

总结性讲话可分为阶段性总结讲话和会议总结讲话。在会议进行中所做的阶段性讲话一般是在转入下一个议程之前，就会议已经讨论的问题，针对讨论中的发言、讲话情况做客观的评价，肯定成绩，指出不足，作为阶段小结。会议总结讲话是在会议结束时对会议进行总结，提出贯彻会议精神的意见和要求。

三、讲话稿的特点

（一）权威性

讲话稿往往是领导在重要场合所做的演讲和发言，目的是贯彻上级的指示精神，实施本级的决定，对分管的工作提出指导性意见等。因此，讲话稿具有权威性。

（二）思想性

政府领导的讲话内容必须具有一定的思想性。具体来讲，就是要能以马列主义理论为指导，阐述所做的工作的意义。

（三）鼓动性

当政府下发一项文件或精神时，需要其工作人员认真执行。此时，领导者的讲话必须具有鼓动性，做到能够调动听众的情绪，使听众能够以饱满的热情投入工作中。

四、讲话稿的作用

讲话稿的使用范围很广，如可用于在各种大小会议、广播录音、电视录像中做口头表达，也可以作为"书面发言"在报纸上登载。

五、讲话稿的写作要求

（一）讲话稿的格式

讲话稿一般由标题、签署、称呼、正文等组成。

1. 标题

讲话稿的标题有多种写法：一是由单位名称或讲话人、事由、文种组成；二是由事由加文种组成；三是根据讲话的内容确定讲话稿的标题，让人一听就知道讲话的

主题。

2. 签署

需要在标题下方注明讲话人的姓名及日期，也可将日期写在文末。

3. 称呼

称呼要注意泛指性、次第性等。泛指性是指称呼要有包容性，将与会人员全部包容进去。次第性是指称呼要按主次排列。

4. 正文

正文一般由开头、主体、结尾组成。开头或阐明讲话主题，或交代讲话背景，或提出问题，以引起注意。主体部分或分析问题，解决问题；或总结经验教训，安排新的工作项目。这部分要围绕一个主题有条理地展开，做到言之有物，言之有序。结尾部分一般是对全文的总结概括，同时提出要求、希望等。

（二）讲话稿应注意的关系

1. 权威性与平易性的关系

一篇好的讲话稿总是权威性与平易性相结合的产物。领导讲话无疑要具有权威性，这样才能起到应有的强调、号召作用。这种权威，确实是一种原则性的把握。如果讲话人在讲话时处处炫耀自己的身份，表现得不可一世，就会拉远听众与讲话人的距离。如果讲话人在讲话时尽量表现得平易近人、坦率、真挚，就能很快地与听众沟通，大大缩短与听众之间的距离，在自然而亲切的气氛中传达自己的思想。

2. 庄重与幽默的关系

领导讲话无疑要非常严肃、庄重，决不能像拉家常一样闲扯，说起话来毫无目的，想到哪说到哪，只为消遣。领导讲话要严肃、认真、准确地传达上级的指示精神，阐明自己的思想，这是领导讲话必须把握的原则。但是，如果整个讲话自始至终处于一种非常严肃的氛围中，就会使听众产生厌倦情绪，以致大大降低讲话的效果。因此，适时地活跃现场气氛，不但能够调动听众的情绪，而且会使讲话的效果更好。

3. 深入与浅出的关系

领导讲话时一定要注意处理好深入与浅出的关系。因为听众的水平参差不齐，讲话人要通过阐明一定的道理来说服人、教育人，就必须将深奥的道理通俗化。

（三）起草讲话稿应注意的问题

首先，要避免雷同。因为讲话的场合多种多样，在同一个场合可能有不止一位领导针对同一个问题发言，这时，如何避免讲话内容的雷同便是起草人应预先考虑且有所准备的。起草人应尽可能使领导的讲话既全面又独特，只有紧紧抓住观众，才能收到好的效果。一般来说，为了避免雷同可在以下几个方面下功夫：一是根据领导的特定身份，就会议的主旨阐发观点，展开议论，这样可以自然而然地成为"一家之言"；二是适当变换议题的角度，从独特的角度来看待问题，阐发观点，给听众耳目一新的感觉；三是选择那些富有新意的材料来说明问题，从不同程度满足人们审美活动和求异思维的需要，使听众开阔视野，回味无穷。

其次，要独树风格。领导讲话最忌千篇一律地发表意见，平淡无奇。讲话要有自己的风格，才能抓住听众。起草人要在把握领导思维、语言特点的基础上发挥创造力，使领导讲出自己的风格。讲话不应有固定的章法，应根据讲话的内容和场合随时变化，不仅要逻辑严明、思路清晰，而且应生动活泼、文采盎然。撰写领导讲话稿应当潇洒一些，讲究文采。文采对形成讲话风格有很大的影响，可使讲话更富有生气，以及感染力、号召力。由于各个领导的性格、职务、语言习惯不同，因此其讲话风格也必然各具特色。

最后，要适当调剂情绪和氛围。如果遇到长一些的讲话，一般来讲，任何人都会感到疲劳，精力往往不会像开始时那样集中，这时讲话就需要调剂情绪和气氛。对于这一点，撰稿人也要预先考虑到，运用即兴调剂要因领导讲话的内容而变化、因听众不同而变化，有时用在开头，有时用在中间，有时用在结尾。讲话即兴调剂是领导机智灵活的表现。

例文欣赏

<h3 style="text-align:center">在北京大学师生座谈会上的讲话</h3>
（2018年5月2日）
习近平

各位同学，各位老师，同志们：

今天，有机会同大家一起座谈，感到非常高兴。再过两天，就是五四青年节，也是北大建校120周年校庆日。首先，我代表党中央，向北大全体师生员工和海内外校友，向全国各族青年，向全国青年工作者，致以节日的问候！

近年来，北大继承光荣传统，坚持社会主义办学方向，立德树人成果丰硕，双一流建设成效显著，服务经济社会发展成绩突出，学校发展思路清晰，办学实力和影响力显著增强，令人欣慰。

……

同学们、老师们！

近代以来我国历史告诉我们，只有社会主义才能救中国，只有中国特色社会主义才能发展中国，才能实现中华民族伟大复兴。坚持好、发展好中国特色社会主义，把我国建设成为社会主义现代化强国，是一项长期任务，需要一代又一代人接续奋斗。我们的今天就是这样走过来的，我们的明天需要青年人接着奋斗下去，一代接着一代不断前进。

……

同学们、老师们！

当代青年是同新时代共同前进的一代。我们面临的新时代，既是近代以来中华民族发展的最好时代，也是实现中华民族伟大复兴的最关键时代。广大青年既拥有广阔发展空间，也承载着伟大时代使命。青年是国家的希望、民族的未来。我衷心希望每一个青年都成为社会主义建设者和接班人，不辱时代使命，不负人民期望。对广大青年来说，这是最大的人生际遇，也是最大的人生考验。

......

同学们、老师们!

辛弃疾在一首词中写道:"乘风好去,长空万里,直下看山河。"我说过:"中国梦是历史的、现实的,也是未来的;是我们这一代的,更是青年一代的。中华民族伟大复兴的中国梦终将在一代代青年的接力奋斗中变为现实。"新时代青年要乘新时代春风,在祖国的万里长空放飞青春梦想,以社会主义建设者和接班人的使命担当,为全面建成小康社会、全面建设社会主义现代化强国而努力奋斗,让中华民族伟大复兴在我们的奋斗中梦想成真!

第二节　演讲稿

课程导入

演讲是一门艺术。好的演讲自有一种激发听众情绪、赢得听众好感的鼓动性。身为文员秘书的张梦又得到一项新的指示,在公司年会上,董事长要进行演讲,内容主要有上一年的工作总结、下一年的工作展望、对公司员工的肯定、制度的完善等,请你帮助张梦一起完成这项任务吧。

一、演讲稿的含义

演讲稿是演讲者事先准备的,用来在大会上或其他公开场合发表个人的观点、见解和主张的文稿。演讲稿对演讲起着提示与规范的作用。

二、演讲稿的分类

根据内容划分,演讲稿分为政治演讲稿、法律演讲稿、学术演讲稿和社交演讲稿等。根据方式划分,演讲稿分为专题演讲稿、辩论演讲稿。

三、演讲稿的特点

(一) 针对性

演讲是一种社会活动,是用于公众场合的宣传形式。为了以思想、感情、事例和理论来晓喻听众,打动听众,感动群众,演讲必须要有现实的针对性。所谓针对性,一是作者提出的问题是听众所关心的问题;二是要懂得听众有不同的对象和不同的层次,而公众场合也有不同的类型,如党团集会、专业性会议、服务性俱乐部、学校、各类竞赛场合,写作时要根据不同场合和不同对象,为听众设计不同的演讲内容。

(二) 可讲性

演讲的本质在于"讲",而不在于"演",即以"讲"为主,以"演"为辅。由于演讲要诉诸口头，因此拟稿时必须以易说能讲为前提。如果有些文章和作品主要通过阅读欣赏，领略其中的意义和情味，那么演讲稿的要求是"上口入耳"。一篇好的演讲稿对演讲者来说要可讲，对听讲者来说应好听。因此，演讲稿写成之后，作者最好能通过试讲或默念加以检查，凡是讲不顺口或听不清楚之处（如句子过长），均应修改或调整。

（三）鼓动性

演讲是一门艺术。好的演讲自有一种激发听众情绪、赢得听众好感的鼓动性。要做到这一点，首先要求演讲稿思想深刻、内容丰富、见解独到；其次要求语言表达形象、生动，富有感染力。

课堂思考

你认为演讲稿最大的特点是什么？

四、演讲稿的作用

演讲稿具有宣传、号召、提示和规范行为的作用。

五、演讲稿的写作要求

（一）选题要恰当

选题主要是确定演讲的题目，规定演讲的范围。要选择听众感兴趣的、有现实意义的题目，并根据演讲时间的长短确定合适的范围。

（二）观点要鲜明

要善于分析问题，透过事物的表象把握本质规律。在确定演讲的观点之后，材料必须紧扣观点来组织，并为阐明观点服务。

（三）选材要精当

演讲离不开真实典型、生动形象的事例。

（四）语言要准确优美

演讲稿的语言不仅要准确精练，通俗易懂，还要生动形象，有幽默感与感染力。

六、演讲稿的写作技巧

演讲稿的结构分开头、主体、结尾三个部分，与一般文章的结构大致一样。但是，由于演讲是具有时间性和空间性的活动，因此演讲稿的结构还具有其自身的特点，尤其是它的开头和结尾有特殊的要求。

（一）开头要抓住听众，引人入胜

演讲稿的开头也叫开场白，在演讲稿中处于显要的地位，具有重要的作用。作家温克勒说开场白有两项任务：一是建立说者与听者的同感；二是如字义所释，打开场面，引入正题。好的演讲稿，一开头就应该用最简洁的语言、最经济的时间，把听众的注意力和兴奋点吸引过来，这样才能达到出奇制胜的效果。开场白的技术主要有以下几点：①楔子。用几句诚恳的话同听众建立个人间的关系，获得听众的好感和信任。②衔接。直接反映一种形势，或将要论及的问题与某件小事、一个比喻、个人经历、逸事传闻、出人意料的提问衔接起来。③激发。可以提出一些激发听众思维的问题，把听众的注意力集中到演讲中来。④触题。一开始就告诉听众自己将要讲些什么，许多著名的政治家、作家和国家领导人的演讲都是这样的。

演讲稿的开头有多种写法，常用的有以下几种：

（1）开门见山，提示主题。这种开头是一开讲就进入正题，直接提示演讲的中心。

（2）介绍情况，说明根由。这种开头可以迅速缩短演讲者与听众的距离，使听众急于了解下文。

（3）提出问题，引起关注。这种方法是根据听众的特点和演讲的内容，提出一些激发听众思考的问题，以引起听众的注意。

除了以上三种方法，还有释题式、悬念式、警策式、幽默式、双关式、抒情式等方法。

（二）主体要环环相扣，层层深入

主体即演讲稿的主要部分。在行文过程中，要处理好层次、节奏和衔接等问题。

1. 层次

层次是演讲稿思想内容的表现次序，体现了演讲者思路展开的步骤，反映了演讲者对客观事物的认识过程。演讲稿结构的层次是根据演讲的时空特点对演讲材料加以选取和组合而形成的。由于演讲是直接面对听众的活动，所以演讲稿的结构层次是听众无法凭借视觉加以把握的，而听觉对层次的把握又受限于演讲的时间。

那么，怎样才能使演讲稿结构的层次清晰明了呢？根据听众以听觉把握层次的特点，显示演讲稿结构层次的基本方法就是在演讲中树立明显的有声语言标志，以此适时诉诸听众的听觉，从而获得层次清晰的效果。演讲者在演讲过程中反复设问，并根据设问来阐述自己的观点，就能在结构上环环相扣，层层深入。此外，演讲稿可以用过渡句，或"首先""其次""然后"等词语来区别层次，这也是使层次清晰的有效方法。

2. 节奏

节奏是指演讲内容在结构安排上表现出的张弛起伏。演讲稿结构的节奏主要是通过演讲内容的变换来实现的。演讲内容的变换是在一个主题思想所统领的内容中，适当地插入幽默、诗文、逸事等内容，以便听众的注意力既保持高度集中，又不会因为高度集中而产生兴奋性抑制。

演讲稿结构的节奏既要鲜明，又要适度。平铺直叙，呆板沉滞，固然会使听众紧张疲劳，而内容变换过于频繁，也会造成听众注意力涣散。所以，插入的内容应该为实现演讲意图服务，节奏的频率也应该根据听众的心理特征来确定。

3. 衔接

衔接是指把演讲中的各个内容层次联结起来，使之浑然一体。由于演讲的节奏需要适时地变换演讲内容，因此演讲稿的结构容易显得零散。衔接是对结构松紧、疏密的一种调节，不仅可以使各个内容层次的变换更为巧妙和自然，还可以使演讲稿富于整体感，有助于演讲主题的深入人心。演讲稿结构衔接的方法主要是运用与两段内容、两个层次有联系的过渡段或过渡句。

（三）结尾要简洁有力，余音绕梁

结尾是演讲内容的自然收束。言简意赅、余音绕梁的结尾不仅可以使听众精神振奋，还可以促使听众不断思考和回味；松散疲沓、枯燥无味的结尾则只能使听众感到厌倦，并随着时过境迁而被遗忘。怎样才能给听众留下深刻的印象呢？美国作家约翰·沃尔夫说："演讲最好在听众兴趣到高潮时果断收束，未尽时戛然而止。"这是演讲稿结尾最为有效的方法。在演讲处于高潮的时候，听众大脑皮层高度兴奋，注意力和情绪都达到最佳状态，如果在这种状态中突然收束演讲，那么保留在听众大脑中最后的印象就特别深刻。

演讲稿的结尾没有固定的格式，或对演讲全文要点进行简明扼要的小结，或以号召性、鼓动性的话收束，或以诗文名言及幽默俏皮的话结尾，但一般原则是要给听众留下深刻的印象。

📖 例文欣赏

开放共创繁荣 创新引领未来——在博鳌亚洲论坛 2018 年年会开幕式上的主旨演讲

习近平

尊敬的各位元首，政府首脑，国际组织负责人，部长，尊敬的各位博鳌亚洲论坛现任和候任理事，各位来宾，女士们，先生们，朋友们：

仲春时节的海南，山青海碧，日暖风轻。在这个美好的季节里，各国嘉宾汇聚一堂，出席博鳌亚洲论坛 2018 年年会。海南有一首民歌唱道："久久不见久久见，久久见过还想见。"今天，有机会在此同各位新老朋友见面，我感到十分高兴。

首先，我谨代表中国政府和中国人民，并以我个人名义，对各位嘉宾的到来表示诚挚的欢迎！对年会的召开表示热烈的祝贺！

······

女士们、先生们、朋友们！

历史，总是在一些特殊年份给人们以汲取智慧、继续前行的力量。2018 年是中国改革开放 40 周年，也是海南建省办经济特区 30 周年。海南省可谓"因改革开放而生，因改革开放而兴"。改革开放以来，海南从一个较为封闭落后的边陲岛屿，发展成为中国最开放、最具活力的地区之一，经济社会发展取得巨大成就。

······

女士们、先生们、朋友们！

放眼全球，当今世界正在经历新一轮大发展大变革大调整，人类面临的不稳定不确定因素依然很多。新一轮科技和产业革命给人类社会发展带来新的机遇，也提出前所未有的挑战。一些国家和地区的人民仍然生活在战争和冲突的阴影之下，很多老人、妇女、儿童依然饱受饥饿和贫穷的折磨。气候变化、重大传染性疾病等依然是人类面临的重大挑战。开放还是封闭，前进还是后退，人类面临着新的重大抉择。

……

女士们、先生们、朋友们！

去年 10 月召开的中共十九大宣告中国特色社会主义进入了新时代，制定了全面建设社会主义现代化强国的宏伟蓝图。中国特色社会主义进入新时代，掀开了实现中华民族伟大复兴的新篇章，开启了加强中国同世界交融发展的新画卷。

……

女士们、先生们、朋友们！

综合研判世界发展大势，经济全球化是不可逆转的时代潮流。正是基于这样的判断，我在中共十九大报告中强调，中国坚持对外开放的基本国策，坚持打开国门搞建设。我要明确告诉大家，中国开放的大门不会关闭，只会越开越大！

实践证明，过去 40 年中国经济发展是在开放条件下取得的，未来中国经济实现高质量发展也必须在更加开放条件下进行。这是中国基于发展需要作出的战略抉择，同时也是在以实际行动推动经济全球化造福世界各国人民。

……

女士们、先生们、朋友们！

"积土而为山，积水而为海。"幸福和美好未来不会自己出现，成功属于勇毅而笃行的人。让我们坚持开放共赢，勇于变革创新，向着构建人类命运共同体的目标不断迈进，共创亚洲和世界的美好未来！

最后，预祝博鳌亚洲论坛 2018 年年会圆满成功！

第三节 倡议书

📖 课程导入

随着全球环境污染问题的日益严重，绿色发展已成为当今世界的共同话题。党的二十大报告指出："必须牢固树立和践行绿水青山就是金山银山的理念，站在人与自然和谐共生的高度谋划发展。"请你为绿色发展写一份倡议书，来呼吁广大人民群众重视环境问题。

一、倡议书的概念

倡议书是有关单位或个人为促进某项工作或开展某项公益活动而公开提出某种建

议或意见的一种专用书信。

二、倡议书的特点

倡议书是发动群众开展某种活动的一种手段，具有以下特点：

（1）大众性：倡议书是面向广大群众发出的。对象的广泛性是倡议书的根本特征。

（2）公益性：倡议书要求广大群众响应的往往是某项公益事业，或对国家、社会有重要意义的活动。

（3）宣教性：倡议书是一种展开宣传活动的书信，用来激起更多人的响应，以期在最大的范围内引起共鸣。

三、倡议书的分类

倡议书可以分为集体倡议、个人倡议、行业倡议。

课堂思考

"课程导入"的倡议书属于哪一类？

四、倡议书的要求

（1）倡议事项要便于操作，不能要求过高，如果要求过高，就得不到响应，达不到目的。

（2）选词用语要简明易懂，使公众都能看懂。倡议书是面向公众的，篇制宏大不利于接受，用语也要求简明，使群众都读得懂，这样才能得到更加广泛的响应。

（3）语言要富有感召力，行文要富有激情。倡议书一般都应有较强的鼓动性，行文要富有激情，这样才能动员更多的公众参加所倡议的工作或活动。

五、倡议书的格式和写作方法

倡议书一般由标题、称呼、正文、落款组成。

1. 标题

倡议书的标题有四种形式：一是由文种名单独组成，直接用"倡议书"三个字；二是由倡议内容和文种名共同组成；三是使用公文三要素齐全的标题，如"团中央向见义勇为受伤的英雄捐款的倡议书"；四是根据内容需要使用正副标题。

2. 称呼

称呼顶格写在第二行开头。依据倡议的对象决定所使用的称呼，如"广大的同胞们"。如果对象没有指定性，那么也可以不用称呼。

3. 正文

（1）写倡议书的背景原因和目的，最后一般用"为此，我们倡议如下"一类的话。

（2）倡议的具体内容和要求。一般采用分条款的形式逐一写出，要求行文有序，

逻辑性强，语言简明。

（3）结尾。结尾用来表示倡议者的决心和希望或某种建议。一般不在倡议书的结尾写表示敬意或祝愿的话。

4. 落款

在右下方写明倡议者单位或姓名，并署上发倡议的日期。

例文欣赏

【例文一】倡议书

今年 5 月 31 日是第×个"世界无烟日"，希望各传播媒介将今年的"世界无烟日"作为一个新开端，为我国早日控制烟害作出贡献。我们谨向全国各报社、杂志社、电台和其他大众传播媒介倡议：

一、根据各自的特点，坚持做好反对吸烟的宣传，以各种形式向大众传播吸烟有害健康的知识，介绍戒烟方法。

二、不与国内外烟草公司或其广告代理人签订任何为烟草做广告的刊播合同。

三、在制作、刊播的影视作品中，努力杜绝和减少出现吸烟镜头。

四、应当采取积极的控烟措施，新闻工作者应率先在工作场所和公共场所不吸烟。

让我们共同努力，为把我国建设成为文明的社会主义现代化强国而奋斗！

发起单位：中央电视台、中央人民广播电台、光明日报、健康报、中国环境报

×××× 年 × 月 × 日

【例文二】义务植树活动倡议书

各支部：

在这万物复苏、大地回春的季节里，一年一度的"3·12"植树节即将到来，共建绿色家园、共享碧水蓝天、建设优美的新三院，是我们共同的心愿。为此，现向全院职工发出以"我栽一棵树，给病人一片阴凉"为主题的义务植树活动的倡议。

1. 绿化美化三院是 2018 年"医院文化年"建设的一项重要活动，是对巩固和发展"省园林式单位"成果的持续改进，是为病人创造适宜治疗和休养环境的重要举措，是提升医院环境文化和生态品位的重要途径。

2. 开展植树造林，绿化美化三院，是全院职工义不容辞的责任和义务，各级干部和广大党员应发挥表率作用，倡导绿色文明，影响并带动周围群众积极响应党委和院部号召，以支部为单位，人人投身医院绿化和生态环境建设，以"种一棵树、增一片绿、献一份情"的主人翁精神，立即行动起来，争做植树绿化的先锋队。

3. 医院党员、团员、标兵及积极分子等要行动起来，积极加入"青年林""巾帼林""支部林""示范岗林"等认建、认管活动中，保证种一棵树、活一棵树，植一片林、兴一片林。

绿色象征生命、代表希望、蕴含生机。让我们共同承担一份责任，贡献一份力量，从我做起、从现在做起，用热情种下每一棵树，用爱心呵护每一片绿，为打造绿色三

院、生态三院、和谐三院添砖加瓦、贡献力量！

第三人民医院骨科全体医护人员

2018 年 3 月 10 日

第四节　解说词

课程导入

请简要分析下面这则解说词：

《壮丽的长江三峡》解说词

长江三峡各有其特点。瞿塘峡以宏伟雄壮著称，巫峡以幽深秀丽而闻名，西陵峡则以滩多险峻惊人。长江三峡胜景丰富多彩，更有许许多多的古迹，流传着奇妙动人的神话故事。古往今来，多少诗人画家、名士高人慕名而来，为其吟诗作画，描绘和赞美它的千姿万态。游览长江三峡，饱览奇光异景，是一种非常美妙的享受。

一、解说词概述

解说就是解释说明。解说词就是结合事物的图像、实物等进行解释说明的文辞。它通过对事物的准确描述和生动渲染来感染观众或听众，使其了解事物的来龙去脉、特征和意义等，以达到宣传效果。解说的范围是比较广泛的，如影视剧的解说、文物古迹的解说、专题展览的解说、商品知识的解说、某个问题或事件的解说等。

1. 解说词的特点

由于解说词具有补充视觉和听觉的作用，所以无论是口语解说词还是书面解说词，都具有如下特点：

（1）文艺性。解说词虽名曰"解释说明"，但不是干巴巴地进行说明和说教，而是通过富有感染力的、形象的语言对实物和形象进行描绘，使一些表面上看起来普普通通的实物、平淡无奇的画面变得生机勃勃，甚至震撼人心，感人肺腑。所以，人们常常认为一篇好的解说词就是一首感人的诗词。

（2）大众化。解说词是供人看、供人听的，是通过语言的表达来发挥作用的，所以语言文字必须雅俗共赏，为广大群众喜闻乐见。

（3）实用性。解说的目的是让观众对解说对象增进了解，加深认识，获得更多的信息。解说所带来的商业价值是难以估量的。

2. 解说词的分类

从内容上看，解说词可分为以下几类：

（1）影视剧解说词。这类解说词主要用于专题纪录片、体育比赛等，真实生动的画面，精彩激烈的场面，配以声情并茂的解说词的描述，能使观众身临其境。这类解说词能发挥补充视觉的作用。

（2）文物古迹解说词。面对一些古代建筑、艺术品等，导游的解说能够带领参观

者重温历史，再现昨日的故事，加深参观者的认识和感受。

（3）专题展览解说词。这类解说词与前一种解说词有相似之处，都是帮助参观者在观看实物和形象的过程中加深感受。

二、解说词的结构形式

解说词因被解说的事物不同而千差万别，大体上有以下三种形式：

（1）穿插式：即穿插在电影、电视剧的剧情进展中，简要介绍有关人物和事件，使观众更透彻地理解剧情。

（2）特写式：即就某个实物或画面进行介绍，文物古迹解说词、专题展览解说词、摄影图片解说词等均属此类。它要求重点突出地介绍有关知识，给观众以视觉上的补充。

（3）文章式：即用文章的形式来介绍被解说的对象。连环画解说词，以及纪实性的电影、电视剧的解说词均属此类。它既是一篇完整的文章，又要紧扣被解说的对象，因物或因事而行文。

解说词写作的形式多样，方法灵活，可用平实的语言，也可用文学的语言；可用散文形式，也可用韵文形式。不论是哪种形式的解说词，都要求扣住所要解说的对象的特点，用通俗简洁的语言，把实物或图像的内容介绍给观众。解说词只有配合紧密，才能使观众获得更深刻的认识。

三、写解说词的注意事项

1. 了解解说对象，搜集有关素材

这是解说词写作的准备阶段。大量收集有关材料，深入了解解说对象的有关知识，并对其做全方位的研究，是对解说对象进行精确介绍、生动描述的前提。

2. 抓住被解说对象的特征和本质

对被解说的事物，应认真进行分析研究，准确抓住它的特征、本质和意义。在解说过程中应恰当地运用对比联想、点面结合、由此及彼、由表及里等多种方法，以突出事物的特征，揭示事物的本质，说明事物的意义。这是保证解说质量的关键。如果解说内容流于一般，缺乏特色，就会失去解说的意义。例如：在进行人物解说时，要抓住感人至深的一面；在对一些实物进行解说时，要突出其最有价值、最受人称道之处；在进行旅游解说时，要注意景物的生态意义、观赏意义及旅游价值，让旅客感到不虚此行。

3. 富有审美意义，发挥宣传作用

优美的文字能愉悦心情，净化心灵，说者娓娓道来，听者如痴如醉，这就要求写作者对解说对象的认识要有真知灼见，对所解说的事物或褒或贬、爱憎分明。对赞扬的事物，要充满爱的感情；对否定的事物，要有切肤之恨的感情，这样的解说才能感染听众，达到预期的宣传教育效果。

4. 运用准确、生动的语言

解说的概念、判断要准确；解说的用语，力求将抽象的事理形象化、高深的知识

通俗化、复杂的程序简单化、静止的事物动态化、枯燥的东西趣味化等；解说中还可以用一些修辞手法，以增强语言的生动性和感染力。不同于纯理论描述的教科书或论文，解说词主要是以听觉形式进行信息传播的，所以应当多增添文学色彩。

课堂思考

如果让你来给解说词分类，你会怎样进行？依据是什么？

例文欣赏

【例文一】××学校体育达标运动会开幕式解说词

金秋十月，丹桂飘香，在这秋高气爽的日子里，我校3 000多名师生迎来了第×届体育达标运动会。这是一次全面贯彻党的教育方针的盛会，是一次展示我校开展素质教育成果的盛会。在这次运动会上，全体学生将在运动场上拼搏。我们相信，运动员们一定会秉承奥运精神，赛出风格，赛出水平，赛出成绩；我们相信，在全校师生的共同努力下，这次运动会必将开成团结拼搏的大会、欢乐祥和的大会。下面对各个方阵进行一一介绍。

伴随着无可比拟的骄傲和坚如磐石的虔诚，威武庄严的国旗队向我们走来。国旗在他们的护送下格外醒目。那稳稳的步伐，引领着××学校的发展势头；那威风凛凛的身姿，昭示着伟大祖国的蒸蒸日上。

老师的爱，太阳一般温暖，春风一般和煦，清泉一般甘甜。老师的爱，比父爱更严峻，比母爱更细腻，比友爱更纯洁。下面向我们走来的是教职工代表队，他们用热血谱写出一首首动人的乐章，把我们引向壮丽的人生。

现在经过主席台的是××专业代表队。这是一个团结的集体，这是一个敢于奋斗的集体，这是一个充满自信和朝气的集体。今天，他们奋发学习；明天，他们将是祖国的栋梁。和着金秋的喜气，这个团结互助、勤奋活泼的集体将如旭日般冉冉升起，如鲜花般慢慢绽放！

不坠凌云志，健儿当自强。伴随着雄壮的《运动员进行曲》，迎来了由××专业同学组成的代表队。看，他们带着庄严的神情，为迎接明日的挑战而意志如钢；那矫健的步伐，显示出勇于战胜自我的力量；他们昂首阔步、奔向前方，只为不负肩上扛起的责任与希望。努力吧，为了心中那永恒的理想；加油啊，我们期待着明天，让胜利的豪情在眉间飞扬。

……

最后，预祝大会取得圆满成功！

赏析

这篇解说词采用了总分的结构方式。内容上，首先对校运会进行整体解说，然后对各个方阵进行具体分说。每个解说部分都各有特色，内容丰富而又不雷同，语言具有很强的感染力，符合解说词口语化和通俗易懂的特点及写作要求。

应用文写作

【例文二】关于北京"鸟巢"的导游词

"鸟巢"即国家体育场，位于北京奥林匹克公园中心区南部，为2008年第29届夏季奥林匹克运动会的主体育场。

"鸟巢"总占地面积21公顷，建筑面积258 000平方米，场内观众座席约91 000个，其中临时座席约11 000个。2008年夏季奥运会、残奥会开幕式和闭幕式，田径比赛及足球比赛决赛在这里举行。奥运会后这里则成为文化体育、健身购物、餐饮娱乐、旅游展览等综合性的大型场所，并成为地标性的体育建筑和奥运遗产。"鸟巢"，这件被誉为"第四代体育馆"的伟大建筑作品，不仅见证着21世纪人类在建筑与人居环境领域的不懈追求，还见证着中国这个东方文明古国不断走向开放的历史进程。

"鸟巢"是由2001年普利兹克建筑奖获得者赫尔佐格、德梅隆与中国建筑师李兴刚等合作完成的巨型体育场设计，形态如同孕育生命的巢，但更像一个摇篮，寄托着人类对未来的希望。设计者们对这个国家体育场没有做任何多余的处理，只是坦率地把结构暴露在外，因而自然形成了建筑的外观。"鸟巢"可以说是圆形的建筑，那旁边的水立方是方形建筑，在我国古代的时候人们崇尚的是天圆地方，圆就代表上天，方就代表大地，也就是说"鸟巢"代表上天，水立方代表大地。

现在我们来到了"鸟巢"里面，它为特级体育建筑，主体结构设计使用年限为100年，耐火等级为一级，抗震设防烈度8度，地下工程防水等级1级。工程主体建筑呈空间马鞍椭圆形，南北长333米、东西宽294米，最高处高69米。主体钢结构形成整体的巨型空间马鞍形钢桁架编织式鸟巢结构，钢结构总用钢量为4.2万吨，混凝土看台分为上、中、下三层，看台混凝土结构为地下1层、地上7层的钢筋混凝土框架——剪力墙结构体系。钢结构与混凝土看台上部完全脱开，互不相连，形式上呈相互围合状，基础则坐在一个相连的基础底板上。国家体育场屋顶钢结构上覆盖了双层膜结构，即固定于钢结构上弦之间的透明的上层ETFE（乙烯-四氟乙烯共聚物）膜和固定于钢结构下弦之下及内环侧壁的半透明的下层PTFE（聚四氟乙烯）声学吊顶。

让人惊叹的是，整个建筑通过巨型网状结构联系，内部没有一根立柱，看台是一个完整的没有任何遮挡的碗状造型，如同一个巨大的容器，赋予体育场以不可思议的戏剧性和无与伦比的震撼力。这种均匀而连续的环形也将使观众获得最佳的视野，带动他们的兴奋情绪，并激励运动员向更快、更高、更强冲刺。

关于"鸟巢"，就介绍到这里。接下来的时间大家自由参观。

第五节　求职面试的语言技巧

📖 课程导入

面试是求职者推销自己的良机，是展示自己的才华与人格魅力的时刻。在这个重要时刻，求职者无论容貌如何端庄、举止多么有礼、服饰怎样合乎标准，如果没有优雅的谈吐，则评价便会大大降低。主考人员从求职者的语言中，不仅可以看出其修养、

228

品质，也可以看出其基本素质和业务水平，并由此决定是否录用。因此，掌握面谈的语言技巧，对求职者面试成功是大有益处的。

一、自我介绍的语言技巧

这里所说的自我介绍，不同于社交场合中的对自己的姓名、年龄、工作单位等情况的介绍，而是指在面试中针对主考人员的提问所做的自我推销性的介绍。几乎所有的面试都有这个提问，只是问法略有不同。常见的提问方法有"请介绍一下你自己""谈谈你的基本情况好吗""请谈谈你的主要优缺点"等，这些实际上都是需要做自我介绍的问题。主考人员之所以喜欢提这样的问题，是因为这个问题有助于他们比较全面地了解求职者的工作经历、经验、特长、成绩、优缺点和语言表达能力、自我评价能力、认识问题及分析问题的能力等。因为要在短短的几分钟内对自己做一个介绍，介绍什么、怎样介绍，这确实不是一件容易的事，需要求职者有较强的综合能力。

很多人以为做自我介绍是非常容易的事。其实，在面试中介绍自己并不简单。许多人急于推销自己，却因介绍语言不妥而引起主考人员的反感。由于介绍不当而面试失败的占面试不成功的60％以上。因此，求职时，个人的学识、能力、资历和成绩固然重要，但将这些很好地组织起来，构成扎实而富有新意的自我介绍更为重要。要恰当地做好自我介绍，必须掌握以下技巧：

（一）有针对性，注意定位

求职者自我介绍可说的内容很多，但究竟该介绍什么，哪些该做重点介绍，并不是随意、盲目的，而是有一定的内在依据和技巧。提高针对性总的原则如下：要紧紧围绕所求的职业岗位对人才条件的要求和招聘单位的用人标准来介绍自己。

不同的职业岗位对求职者的性格、知识、能力等的要求是不同的。因此在做自我介绍时，应根据所求的职业岗位对从业人员的条件要求有针对性地进行重点介绍。那些与此无关的特点、长处则没必要过多介绍。如果应聘教师，就应重点介绍职业道德、知识结构、语言表达能力、协调处理人际关系的能力；如果应聘推销员，就应重点介绍公关能力、口头表达能力、吃苦耐劳精神、过去的推销经验和业绩等。

此外，每个用人单位都有自己录用人才的基本评价标准。例如，大多数用人单位注重考查求职者专业是否对口，拥有的专业知识、专业技术能力等，以便一经录用立即上岗，很快产生效益。也有一些公司对求职者"专业不限"，注重有无发展潜力。如××管理顾问有限公司的招聘人员说："再优秀的大学生也只能用其在大学期间学到的知识来回答顾客的每一个问题。本公司的新员工进入公司后都要接受业务培训。如果你有潜能，无论你学什么专业都能在本公司文化的熏陶下成长为咨询业的人才。"汇丰银行××分行的人事部经理也表示，银行招收高层管理人员，求职者的领导决策能力、组织能力、分析处理问题能力、交际能力等才是关键，至于专业是金融还是管理并不重要。因此，求职者在做自我介绍时，必须针对性强才能说服对方，使自己被录用；否则，即使介绍时口若悬河，面面俱到，也会被淘汰。

（二）处理好详略和虚实的关系

主考人员一般对自我介绍的时间和内容不做明确规定，以便更真实地考察求职者组织材料的能力和语言表达能力。因此，求职者要简明扼要、突出重点地进行介绍，一般应控制在 5 分钟以内，除非主考人员另有要求，否则会影响后面回答的时间，因为面试常常对总时间有规定，特别是集体面试。

要在几分钟内详细介绍自己的所有情况是很困难的，这就需要事先拟好草稿。即使时间紧迫，只有一两分钟的时间进行自我介绍，也应拟好腹稿再讲。拟稿时应该对先介绍什么、后介绍什么，哪些重点介绍、哪些简略介绍、哪些不介绍，介绍中强化什么、弱化什么，都要通盘考虑，否则就会重点不突出、详略不当。一般来说，对姓名、年龄、专业、学习、工作经历、毕业学校等可先做介绍，而且简要介绍，不必展开发挥；而对自己的专长、兴趣、能力、获奖等情况则做详细介绍，因为这是自己的闪光点和优势，与求职成功有密切联系。为加深主考人员的印象和信任，还可以举出具体典型事例，甚至当场提供证书与实物来加以说明和验证。如果主考人员已看过自荐材料，那些已在材料中反映得很清楚的一般性内容可以不重述，应重点介绍自己的特长、优势，以及材料中未做介绍而招聘单位又很看重的内容。如果事先未送自荐材料，此时可当场送上一份，请主考人员边看边听，以加深印象。

求职面试的自我介绍，切忌报流水账，平铺直叙，面面俱到，重点不突出。在"择优录用"的面试考核中，自己的优势应详讲、实讲，以突出自己属于"优者"，具备录用条件；而对不可回避的弱势方面，则应略讲、虚讲，以便扬长避短。

（三）分寸适度，留有余地

在求职做自我介绍时掌握适度的分寸，首先就是要恰如其分地评价自己，既不妄自尊大，也不要妄自菲薄。

自我介绍本身就包括了对自己优缺点的介绍及对自身的评价。在介绍时要客观地介绍自己的优点，即自己的特长、能力、业绩和经验。当然，适当地抬高自己，用一点溢美之词是必要的，以充分表现自己的才能与自信，战胜竞争对手。但要避免过分炫耀、夸夸其谈，否则会给人妄自尊大、华而不实的印象。另外，在介绍优点的同时，有时也要适当地、婉转地介绍自己的缺点。因为"金无足赤，人无完人"，一个人不可能没有缺点，有时主动谈及自己的缺点，能使对方感到你是一个诚实可信的人。但介绍缺点也有技巧：一是不能多，以免冲淡优点或损害自己的形象；二是不能谈会影响录用的缺点，因为尽管用人单位欣赏求职者诚实的态度，但他们不会喜欢一个有较严重的工作能力缺陷的人；三是不能通过自我贬低以示谦虚和恭敬，对方可能认为求职者是缺乏自信与竞争力。任何单位都想招聘有才干、有能力的人，过分谦虚显示不出实力。

面试中的自我介绍还要注意留有余地。求职者一般不宜用表示极端的词来夸耀自己的成绩和长处，不宜将自己说成事事皆能，以免使自己进退两难。例如，如果求职者介绍说："我非常熟悉这项业务！"主考人员就会追问："这项业务的最新发展动向是什么？""那么请你谈谈对业务中出现的问题可以采用哪些措施？"社会情况往往是非常具体而复杂的，尤其是对涉世不深又缺乏实践工作经验的毕业生来说，更是难以把握，因而要尽量避免使主考人员为难自己。

二、推销自己的语言技巧

有人说："我既无在人前露一手的绝技，又无让人刮目相看的优异成绩，凭什么去推销自己呢？"于是还未面试，就已先败下阵来。可是，在学生群体中，能称得上"出类拔萃"的毕竟是少数，大多都没有什么"绝技"在手。那么这时推销自己就更有必要。在面试中通过介绍语言，巧妙地把自己的真诚、热情、充满进取精神等档案无法反映的特点，淋漓尽致而又得体地显露出来，令人感到你学习成绩虽不是名列前茅，但知识面较广，能力较强；或虽档案评语一般，但有蓬勃的朝气和工作热情等。这样成功的希望自然比听任对方通过简历评价自己大得多。

在面试过程中，求职者还要注意说好一个"我"字。在向用人单位进行自我推销时，要尽量减少"我"字的使用频率。因为老把"我"挂在嘴上，容易使人反感，受人轻视，被认为是强迫性自我推销。所以，要经常注意把"我"字变成"你"字。尽量把面试变成一场你与主考人员之间沟通的对话。沟通时切记，自信不等于自负，如果说到"我"时语音加重，语气得意扬扬，喜欢用"最好""很强"等极端的词来强调自己的优点，就会使主考人员感到此人孤芳自赏、自命不凡，这种狂傲之人即使有真才实学，也必将难以与他人合作共事。因此，只有在自我推销中表现出自信、自强、自立而又不自负的好形象，才会赢得用人单位的好评与认可。

三、提出问题的语言技巧

在面试过程中，求职者绝不是一个被动的受审者，只能回答主考人员的提问。其实，求职者同样可以反客为主，向主考人员提问。这不仅是面试允许的，而且善于提问只会对求职者有利。调查显示，90％的用人单位在面试时，希望求职者能提问，因为他们从提问中可以看出求职者的水平。因此，提出与求职有关的问题，主考人员会因求职者主动显示对应聘工作的兴趣而加深对求职者的印象。

求职者应珍惜提问机会，不仅要提问，还要敢问。求职者对有关职务能力要求或有关情况不太清楚时，也可以通过提问进一步了解，从而决定自己是否适合这个职位。例如，"请问贵公司想请什么样的人来担任此职务呢？""这份工作是季节性的还是长久性的？在什么情况下，这份工作要求加班或出差？""公司打算为这个职务付多少薪水？""这次面试后到决定录用前还要进行面试吗？""如被录用，什么时候可以上班？"等，这些提问都是用来了解对方情况的。另外，求职者也可以通过提问引导对方对自己的优点、特长产生兴趣，如"你想知道我为什么会对这个职业这么热爱吗？""不知公司对计算机和英语有什么要求？""公司对文理兼科双学位的应聘者感兴趣吗？"等，这在求职问答中就可以占有主动权，避开短处而突出表现自己的长处。

在面试过程中，不可一个接一个地提问，以免引起主考人员的不快，也不要提对自己不利的问题，如一见面就问"这个职务一个月的薪水是多少"等。要在面试中巧

妙地进行有利于自己的提问，就需要注意以下几个问题：

（一）所提问题要与求职有关

一般来说，与求职有关的问题有以下几种：该单位、该职务所需人员的知识结构、能力结构与素质要求等；该职业劳动性质、任务、岗位状况；该单位用人方式、内部分配制度、管理方式；该单位经济效益、社会效益、管理状况等。

（二）注意提问的时间

要把不同的问题安排在面试谈话的不同阶段提出。有的问题可以在一开始就提出，有的可以在谈话过程中提出，有的则应在快结束时再提出。不要毫无目的地提问，更不可颠三倒四，反反复复提那么几个问题。在面试前，应将要提的问题列出来，多看几遍，想好在何时提问，以便谈话时保持头脑清醒，根据具体情况选择有利时机提问。特别是当谈话冷场时，可以借提问让谈话顺利地进行下去。

（三）注意提问的方式和语气

有的问题可以直截了当地提出来，有的问题则应委婉、含蓄地提出。如了解自己应聘职务后每月会有多少收入等问题，就不宜直接问："我每月能拿多少钱？"而应婉转地说"贵公司有什么奖惩规定？""贵公司实行怎样的分配制度？"等，因为这些情况清楚了，大概也就知道会有多少收入了。在询问时，一定要注意语气，要给人一种诚挚、尊重对方的感觉。例如，在不知能否被录用时，不可直接问："你们什么时候可以给我录用消息？"而应问："我过一周再来听消息，可以吗？"前一种问话是质问语气，会令人反感，后一种问话是商量语气，显示了对对方的尊重。

（四）不要提模棱两可、似是而非的问题

凡提到与职业、事业有关的问题，一定要明确，特别是不能不懂装懂，提出一些幼稚可笑的问题。因为从提问中可以看出求职者的知识水平、思维方式、价值观等，这都是事关能否被录用的问题，所以绝不可信口开河，马虎对待。

四、解除困境的语言技巧

有些主考人员经常喜欢向求职者提一些令人为难的问题。例如，有位求职者在谈到离开原单位、希望换个工作时，主考人员便问："你为何辞职？那儿的条件比这儿好多了，我们公司如果不如你原来的单位，那么你又会跳槽了？"如果求职者答："我绝不再跳槽了！"这看来是直接回答了问题，但中了圈套。因为这个回答没有说明任何理由，单纯地表决心是不能赢得主考人员信任的。因此，在面试遇到困境时，要学会走出困境。其技巧有以下几种：

（一）改变为难人的问话模式

为难人的问话常有一定的模式，如"这么说，你就……""假如……你是不是就……""不是……就是……"等。对于这类难以回答的问题，首先要打破其问话的前提，或者对前提加以更正，如果前提条件不存在了或改变了，为难的问题也就不用回答了。另外，还得明白其问话的真正用意，主考人员很可能希望求职者就此问题谈点

别的什么。如果不明用意,可以说"我猜想,你的意思是……",趁机把问题引向对自己有利的方面。

(二)让结论寓于答话之中

求职者说希望换个工作,主考人员以此推断他可能不安心工作,于是提出"跳槽"问题。如果求职者说"我不会跳槽",就无法解释为何要换工作;如果说"我会跳槽",则印证了主考人员的推论。遇到这类两难的问题,最好不要贸然回答,应避开主考人员的话题,回到自己的话题,强调期望换工作是为了就近照顾年老体弱的父母,或与所学专业不对口等,暗示跳槽是出于客观原因,而非主观原因,从而让结论寓于答话之中。

(三)诚实坦率,不必掩饰

对面试中实在不会的问题,就应坦诚回答"不会"或"不清楚",既不要支支吾吾,也不要不懂装懂,否则主考人员进一步追问,情况会更糟。坦然地做出回答,反而能给人留下诚实、坦率的好印象,可以变不利为有利。

(四)对面试中的小过失不必惴惴不安

无论求职者在面试前做了多少准备,也无论其口才多么好,面试过程中都可能会出现一些失误。如果事前无思想准备,又急于求成,就会心慌意乱,陷入尴尬的局面。

其实,对于小的失误,可以一笑了之,主考人员并不会因为无关紧要的小过失而不录用求职者,而求职者如果因此影响自己的情绪,患得患失,面试就很难成功。所以,出现小失误时,应将其视作"主考人员要借此考查我的心理承受能力及解决问题的办法",既不要气愤也不要气馁,保持稳定的情绪,就能从容地应对和走出尴尬的局面。

📝 课堂思考

请尝试模拟进行面试求职。

🗨 本章训练

一、填空题

1. 讲话稿是为讲话人出席会议、典礼等而准备的_____。有些讲话稿起到_____,成为_____的主要的文件。

2. 讲话稿一般由_____、签署、_____、_____等组成。

3. 根据内容可以将演讲稿分为_____、_____、_____和社交演讲稿等。

4. 倡议书是_____为促进某项工作或开展某项公益活动而公开提出某种_____的一种专用书信。

5. 解说词就是结合事物的_____、_____等进行_____的文辞。

6. 求职面试的自我介绍,切忌报流水账,_____,面面俱到,重点_____。

二、判断题

1. 一篇好的讲话稿总是权威性与平易性相结合的产物。（　　）

2. 演讲稿的特点包括针对性、可讲性、鼓动性。（　　）

3. 倡议书的结尾一般表示倡议者的决心和希望或某种建议。倡议书的结尾也可以写表示敬意或祝愿的话。（　　）

4. 解说词大体上有三种形式：穿插式、特写式、文章式。（　　）

5. 在求职自我介绍时应尽可能好地展现自己，可以写一些夸大的成绩。（　　）

三、改错题

下面是某中学毕业典礼上学生代表的发言稿，其中有四处表述不当，请找出并加以修改，使之准确、得体。

尊敬的领导，敬爱的老师，亲爱的同学们：

大家好！

非常侥幸能够代表高三毕业生发言。此时此刻，我的心情既有喜悦，也有不舍；既有激动，也有紧张。

高中三年，我们早已习惯了学校的生活，早已离不开身边的同学。然而，随着高考的结束，这一切都要画上句号，我们将告别形影相吊的同学，告别学识渊博的老师，告别辛勤培养和教育我们的母校。在莘莘学子即将踏上一段新的征途的时候，请允许我代表高三年级的全体同学向辛勤培育我们的老师致以最崇高的敬意！今后我们定当以自己的实际行动来报答他们。

四、写作题

假设你要代表全班同学参加市教育工会举办的全市职业学校"我喜爱的职业"演讲比赛，比赛时间是每个人 10 分钟。请试着写一篇演讲稿。

参考答案

第一章

一、填空题

1. 国家党政机关　企事业单位　学习和生活　传播信息
2. 叙述　说明　描写
3. 感受　观点　主旨　高度概括
4. 联系和规律　需要　层次清楚　体式特点

二、判断题

1. ×　2. √　3. √　4. ×

三、简答题

略。

第二章

一、填空题

1. 期限　内容侧重　规划类　计划类
2. 回顾　检查　存在的问题　书面材料
3. 个人　单位　集体　愿望　请求
4. 公众说明　广大群众　实用文章
5. 周知性　商洽性　祈请性
6. 内容　公布形式　写作目的

二、判断题

1. √　2. ×　3. ×　4. ×　5. √

三、改错题

1. "敬爱的学校团委"没有顶格写；
2. "敬礼!"没有顶格写；
3. 申请人下面一行没有写上申请日期；
4. 必须积极争取；
5. 是培养青年……具有"四有""五爱"品质的大学校；
6. 请一定批准改为请批准；
7. "执行"改为"履行"。

四、写作题

略。

第三章

一、填空题

1. 公务文书　党政机关　企事业单位　法定效力　特定格式
2. 规范和约束作用　沟通和反馈作用　凭证和记载作用
3. 鲜明的政治性　法定的权威性　格式固定　明确的针对性
4. 30 mm　红色小标宋体字

二、判断题

1. √　2. ×　3. √

三、简答题

略。

第四章

一、填空题

1. 下级机关　上级机关　指示　批准
2. 请示缘由　请示事项
3. 请示　请示　批复
4. 内容真实　选材灵活

二、判断题

1. √　2. ×　3. √　4. √

三、写作题

略。

第五章

一、填空题

1. 批转　转发　发布规章　有关单位和人员
2. 标题　正文　落款
3. 有关单位和人员　重要精神　透明度
4. 有关方面　企事业单位　社会团体
5. 标题　正文　发布日期

二、判断题

1. √　2. √　3. ×　4. ×　5. √

三、改错题

1. "示范性"后加"办学特色";
2. "惠存"改为"珍藏";
3. "和"改为"等";
4. "您们"改为"你们";

5. "敬祈传达" 改为 "敬祈周知"。

四、写作题

略。

第六章

一、填空题

1. 重要事项　重大行动　贯彻执行

2. 内容重要　政策性强　有约束力

3. 命令（令）　重大强制性　不恰当

4. 标题　正文　形成时间

5. 灵活性　亲和性

6. 日常工作中的有关重大事项　人大常委会　人大代表

二、判断题

1. ×　2. ×　3. ×　4. √　5. √　6. √

三、写作题

略。

第七章

一、填空题

1. 请帖　单位或个人　礼仪性

2. 约请性　告知性　感召力　鼓舞性

3. 突出成绩　喜庆之事

4. 白纸黑字

5. 生前身份　逝世的原因　时间

6. 由大到小　邮政编码　市　村

二、判断题

1. ×　2. ×　3. √　4. √　5. √　6. ×

三、改错题

1. "犬子" 修改为 "您的孩子"；

2. "生死攸关" 修改为 "至关重要"；

3. "指导" 修改为 "帮助"；

4. "鄙校" 修改为 "本年级"；

5. "不得" 修改为 "请勿"。

四、写作题

略。

第八章

一、填空题

1. 用人单位　了解自己　私对公

2. 中心部分　多种多样　求职信息

3. 内容要真实　高中阶段　弄虚作假

4. 领导干部　工作人员　工作任务　自我回顾

5. 自述性　语言通俗得体

6. 标题　正文

二、判断题

1. √　2. √　3. √　4. √　5. √

三、改错题

1. "拜读"改为"审阅、垂阅";

2. "建树"改为"突出（较好）成绩（成就）";

3. "鹤立鸡群"改为"首屈一指";

4. "务必"改为"恳请"。

四、写作题

略。

第九章

一、填空题

1. 科学决策　投资项目命运

2. 大宗商品买卖　招标通知　告知性

3. 长期投标书　短期招标书

4. 策略规划　整体性　未来性　实施方案

5. 名称　文种

6. 调查时间　标题之下

二、判断题

1. √　2. ×　3. √　4. ×　5. √　6. ×

三、写作题

略。

第十章

一、填空题

1. 消息　通讯　新闻评论　消息

2. 新闻标题　主体　结尾

3. 引导作用　表态作用

4. 基本内容　基本观点

5. 真实性　及时性　传播信息　传播知识

6. 戏剧海报　电影海报　体育赛事海报

二、判断题

1. √　2. ×　3. √　4. ×　5. √　6. √

三、写作题

略。

第十一章

一、填空题

1. 学术论文　检验学习成果　解决问题　科研成果

2. 原始文献查找　社会实践

3. 题名　摘要　引言　参考文献

4. 文内标注格式　文后参考文献表

5. 周记　实习报告

6. 教育目的　培养目标　指令性

二、判断题

1. ×　2. √　3. √　4. ×　5. √

三、写作题

略。

第十二章

一、填空题

1. 发言稿　报告的作用　反映会议精神

2. 标题　称呼　正文

3. 政治演讲稿　法律演讲稿　学术演讲稿

4. 有关单位或个人　建议或意见

5. 图像　实物　解释说明

6. 平铺直叙　不突出

二、判断题

1. √　2. √　3. ×　4. √　5. ×

三、改错题

1. "侥幸"改为"荣幸";

2. "形影相吊"改为"朝夕相处";

3. "莘莘学子"改为"我们";

4. "报答他们"改为"报答你们"。

四、写作题

略。

239

参考文献

［1］施红梅，孙雪梅．新编应用文写作［M］．北京：中国农业出版社，2020.

［2］倪斯雯．新编应用文写作教程［M］．天津：南开大学出版社，2016.

［3］陈卫东，刘计划．法律文书写作［M］．5版．北京：中国人民大学出版社，2022.

［4］曹丽娟．应用写作（上、下册）［M］．3版．成都：四川人民出版社，2022.

［5］黄高才．应用写作［M］．2版．北京：北京大学出版社，2017.

［6］段轩如．写作学教程［M］．5版．北京：中国人民大学出版社，2020.

［7］农柳，汤楠．应用文写作（修订版）［M］．北京：电子工业出版社，2017.

［8］王燕．应用文写作项目化教程［M］．2版．北京：中国人民大学出版社，2017.